피터 틸

'제로 투 원' 신화를 만든
파괴적 사고법과 무적의 투자 원칙

PETER THIEL

Facebook, PayPal, Palantir - Wie Peter Thiel die Welt revolutioniert

- Die Biografie

by Thomas Rappold

ⓒ2017 by FinanzBuch Verlag, Münchner Verlagsgruppe GmbH, München

All rights reserved.

This Korean edition was published by The Angle Books Co., Ltd.

in 2019 by arrangement with FinanzBuch Verlag, Münchner Verlagsgruppe

GmbH through MOMO Agency, Seoul.

토마스 라폴트 지음

강민경 옮김

PETER THIEL,

피터 틸

'제로 투 원' 신화를 만든
파괴적 사고법과 무적의 투자 원칙

DIE BIOGRAFIE

Angle Books

왜 세계는 '이 남자'에게 주목하는가?

"우리는 하늘을 나는 자동차를 원했지만 결국 얻은 건
140자뿐이었다."

재계에서 피터 틸Peter Thiel이라는 이름을 들어본 적이 없다면 그 사람은
분명 삼류다. 틸은 스타트업의 성지 실리콘밸리에서 위대한 기술의
선구자이자 탁월한 지성과 비전을 겸비한 인물로 손꼽히기 때문이다.

그는 세계적 기업 세 곳에 결정적인 영향을 미쳤다. 한 곳은 세계
최대의 온라인 결제 서비스 기업인 페이팔PayPal로, 그는 이 기업의 공
동 창업자다. 또 다른 한 곳은 사용자 수 20억 명을 돌파한 세계 최
대 SNS 기업인 페이스북Facebook인데, 틸은 창업 초기부터 페이스북을
지원했던 첫 외부 투자자였다. 그리고 마지막은 CIA미국 중앙정보국나 FBI
미국 연방수사국를 고객으로 둔 빅데이터 분석 기업 팰런티어Palantir로, 틸은
이 회사 역시 공동 창업했다. 이 세 곳에서 그는 각각의 역할을 담당
하며 큰 영향력을 보였다.

또한 그가 창업한 페이팔은 테슬라 모터스Tesla Motors의 일론 머스크
Elon Musk, 링크드인LinkedIn의 리드 호프먼Reid Hoffman, 옐프Yelp의 제러미 스
토플먼Jeremy Stoppelman을 비롯해 현재 실리콘밸리를 대표하는 기업가들
도 잇달아 탄생시켰다. 굳은 유대관계로 맺어진 그들은 '페이팔 마피
아'라 불리고 틸은 그들의 대부로 명성을 떨치고 있다.

하지만 이것은 피터 틸이라는 인물의 극히 일부에 지나지 않는다.

틸은 실리콘밸리의 정점에 도달했지만 누구보다도 그곳에 답답함을 느꼈다. 그는 청바지 주머니에서 아이폰을 꺼내며 이렇게 잘라 말했다.[1]

"나는 '이것'이 혁신이라고는 생각하지 않습니다. 아폴로Apollo 우주선의 계획과 비교한다면 말이죠."

틸에 따르면 오늘날 세상은 기술 발전 덕에 나날이 번영하는 듯 보이지만 이는 눈 가리고 아웅일 뿐이다. 이제 미국은 1960년대의 아폴로 우주선의 달 착륙 계획처럼 큰 비전을 쫓는 일도, 혁신을 추진하는 일도 그만두고 말았다.

"아이폰에 사용된 기술은 아폴로 계획에 필적할 만합니다. 그런데 그 기술을 어디에 쓰고 있죠? 화난 새를 돼지에게 쏘아 보내는 모바일 게임('앵그리버드'를 말함)이나 자기가 기르는 고양이 동영상을 전 세계에 자랑하는 데 사용할 뿐이죠."[2]

틸은 현대 세계를 심각한 정체에서 벗어나게 할 수 있는 것이 혁신과 기술이라고 말한다. 그는 기술이 짊어져야 할 사회적 책임에 대해 수차례 언급했다. 기술은 인간에게 봉사하고 세상을 개선하는 데 도움이 되어야만 한다. 실리콘밸리는 혁신과 진보의 중심지일지는 모르나, 해야 할 일은 아직도 산더미처럼 쌓여 있다.

사실 틸의 말과 행동을 쉽게 이해하기는 힘들다. 특히 2016년 미국 대선에 출마한 도널드 트럼프Donald Trump를 지지하며 125만 달러를 기부한 일은 사람들을 경악하게 했다. 진보파의 예상을 뒤엎고 트럼프가 당선되자 틸은 정권 인수팀에 이름을 올렸고 지금까지도 대통령의 기술 정책 고문을 맡고 있다. 실리콘밸리의 기업가들을 비롯한 진보층에서 맹렬한 비판을 받는 그의 이런 행동에는 과연 어떤 속내가 숨어 있는 것일까?

또 틸은 뛰어나고 획기적인 혁신을 지원함으로써 사람들을 국가 권력의 구속으로부터 해방시키고 글자 그대로 '우주로 인도'하거나, '수명' 같은 신체적 한계에서도 벗어나기 위해 노력 중이다. 기업가이자 투자가인 틸은 왜 그런 터무니없고 공상과학 같은 계획에 몰두하는 걸까? 이 질문에 대한 답은 이 책이 기술과 자유를 둘러싼 틸의 철학과 비전, 그리고 독특한 사고방식을 검증해가는 과정에서 밝혀질 것이다.

물론 이 책에는 돈에 관한 이야기도 많이 등장한다. 틸은 남과 다른 발상으로 이상을 추구하면 억만장자가 될 수 있다는 사실을 몸소 보여주며 아메리칸 드림을 실현한 인물이기도 하다.

기업가이자 투자가로서 틸은 늘 '독점'을 신조로 삼는다. 그의 생각에 따르면 타인과의 경쟁은 더없이 어리석은 짓이다. 그에게 있어 경쟁에 휘말린 순간은 곧 패배의 순간과도 같다.

틸은 완전히 새로운 시장을 개척해서 '독점하는' 기업을 높이 평가한다. 현재 미국 시장을 주도하는 검색엔진은 단 하나, 구글Google이다. 마찬가지로 미국 시장을 주도하는 SNS도 페이스북 하나뿐이고, 운영체제 제조사 역시 마이크로소프트Microsoft라는 단 하나의 업체다.

이들 기업의 공통점은 무엇일까? 바로 유일무이하다는 것, 독점적 위치에 있다는 것, 그리고 수익률이 현저히 높다는 것이다. 이 책에서는 틸이 독점을 어떻게 인식하고, 그것을 어떤 식으로 자신의 행동과 투자에 활용하여 막대한 이익을 끌어냈는지도 자세히 살펴본다. 과연 피터 틸은 19세기에서 20세기에 걸쳐 미국을 세계 제일의 경제대국으로 이끈 J. P. 모건J. P. Morgan, 록펠러Rockefeller, 카네기Carnegie, 밴더빌트Vanderbilt, 포드Ford 같은 기업가들과 어깨를 나란히 할 수 있을까?

이 책은 다채로운 빛을 발하는 피터 틸이라는 인물과 그가 달성한 수많은 역할의 전모를 밝혀내려는 첫 시도의 결과물이다. 우리 시대의 흥미진진한 '숨겨진 진실'을 찾는 여행에 오신 걸 환영한다!

토마스 라폴트

"다른 사람이 한 일을 모방하는 데 그친다면
아무리 해봤자 세상은 1에서 N이 될 뿐입니다.
하지만 완전히 새로운 것을 창조하면 세상은
0에서 1이 됩니다. 내일의 승자는 시장의
치열한 경쟁 속에서 탄생하는 것이 아닙니다.
그 사람들은 하나같이 경쟁을 피하죠. 그들의
비즈니스는 세상에 단 하나만 존재할
뿐이니까요."

CONTENTS

2부

미래 자본을 설계하는 '미다스의 손' 피터 틸의 투자 황금률

3부

무엇이 그를 움직이는가 피터 틸이 그리는 멋진 신세계

"기업이 만들어지는 순간을 제대로 이해하면
가치 있는 기업을 만드는 것 이상의 일을
할 수 있습니다. 다시 말해, 물려받은 것을
그저 관리하는 대신 오래도록 새로운 것을
창조하는 기업을 만들 수 있죠."

1부

'제로 투 원' 신화의 탄생

창조적 기업이 만들어지는 순간

PETER THIEL, THE ENTREPRENEUR

1장
시작의 땅, 스탠퍼드
경쟁과 승부에 몰입하다

2016년 7월 미국 오하이오주 클리블랜드. 피터 틸은 자신의 새로운 사명을 이루고자 예전에 살던 지역을 찾았다.

미국 대선 후보를 공식적으로 지명하는 공화당 전당대회의 마지막 날, 2만 명이 넘는 청중의 갈채를 받으며 활기차게 연단에 오른 틸은 도널드 트럼프 지지 의사를 밝혔다. 네이비블루 슈트와 화이트 셔츠, 블루와 실버로 이루어진 줄무늬 넥타이. 신선한 매력을 발산하는 틸은 한눈에 보기에도 진부한 정계 권력층 인물이 아니었다.

틸은 청중을 향해 자신의 부모님이 클리블랜드에서 빛나는 꿈을 발견한 과정을 이야기했다.[1]

"제 아버지는 지금 우리가 모여 있는 이 길 아래편에 자리한 케이스 웨스턴 리저브 대학에서 공학을 전공했습니다. 1968년 당시 미국은 어느 한 도시만이 아닌, 모든 도시가 첨단 기술을 자랑하는 나라였습니다."

클리블랜드는 미국 몰락의 상징 그 자체다. 2000년 이후엔 도시의 전체 인구 중 5분의 1이 이곳을 떠났다.[2] 틸은 자기 가족의 역사를 언급하며 예전과 같은 성공 스토리가 불가능해진 미국의 현실을 이야기했다. 그는 아메리칸 드림을 이룬 이민자의 아들이었기에 더더욱 그것이 무너진 현실을 어떻게든 바꾸고 싶었고, 그런 마음이 동기가 되어 정치에 개입하게 되었다.

창조적 양면성의 시작

1967년 10월 11일 서독의 프랑크푸르트에서 독일인 피터 안드레아스 틸Peter Andreas Thiel로 태어난 그는 한 살 무렵 부모님과 함께 미국으로 이주했다.

세 살이라는 어린 나이에 피터는 사람이라면 누구나 죽는다는 현실에 직면했다. 어느 날, 바닥에 깔린 소가죽 카펫에 앉으면서 그는 아버지에게 이런 질문을 던졌다.

"이 카펫은 뭐로 만든 거예요?"

"소로 만든 거란다."

피터는 그 대답에 만족하지 못하고 되물었다.

"그럼 그 소는 어떻게 됐어요?"

"죽었지."

아버지가 대답했다.

피터는 "그게 무슨 말이에요?"라며 끈질기게 물고 늘어졌다. 아버지는 소가 이제 살아 있지 않다는 사실, 동물과 사람은 물론 자신이나 피터 역시 모두 언젠가는 죽음을 맞이한다는 사실을 가르쳐주었다.[3]

아버지의 이야기는 세 살짜리 피터에게 큰 충격으로 다가왔다. 40년이 지난 뒤에도 그 이야기는 틸의 마음속에 오롯이 남아 인생을 더 길고 건강하게 만드는 기술을 발전시키는 데 관여하는 계기가 되었다.

미국의 경제 전문 미디어그룹 블룸버그Bloomberg의 뉴스 프로그램 〈스튜디오 1.0Studop 1.0〉에 출연한 틸은 "나는 120살까지 살 것"이라 말했다. 틸은 설탕을 멀리하고 식단을 엄격하게 관리한다. 하지만 그는 암이나 치매 같은 질병뿐 아니라 죽음 자체를 극복하려면 기술이 획기적으로 발전해야 한다고 생각하기 때문에 사회를 '다음 단계'로 끌어올릴 수 있는 생명공학 회사에도 큰돈을 투자하고 있다.[4]

틸의 아버지는 여러 지역에 있는 광산 회사를 관리하는 화학 엔지니어였기에 그의 가족은 자주 이사를 다녀야 했다. 틸이 여섯 살이었던 1973년, 제1차 석유파동이 세계를 휩쓸면서 경제성장에 대한 꿈이 사라지자 미국에서는 원자력 에너지가 주목 받기 시작했다. 이 해 틸의 아버지가 우라늄 광산 회사에 다니게 되면서 틸의 가족은 남서아프리카의 작은 항만 도시인 스바코프문트Swakopmund로 이주했다. 지금은 나미비아령이지만 예전에는 독일의 식민지였던 곳이다.

어린 시절 틸은 부모님과 체스 게임을 하며 빠르게 체스를 익혔고 지도와 자연에 관한 책 및 프랑스 만화를 즐겨 읽었다. 또한 집 뒤편에 있는 말라붙은 강바닥에서 몇 시간씩 혼자 모험하며 놀기를 좋아했는가 하면 세계 모든 나라의 이름을 외운 뒤 지도를 보지 않고도 세계지도를 그릴 줄 알았다.

〈스튜디오 1.0〉과 가진 인터뷰에서 틸은 자신이 아웃사이더로서의 측면, 그리고 내부 사정을 잘 아는 인사이더라는 측면 모두를 갖고 있다고 말했다. 이러한 양면성은 틸의 특징을 잘 나타낸다. 스바코프문트 거주 시절, 아들이 제대로 된 교육을 받길 원했던 그의 부모는 교칙이 매우 엄격한 학교에 그를 보냈다.[5] 교복에 넥타이까지 매야 함은 물론 단어 철자를 틀릴 때마다 선생님이 내리치는 자로 손등을 맞아야 했던 학교 환경은 틸이 획일성과 규제를 몹시 싫어하게 만들었으며 동시에 훗날 그가 자유지상주의자libertarian가 되는 데 영향을 주었다.[6]

아홉 살이 되던 해 틸은 가족과 미국 클리블랜드로 돌아갔고, 이듬해인 1977년에는 스탠퍼드 대학의 북쪽에 있는 포스터 시티Foster City로 이사했다. 1960년대에 샌프란시스코만 연안의 습지를 매립해 만든 계획도시인 이곳은 80%가 수역水域이다. 틸이 현재 해상국가, 해상도시에 미래를 걸고 관련 프로젝트에 아낌없이 투자하는 것도 어쩌면 그 영향 때문일지 모른다.

'실리콘밸리'라는 명칭은 저널리스트 돈 회플러Don Hoefler가 반도체 산업에 대해 전자 산업 전문지 〈일렉트로닉 뉴스Electronic News〉에 쓴 1971년 1월 11일자 기사에서 처음으로 등장했다. 당시 애플Apple, 페어차일드 반도체Fairchild Semiconductor, 휴렛팩커드Hewlett-Packard, 인텔Intel 같은 수많은 기술 기업들은 샌프란시스코와 산호세 사이에 있는 이 '골짜기valley'에 이미 본거지를 두고 있었지만 '실리콘밸리'가 곧 '폭발적인 성장을 이룬 지역'을 일컫는 말로 사용된 것은 이때부터였다. 기술 기업뿐 아니라 이 지역에 있는 스탠퍼드 대학 역시 윤택한 군 예산의 혜택을 누리고 있었다(실리콘밸리의 첨단 기술은 군의 방위 산업에 쓰이며 스탠퍼드 대학에는 1970년에 설립된 국제안보협력센터CISAC가 있음_옮긴이).

틸 가족이 포스터 시티로 이사한 바로 그해, 혁신적인 신생 컴퓨터 기업 애플은 첫 히트작인 애플Ⅱ를 발표했다. 바야흐로 퍼스널 컴퓨터가 탄생한 것이다. 애플과 애플의 창업자 스티브 잡스Steve Jobs는 눈 깜짝할 사이에 시대의 총아로 자리 잡았고, 언론은 미국 서해안에 위치한 이 의욕 넘치는 스타트업의 성공 스토리를 낱낱이 보도했다. 열 살짜리 틸은 이러한 혁명의 목격자가 되었다.

저널리스트 조지 패커George Packer는 틸을 비롯한 여러 인물의 취재 뒤에 쓴 《미국, 파티는 끝났다The Unwinding》에서, 1970년대 후반의 실리콘밸리를 일컬어 '전후 미국 중산층의 생활을 단적으로 보여주는 예'라 했다. 사실 이곳만큼 출신이나 종교가 영향력을 발휘하지 못하는 곳은 미국에 없었다. 패커는 당시의 실리콘밸리를 '전후 미국 중산층의 이상적인 삶이 실현된 평등하고 쾌적한 땅'이라고 묘사했다.[7]

캘리포니아 특유의 자유분방한 가치관은 틸이 전학한 학교에서도 고스란히 나타났다. 교사들은 학생이 반항을 해도 전혀 통제하지 못했는데, 틸은 이런 무질서한 분위기와 거리를 두고 아프리카에서 살던 때와 마찬가지로 좋은 성적을 받는 데만 집중했다. 패커에 따르면 틸은 시험을 치를 때마다 죽기 살기로 공부했다.

수학적, 이론적 사고력이 뛰어났던 틸은 체스에서 두각을 나타내며 열세 살 미만의 어린이들이 겨루는 체스 대회에 출전해 전국 7위의 성적을 거두기도 했다. 학교에서 좋은 성적을 받고 싶다, 체스에서 이기고 싶다는 생각이 너무나 강했던 틸은 그 바람에 경쟁 상대를 이겨야만 한다는 강박관념에 사로잡히고 말았다.[8]

그러나 세월이 지난 뒤 그는 경쟁이 자신의 눈을 멀게 해 잘못된 길을 걷게 할 뿐임을 깨닫게 되었다. 2014년, 친구이자 기업가인 팀 페리스Tim Ferris의 팟캐스트 방송에 출연한 틸은 고치고 싶은 점이 있느냐는 질문에 이렇게 대답했다.[9]

"젊은 시절을 돌이켜보면 저는 경쟁에서 이기는 데만 몰두했습니다. 그런 사람은 남과 경쟁할 때는 좋은 성적을 거두지만 그 밖의 능력은 성장시키지 못하는 엄청난 희생을 치러야 하죠."

피터는 체스뿐 아니라 공상과학 소설에도 심취해서 작가 아이작 아시모프Isaac Asimov와 로버트 하인라인Robert Heinlein을 좋아하는 한편 롤플레잉 게임 '던전 앤드 드래곤'에도 빠져 있었다. 부모는 틸이 열두 살이 될 때까지 TV 시청을 금지했지만 그는 집에 있는 컴퓨터 TRS-80으로 당시 유행하던 텍스트 기반의 어드벤처 게임 '조크'를 하며 시간을 보냈다.[10]

J. R. R. 톨킨J.R.R. Tolkien의 《반지의 제왕The Lord of The Rings》을 애독했던 틸은 열 번도 넘게 이 책을 읽었다고 한다. 훗날 자신이 설립한 투자 회사의 이름도 이 소설에서 따와 '발라 벤처스Valar Ventures', '미스릴 캐피털Mithril Capital'로 정하고, 데이터 분석 회사의 이름 역시 '팰런티어'라 지었을 정도다. 기계나 집단 세력에 맞서 싸우는 개인의 가치, 권력의

부패 같은 톨킨의 철학적 모티브도 틸의 인생에 커다란 영향을 미쳤다.[11] 그는 2017년 초 〈뉴욕 타임스The New York Times〉와 가진 인터뷰에서 자신이 〈스타워즈Star Wars〉의 열성 팬이라고 밝혔는데, 그 이유는 "〈스타트렉Star Trek〉보다 더 자본주의적이어서"였다.[12]

컴퓨터 게임, 체스, 수학, 공상과학 소설, 그리고 우주에 대한 집착. 지금이라면 괴짜라는 소리를 듣겠지만 이것들은 1970년대와 1980년대의 천재 소년들에게서 흔히 보이는 기질이었다. 기업가이자 틸과 친구인 1971년생 일론 머스크의 소년 시절 역시 틸의 그것과 비슷한 느낌이다. 머스크가 민간 우주개발 기업인 스페이스엑스Space X를 창업하고 틸이 그 회사에 거액을 투자한 이유가 뭔지 고개가 끄덕여지는 대목이다.

모든 가능성은 열려 있다

1970년대 후반, 미국은 연달아 패배를 맛보았다. 제2차 석유파동에 따른 경기침체와 인플레이션으로 물가는 10% 넘게 치솟았다. 이어 1979년 주이란 미국 대사관에서 직원들 및 가족 52명이 444일간 인질로 잡힌 사건, 그리고 같은 해 크리스마스에 일어난 소련의 아프가니스탄 침공 사건은 미국에 큰 충격을 안겨주었다.

당시의 상황은 민주당 지미 카터Jimmy Carter 대통령의 실책 탓이 컸다. 그 무렵부터 정치판의 승자를 판별해내는 직감이 탁월했던 틸은 8학년(한국의 중학교 2학년_옮긴이) 때부터 이미 공화당 대선 후보인

로널드 레이건Ronald Reagan에게 빠져 신문 기사를 열심히 스크랩하기도 했다.[13]

레이건의 대통령 취임과 함께 미국에는 낙관주의가 다시 찾아왔다. 레이건이 추진한 신보수주의, 정부 규모 축소, 개인주의 강조에 영향을 받은 틸은 자유지상주의에 더욱 깊이 빠졌다. 이후 그는 2014년 미국 경제 전문지 〈포춘Fortune〉과 가진 인터뷰에서도 다음과 같이 말했다.[14]

"레이건은 올바른 답을 찾아냈고, 문제를 해결했습니다."

틸이 보기에 쇠락해가는 지금의 미국은 1980년대와 닮아 있다. 그렇기에 그는 1980년 대선에서 레이건 진영이 내걸었고 2016년에 트럼프가 다시 꺼내든 '미국을 다시 위대하게Make America Great Again'라는 슬로건에 부응하기 위해 트럼프 지지를 선언하며 125만 달러나 되는 후원금을 기부했다.

1985년은 틸에게 '낙관주의로 가득한' 해였다.[15] 샌마테오 고등학교를 전 과목 A학점으로 졸업한 틸의 눈앞에는 모든 가능성이 펼쳐져 있었다. 좋은 성적을 받기 위한 치열한 경쟁 끝에 성공가도에 들어설 티켓을 거머쥔 것이다.

자신이 지원했던 모든 대학에서 합격 통지를 받았지만, 그럼에도 틸은 하버드 진학을 선택하지 않았다. 가혹한 경쟁에 내몰려 패배할지도 모른다는 불안이 있었기 때문이다. 지금도 여전히 하버드를 뒤틀린 경쟁주의의 상징으로 여기는 그는 2014년 스탠퍼드 대학에서 '경쟁은 패자가 하는 것'이라는 주제로 강의할 때에도 하버드 경영대

학원을 철저히 깎아내렸다.[16]

"그곳 학생들은 아스퍼거 증후군(사회 적응 능력이 떨어지거나 관심 분야가 한정적인 특징을 보이는 질환_옮긴이)과 정반대되는 특성을 가졌습니다. 대단히 외향적이고 자기 생각이라는 게 없어요. 2년씩이나 이런 무리와 어울리면 군집 본능만 발달해서 잘못된 결단을 내리게 되고 말죠."

1980년대 후반, 하버드 졸업생들은 당시 정크 본드junk bond(신용등급이 낮은 기업이 발행하는 고위험·고수익 채권_옮긴이)의 제왕이라 불리며 월가를 주름잡던 마이클 밀켄Michael Milken의 뒤를 이으려는 듯 우르르 금융업계로 몰려들었다. 하지만 그 후 밀켄은 월가 최악의 스캔들을 일으키며 수감생활을 했다. 닷컴 버블이 절정에 달했던 1999년에서 2000년 사이의 하버드 졸업생들은 너 나 할 것 없이 실리콘밸리를 목표로 했지만 2년 후 거품이 터지면서 나스닥 지수가 80% 가까이 폭락했고, 2005년에서 2007년 부동산 버블이 한창일 때는 사모펀드 회사로 몰려들었으나 2008년 9월 미국 투자은행인 리먼 브라더스Lehman Brothers가 파산 신청을 하면서 세계적인 금융위기가 찾아왔다.

"그들에게 어떤 치료법을 추천해야 할지 저도 잘 모르겠군요."

하버드 출신의 엘리트들이 가진 경향에 대해 틸은 그렇게 말하며 어깨를 으쓱였다.

1985년으로 이야기를 되돌려보자. 고등학교를 졸업한 틸은 대학에서 무엇을 전공할지 뚜렷한 계획이 없었다. 그럼에도 당시 그는 대단히 낙관적이어서 자기 앞에 모든 가능성이 열려 있다고 생각했다.[17]

"돈을 많이 벌 수도 있고, 존경받는 직업을 가질 수도 있으며, 지적

자극을 주는 분야를 공부하거나 혹은 그 모든 것을 한꺼번에 다 할 수도 있다고 생각했죠. 1980년대에는 장래를 구체적으로 고민할 필요가 없다는 낙관주의가 팽배했어요. 물론 어떤 형태로든 세상에 영향을 미치고 싶다는 야망은 있었지만요."

결국 틸은 지극히 당연한 결론을 내렸다. 어린 시절에 자주 거처를 옮겨서 이사라면 이골이 나 있던 터라 집에서 그리 멀지 않은 스탠퍼드 대학에 진학하기로 결정한 것이다. 전공은 철학이었다.

기업가와 투자가의 본질을 배우다

왜 철학이었을까? 틸의 수학적 재능을 생각하면 자연과학이나 정보과학을 선택하는 쪽이 오히려 자연스러웠을 텐데 말이다. 게다가 당시 스탠퍼드는 이미 컴퓨터공학 분야에서 세계 톱클래스라는 평가를 받고 있었다. 그래픽 기반의 웹브라우저를 세계 최초로 고안한 개발자이자 종종 틸과 함께 투자자로 이름을 올리는 마크 안드레센Marc Andreessen은 "대학에서 배울 가치가 있는 학문은 수학 계열뿐입니다. 철학 같은 인문 계열을 전공해봤자 신발 가게에서 신발을 파는 게 고작이죠."라고까지 말한 바 있다.[18]

하지만 철학을 전공한 것은 틸의 경우 현명한 선택이었다. 그는 1986년부터 1987년에 걸친 2학년 겨울학기에 저명한 철학자 마이클 브래트먼Michael Bratman 교수의 '마음, 물질, 의미'라는 강의를 들었고, 그 수업에서 리드 호프먼이라는 총명한 학생과 만나게 되었다.

강의가 끝나면 캠퍼스 잔디밭에 앉아 토론에 심취했던 이 두 사람은 철학에서 흔히 거론되는 인생이나 세계 같은 주제를 두고 오랜 시간 토론을 벌였다. 그 후로도 30년 넘게 이어진 둘의 우정은 이런 논쟁을 바탕으로 쌓인 것이다. 호리호리한 체격에 날카로운 눈매의 틸과 살집 있고 서글서글한 호프먼은 겉모습뿐 아니라 주장하는 바도 정반대였다. 틸은 둘 사이에서 오간 논쟁에 대해 "적대적인 대립은 아니었어요. 우리는 늘 무엇이 진리인지를 찾고 싶어 했죠."라고 회상했다(참고로 두 사람의 성향 차이는 총학생회 선거에서도 드러났다. 틸과 호프먼은 각각 우파와 좌파의 후보로 나섰고 두 사람 모두 의석을 차지했다).[19]

그 후 틸은 페이스북의 첫 외부 투자자, 호프먼은 비즈니스 인맥 관리 서비스 회사인 링크드인의 창업자가 되어 SNS의 발전에 결정적인 영향을 미쳤다. 두 사람은 웹 2.0 시대를 선봉에서 이끌며 실리콘밸리에서 가장 부유하고 영향력 있는 기업가 및 벤처투자가가 되었다.

25년 후 미국 경제 전문지 〈포브스Forbes〉에서 틸과 대담한 호프먼은 "우리가 졸업한 후에 스탠퍼드에서 크게 달라진 점은 뭐가 있지?"라는 틸의 질문에 '기업가 정신이 꽃핀 것'이라고 대답했다. 스타트업이란 표현은 당시 스탠퍼드에도 알려져 있긴 했지만 막상 대학을 떠나 창업하려는 학생은 없었다. 때문에 2012년에 처음으로 스타트업에 관한 강의를 맡은 틸은 고작 1주일 만에 300명 이상의 수강신청자가 몰렸다는 말을 듣고 깜짝 놀라지 않을 수 없었다.[20]

"1990년대 말 닷컴 버블이 한창이었을 때의 열기가 떠올랐지만 요즘 학생들에게서는 훨씬 더 진정성이 느껴지더군요."

2005년 초에 열린 스탠퍼드 대학의 행사에서 틸은 호프먼, 그리고 페이스북 초대 CEO인 숀 파커Sean Parker와 함께 '다음에 탄생할 위대한 기업은 어디에 있을까'라는 주제로 토론을 나눴다. 호프먼은 그로부터 얼마 지나지 않아 링크드인을 창업했는데, 돌이켜보면 그것이 바로 웹 2.0의 출발점이었다. '다음에 탄생할 위대한 기업'은 다름 아닌 페이스북과 링크드인이었던 것이다.

큰 성공을 거둔 투자가의 투자 철학은 때로 지나치리만큼 단순하다. 20세기 들어 가장 성공한 투자가로 꼽히는 워런 버핏Warren Buffett의 여러 명언들에는 '능력 범위circle of competence'라는 개념이 들어 있다. 투자는 자기가 이해할 수 있는 범위 내에서만 하라는 의미인데, 이런 점에서 봤을 때 틸의 능력 범위는 '스탠퍼드에서 반경 5마일(약 8킬로미터) 이내'였다.[21] 스탠퍼드에서 기업가의 기초를 다졌음은 물론 호프먼뿐 아니라 이후 틸의 행보에 커다란 영향을 미친 비즈니스 파트너와 스승을 처음 만난 곳도 스탠퍼드였기 때문이다.

일례로 틸의 세계관, 그리고 사업이나 투자를 판단하는 틸의 방식에 결정적으로 영향을 미친 사람은 스탠퍼드 대학 교수이자 저명한 프랑스 철학자인 르네 지라르René Girard다. 틸은 지라르의 대표작 《세상이 만들어질 때부터 숨겨져온 것Des Choses Cachées Depuis la Fondation du Monde》(국내 미출간)을 철학 학부 과정 때 처음 읽었다.

모방 이론과 경쟁을 핵심 사상으로 삼는 지라르에 따르면 모방은 인간의 본능이다. 인간에게는 남이 갖고 싶어 하는 것을 자신도 갖고 싶어 하는 경향이 있는데, 그런 이유로 모방은 경쟁을 낳고 경쟁은 더 큰 모방을 낳는다는 것이다. 틸은 〈포춘〉과 가진 인터뷰에서 지라르에 대해 열변을 토하며 우리 인간은 모방에서 벗어날 수 없다고 지적했다.[22]

"모방이야말로 우리가 같은 학교, 같은 직업, 같은 시장을 두고 경쟁하는 이유입니다. 경제학자들은 경쟁이 이익에서 멀어지게 한다고 말하는데, 이는 매우 중요한 지적입니다. 지라르는 여기서 한 발 더 나아가, 경쟁에 빠진 사람은 자기 목표를 희생하면서까지 경쟁자를 물리치는 데만 몰두하는 경향이 있다고 말합니다. 경쟁이 극심한 까닭은 상대의 가치가 높아서가 아닙니다. 인간은 아무 의미도 없는 일을 두고 죽을힘을 다해 경쟁합니다. 그리고 시간과의 싸움은 더더욱 치열해지죠."

어쩌면 틸은 지라르 교수에게서 뛰어난 기업가, 투자가의 본질을 배운 것일지도 모른다. 그는 "사람은 모방에서 완전히 벗어날 수 없습니다. 하지만 세심한 관찰력만 있으면 수많은 이들을 크게 앞지를 수 있어요."라고 말했다.

틸과 마찬가지로 대부분 보수적 성향을 띠었던 그의 친구들은 아웃사이더임을 스스로 인정하며 주류로부터 멀어지는 데 거리낌이 없었다.

1980년대 후반 스탠퍼드 대학에서는 교육 과정을 두고 격렬한 대립이 벌어졌다. 진보파와 소수파 학생들은 교육 과정이 아리스토텔레스나 셰익스피어와 같은 '죽은 백인 남성들'의 가치관 중심으로 편향되어 있다고 주장했다. 그에 반해 보수파 학생들은 이런 주장이 반서

구석이며 위험한 사상이자 교육 과정을 이용한 악질적인 정치 선동이라 여겼다.

틸은 진보파의 주장에 공감할 수 없었기에 자신이 지지하는 보수파의 견해를 널리 알릴 수단을 찾아 나섰다. 아직 인터넷 시대가 열리기 전이었던 만큼 당시로서 가장 빠른 방법은 신문 창간이었다.

2학년이 끝나갈 무렵인 1987년 6월, 틸은 행동에 나섰다. 친구 노먼 북Norman Book과 함께 보수 성향의 학생신문인 〈스탠퍼드 리뷰Stanford Review〉를 창간한 것이다. 틸은 이 신문을 통해 처음으로 기업가적·정치적 야망을 드러내며 '메가폰'을 손에 넣었다.

〈스탠퍼드 리뷰〉의 노선은 자유무역의 가치를 재강화한 레이건 혁명과 보수주의로부터 영향을 받았다.[23] 금전적·정신적으로 뒷받침해준 사람은 네오콘neocon(신보수주의)의 대부 어빙 크리스톨Irving Kristol이었다. 창간 초기에는 발행인인 틸의 존재가 전면에 뚜렷이 나타났다. 지면은 품위 있는 식견, 좌파 이데올로기에 대한 이성적인 공격, 학생이나 교수 혹은 대학 당국이 드러내는 '정치적 올바름political correctness(미국 사회에서 인종, 성, 종교 등을 차별하는 언어 사용이나 활동을 바로잡으려는 운동_옮긴이)'에 대한 신랄한 풍자로 구성되었다.[24] 훗날 편집장을 맡았던 아만 베르지Aman Verjee에 따르면 창간 당시 〈스탠퍼드 리뷰〉의 논조는 '열혈 보수주의' 색이 짙었던 듯하다. 느낌이 조금 다르긴 했지만 틸과 베르지는 둘 다 자유지상주의자였다.[25]

당시 스탠퍼드의 등록금이 터무니없이 비싸다는 점도 틸에게는 문제로 여겨졌다. 그는 〈스탠퍼드 리뷰〉 창간 초기에 '학자금 지원에

대한 재고'라는 제목의 사설에서 물가상승률과 개인소득 증가율을 웃도는 등록금 인상을 비판했다.[26]

"현재 학부생 70%가 학자금 지원을 필요로 하는 상황이다. 바꿔 말해 학생 70%에게는 스탠퍼드의 등록금이 지나치게 비싸므로 인상분은 나머지 30%가 부담해야 한다."

그로부터 30여 년 후 대선을 코앞에 둔 2016년 10월, 틸은 워싱턴의 내셔널 프레스 클럽National Press Club에서 열린 기자회견에서 미국의 비싼 등록금과 부채 부담의 악순환을 비판했다. 현재 미국 학생들은 연간 13억 달러의 학자금 대출로 허덕이고 있다.

"미국은 학생들이 그 부채를 면제받지 못하는 유일한 나라가 되고 말았습니다. 개인 파산 말고는 빚에서 벗어날 길이 없죠."

틸은 이런 현실에 개탄하며 이것이 미국 교육 제도의 주된 문제점이라고 지적했다.[27]

〈스탠퍼드 리뷰〉의 동지들

틸에게 있어 〈스탠퍼드 리뷰〉는 정치적 입장을 드러낼 창구일 뿐 아니라 충실한 동지를 끌어 모으는 장場이었다. 또한 틸의 첫 스타트업 벤처라 할 수 있으며 훗날 함께 일할 사람을 테스트하고 교육하는 기회를 제공해준 곳이기도 했다. 즉, 창업을 대비한 인재 채용과 육성의 장으로 삼은 것인데, 이는 〈스탠퍼드 리뷰〉에서 진가를 발휘한 사람이라면 더 큰 일도 해낼 수 있을 것이라는 틸의 생각 때문이었다.

〈스탠퍼드 리뷰〉의 역대 편집장과 편집자를 살펴보고 있노라면 마치 실리콘밸리 유명 인사들의 인명록을 보는 듯하다. 이들은 훗날 '페이팔 마피아PayPal Mafia(제2장 참조)'의 중심 멤버가 되었으며 지금까지도 틸과 공적·사적으로 친밀하게 교류하고 있다. 틸을 제외한 〈스탠퍼드 리뷰〉의 주요 멤버와 그 후의 이력은 다음과 같다.

- **편집자** 켄 하워리Ken Howery: 페이팔, 파운더스 펀드Founders Fund 등의 공동 창업자
- **편집장** 데이비드 색스David O. Sacks: 기업용 SNS 야머Yammer의 공동 창업자, 엔젤 투자자
- **편집자** 키스 라보이스Keith Rabois: 미국 부동산 중개 서비스 오픈도어Opendoor의 공동 창업자, 미국 유명 벤처투자사 코슬라 벤처스Khosla Ventures의 파트너
- **편집장** 조 론스데일Joe Lonsdale: 팰런티어 등의 공동 창업자

틸은 1989년에 20세기 철학 전공으로 학부를 졸업했고 1992년에 스탠퍼드 로스쿨에서 법무박사 학위를 취득했다.

〈스탠퍼드 리뷰〉 편집부원이었던 데이비드 색스는 1992년에 틸의 뒤를 이어 편집장 자리에 올랐다. 색스는 언론의 자유, 동성애자의 권리, 젠더론 같은 주제에 초점을 맞췄는데, 그에 따르면 〈스탠퍼드 리뷰〉의 문제 제기로 대학 당국이 방향을 전환한 경우도 종종 있었다고 한다.[28]

그러나 더 많은 영향력을 발휘하려면 학생신문만으로는 부족했다. 1995년, 색스와 틸은 책을 쓰기로 결심하고 《다양성이라는 미신

The Diversity Myth》(국내 미출간)을 출간했다. 때마침 스탠퍼드에서는 신임 총장인 게하르트 캐스퍼Gerhard Casper의 지휘 아래 대대적인 개혁이 이루어졌고, 인문학 계열의 교과 과정 대부분이 공격의 대상이 되면서 강의도 폐지되었다.

틸은 소위 말하는 '논객'이 되고 싶었지만 지금 같은 시대에 그것이 가치 있는 일일지 다소 의문을 느꼈다. 자본주의 정신에 인생을 바치고 싶었지만 지적 사명감 때문인지 아니면 그저 부자가 되고 싶을 뿐인지, 또는 둘 다인지 확신이 없었던 것이다.

로스쿨을 마치기 직전 〈스탠퍼드 리뷰〉에 쓴 마지막 사설에서 틸은 돈벌이가 되는 직업을 혐오하는 문과 계열 학자들을 야유했다. 틸은 성공에 이르는 구체적인 직업으로 경영 컨설팅, 투자, 옵션거래, 부동산 개발 등을 나열했다. 당시로선 아직 일반적이지 않았던 스타트업 공동 경영도 이미 그의 시야에 들어와 있었다.

틸은 언제나 매우 우수한 성적으로 학교를 졸업했지만 로스쿨 수료할 때만큼은 그렇지 않았다. 월등한 성적으로 졸업하는 것에 무슨 의미가 있는지 의문을 품기 시작했기 때문이다. 좋은 대학에 진학하려면 성적을 잘 받아야겠다고 생각했던 고등학교 때와는 달라진 점이었다.[29]

어찌 됐든 틸은 미국의 모범적인 엘리트 교육 과정을 주파했고 전통적·보수적으로 인정받는 성공적 세계로의 입장권을 손에 넣었다. 그리고 그로부터 25여 년이 흐른 2014년, 그는 자신의 '모범적'인 학력을 혹평했다.[30]

"가장 재능 있는 청년들이 모두 똑같은 명문대에 진학해, 몇 안 되는 전공 중 하나를 공부한 뒤 몇 안 되는 직업 중 하나를 선택한다면 사회에 좋을 게 없습니다. 그런 사람들은 무엇에 자기 인생을 걸 것인지 고민할 때 시야가 너무 좁아지거든요. 사회뿐 아니라 본인에게도 좋을 게 없는 일이죠.

스탠퍼드 로스쿨에 다니던 시절의 저 역시 마찬가지였습니다. 만일 그때로 되돌아간다면 나 자신에게 왜 그런 선택을 했냐고 물어볼 겁니다. 좋은 성적을 받아 세상으로부터 인정받고 싶을 뿐인 거냐, 아니면 정말로 변호사가 되고 싶어서인 거냐고 말입니다. 이 질문에는 분명 정답과 오답이 있습니다. 이제 와 돌이켜보면 20대 초반의 저는 오답에 집착하는 사람일 뿐이었습니다."

2장
'경쟁하는 패자'가 되지 마라
좌절에서 시작된 페이팔 창업

1992년 로스쿨을 졸업한 24세의 틸은 첫 직장이 있는 애틀랜타로 향했다. 그는 이곳에서 1년간 연방항소법원의 서기로 일했다.[1]

이 시기에 틸은 미래를 좌우할 첫 번째 결단을 내렸다. 안토닌 스칼리아Antonin Scalia 대법관의 서기직에 지원한 것이다. 2016년 79세의 나이로 세상을 떠난 스칼리아는 보수파를 대변해온 가장 저명한 연방대법관 중 한 사람이다. 연방대법원 서기직은 법학도들에게 있어 꿈의 자리로, 수만 명의 지원자 중 겨우 수십 명만 채용될 정도로 경쟁도 치열하다.

틸이 느끼기에 대법관 면접은 순조로이 진행되는 것 같았다. 그는 마지막 경쟁의 승리가 이제 코앞으로 다가왔고, 자신의 삶은 평생 탄탄대로를 달릴 거라는 단꿈에 젖어 있었다. 그렇지만 공교롭게도 이는 착각이었다. 면접에서 떨어진 것이다.

경쟁에서 승리를 놓쳐본 적 없었던 틸은 하늘이 무너지는 듯한 충격을 받았다. 2016년 해밀턴 칼리지 법학부 졸업식에서 축사를 했던 틸은 당시를 회상하며 "그때 저는 완전히 무너져 내렸습니다."라고 고백했다.[2]

제로섬 게임

그 후 뉴욕의 대형 법무법인인 설리번 앤드 크롬웰Sullivan & Cromwell에 입사한 틸은 자신이 가졌던 기대와 완전히 다른, 1주일에 80시간씩 일하는 생활에 직면했다. 법무법인은 대부분 마찬가지라서, 대학을 갓 졸업한 젊은 소속 변호사associate lawyer는 파트너 변호사partner lawyer를 목표로 몸이 부서져라 일해야 한다. 몇 년 후의 출세를 위해 죽기 살기로 일하는 동료들에게 둘러싸인 틸은 상념에 잠겼다. 그는 뉴욕에서의 시절을 '인생의 위기'라 일컬으며[3] 그곳에서 보낸 기간을 마치 죄수가 형기를 세듯 '7개월 3일'이라고 농담처럼 이야기하곤 한다. 가끔씩 그는 '엘리트' 법무법인에서 느꼈던 복잡한 심경을 이렇게 토로하곤 했다.

"그곳은 뭐랄까, 밖에서는 누구나 들어가길 원하지만 막상 들어가면 누구나 도망치고 싶어지는 곳이죠."

틸이 법무법인을 그만두었을 때 동료들은 모두 놀라움을 금치 못했다. "앨커트래즈섬(미국 연방 주정부가 흉악범을 가뒀던 섬으로 한 번 들어가면 절대 벗어날 수 없었던 감옥_옮긴이)에서 탈출할 수 있을 줄은 꿈에도 몰랐다.”라고 말한 동료도 있었다고 한다. 그런 평에 대해 틸은 다음과 같이 회상했다.

“그 말이 아마 보통 사람들에겐 이상하게 들릴 겁니다. 탈출하고 싶으면 문을 열고 나가서 그대로 돌아오지 않으면 그만인 거니까요. 하지만 문을 열고 나간다는 것은 그곳에 있는 사람들에게 정말 어려운 일이었습니다. 설리번 앤드 크롬웰에 들어가기 위한 혹독한 경쟁에서 승리한 것은 그들의 정체성 그 자체였거든요.”[4]

틸은 2004년에 우연히 로스쿨 시절의 옛 친구를 만난 에피소드도 털어놓았다. 대법관 서기 면접을 준비할 때 여러모로 도움을 준 친구였다. 그 친구가 꺼낸 첫마디는 “잘 지내?” 혹은 “진짜 오랜만이다.”가 아니었다. 그는 빙긋 웃으며 이렇게 말했다.

“여, 피터! 서기 면접에서 떨어져 다행이지 않아?”

실제로 틸은 서기가 되지 못한 것을 아쉬워하지 않았고, 훗날엔 “서기 자리를 놓고 벌어진 경쟁에서 이겼다면 내 인생은 더 나빠졌을 겁니다.”라고 이야기했다.[5] 대법원에서 일했다면 스스로 새로운 것을 만들어내는 대신 다른 사람의 사업 계약이나 문제를 처리하다가 인생을 마감했을 것이라는 이유에서였다. 그는 학생들에게 다음과 같은 조언을 해주기도 했다.[6]

“재기할 수 없을 것만 같은 실패를 한들 그게 뭐 어떠냐고 말해주고 싶어요. 더 가치 있는 길은 언제든 찾을 수 있으니까요.”

엘리트 서기라는 틸의 목표는 미래를 위한 계획이라기보다는 오히려 ‘현재를 위한 알리바이 만들기’였다. 부모님이나 주변 사람들에게 자기 인생이 완벽한 궤도에 올랐음을 보여주기 위한 알리바이 말이다. 하지만 이제 틸은 그 길이 어떤 미래로 이어질지 깊이 고민하지 않고 출발해버린 것이 가장 큰 문제였다고 생각한다.

당시 그는 자신이 정말로 서기가 되고 싶었는지 자문했다지만 실은 그 질문 자체에 이미 답이 있었다. 틸은 2011년 모교 교내지인 〈스탠퍼드 로이어Stanford lawyer〉와의 인터뷰에서 법학을 배우면서 기업가가 갖춰야 할 기초를 익혔다고 말했다. 그는 "법학은 학제적인 학문이므로 다양한 분야를 배울 수 있고, 그것들이 어떤 식으로 서로 영향을 미치는지 이해하는 훈련도 시켜주었다."라며[7] "예를 들면 방대한 정보에서 필요한 것을 추출하는 능력처럼 기업가에게 꼭 필요한 능력도 익힐 수 있었다."라고 이야기했다. 그 점에서 로스쿨 시절은 틸에게 '대단히 가치 있는 시간'이었던 것이다.

법무법인을 뛰쳐나온 틸은 1993년부터 1996년까지 뉴욕에 있는 글로벌 투자은행 크레디트 스위스Credit Suisse에서 파생상품 딜러로 일하면서 자산가치를 평가하고 분석하는 기술을 익혔다. 당시 연봉은 10만 달러였다. 틸보다 몇 살 많은 동료 하나는 30만 달러를 벌고 있었음에도 아버지에게 돈을 빌려야 했을 정도로 뉴욕에서 산다는 것은 큰돈이 드는 일이었다. 뉴욕의 은행원들이라면 값비싼 정장을 입고 최고급 레스토랑에서 식사하는 것이 당연했다. 뉴욕은 경쟁에서 이겨야 한다는 심리적 압박이 지배하는 도시였고, 하늘 높이 치솟은 고층 빌딩은 곧 성공의 상징이었다. 고층 빌딩에서 일하는 사람은 자기보다 높은 층에서 일하는 사람을 복잡한 심경으로 우러러보는 동시에 낮은 층에서 일하는 사람을 얕잡아봤다.

　이렇듯 치열한 경쟁은 그를 점점 숨막하게 했다. 뉴욕은 지라르가 말한 모방 이론의 살아 있는 예 그 자체였다. 틸에게 뉴욕의 터무니없이 비싼 생활비와 인정사정없는 경쟁은 제로섬 게임 같았다.[8]

　틸은 과감히 실리콘밸리로 돌아가는 길을 선택했다.

실리콘밸리의 차세대 혁신

틸이 뉴욕에서 돌아온 1996년, 실리콘밸리의 기술업계에는 대대적인 지각 변동이 일어나고 있었다. 1990년대 초반은 마이크로소프트와 인텔이라는 두 회사가 PC^{Personal Computer} 시장에서 확고한 지위를 차지하며 주도권을 쥐고 있던 시대였다. 언론에서는 긴밀히 협력하는 PC 시대의 두 영웅을 '윈텔Wintel(소프트웨어 회사인 마이크로소프트의 윈도우와 하드웨어 회사인 인텔을 조합한 단어_옮긴이)'이라고 줄여 불렀다.

　두 회사는 시장의 이익 대부분을 손에 쥐었는데, 그들의 역할 분담은 단순했다. 즉 마이크로소프트는 신규 윈도우와 오피스 버전 개발을 주 수입원으로 잡고, 인텔은 그것을 운용하기 위한 신규 마이크로프로세서를 개발해내어 매출을 올렸다. 이렇게 컴퓨터는 회사뿐 아니라 일반 가정에도 보급되었다. 모든 가구에 컴퓨터 한 대씩을 보급하는 것이 마이크로소프트 창업자 빌 게이츠^{Bill Gates}의 비전이었다.

　실리콘밸리는 정체성의 위기에 빠졌다. 마우스와 디자인적인 데스크톱 같은 아이디어로 PC의 혁신을 일으킨 곳은 애플이었지만 이득은 마이크로소프트와 게이츠가 모조리 차지한 탓이다. 이들은 다른 회사의 혁신을 태연하게 표절했고 독점적 위치를 이용해 시장을 지배하며 막대한 수익을 올렸기 때문에 실리콘밸리의 미움을 톡톡히 샀다.

실리콘밸리는 차세대 혁신next big thing을 손꼽아 기다렸다. 빌 클린턴Bill Clinton 정권 시 부통령이었던 앨 고어Al Gore는 21세기를 대비해 '정보 고속도로information super-highway'(초고속 정보통신망)와 '주문형 비디오 시스템video on demand'(통신망으로 연결된 컴퓨터나 TV를 통해 사용자가 원하는 프로그램을 아무 때나 볼 수 있는 영상 서비스)의 구축에 주력하겠다고 대대적으로 발표했다. 하지만 정보의 고속도로라는 것을 도대체 어떻게 실현할 수 있을지 아는 사람은 아무도 없었다.

그때 혜성처럼 등장한 사람이 일리노이 대학에서 정보과학을 공부하던 마크 안드레센이었다. 안드레센은 대학 재학 중이던 1993년에 사용자 친화적 웹브라우저인 모자이크Mosaic를 개발했다. 모자이크의 토대가 된 것은 스위스에 소재한 유럽입자물리연구소CERN의 물리학자 팀 버너스 리Tim Berners Lee가 발명한 월드와이드웹www이었다. 그가 개발한 프로그래밍 언어 HTML 덕분에 사람들은 텍스트와 이미지로 이루어진 웹브라우저를 놀라우리만큼 쉽게 만들 수 있게 되었다.

1993년 말 안드레센이 발표한 모자이크는 삽시간에 전 세계로 퍼져나갔다. 초기에는 주로 일부 컴퓨터 마니아들 사이에서 사용되었지만 차츰 개인이나 회사에서도 활용됨에 따라 각종 콘텐츠와 서비스를 제공하는 웹페이지가 폭발적으로 늘어났다. 버너스 리가 인터넷에 얼굴을 만들어주었다면 안드레센은 브라우저를 개발해 누구나 쉽게 인터넷을 쓸 수 있는 수단을 제공한 것이다.

그 후 안드레센은 실리콘밸리로 거처를 옮겼고, 실리콘 그래픽스 Silicon Graphics의 설립자인 제임스 H. 클라크 James H. Clark와 운명적인 만남을 갖게 되었다. 실리콘 그래픽스는 당시에도 실리콘밸리에서 내로라하는 IT 기업이었고 클라크의 영향력 또한 막강했다. 웹브라우저의 잠재력과 안드레센의 기술적 장래성을 즉각 꿰뚫어 본 클라크는 벤처캐피털 회사인 클라이너 퍼킨스 코필드 앤드 바이어즈 Kleiner Perkins Caufield & Byers의 존 도어 John Doerr를 임원으로 영입해 안드레센과 함께 회사를 설립했다. 다만 일리노이 대학이 모자이크라는 이름에 대한 법적 권리를 주장했기 때문에 이들은 새로운 회사명을 넷스케이프 Netscape로 정했다.

그 후 사태는 빠르게 전개됐다. 1995년 여름 넷스케이프는 사원 수 수백 명 규모의 회사로 성장했고 웹브라우저 사용자는 1,000만 명을 돌파했다. 넷스케이프는 웹브라우저뿐 아니라 서버용 프로그램도 판매하기 시작했다.

개발한 제품들이 불티나게 팔리며 넷스케이프의 매출은 몇 개월 만에 수억 달러 규모에 이르렀다. 존 도어는 기업공개 IPO를 할 기회가 찾아왔음을 직감했다. 모든 매체에서 인터넷에 관한 기사를 대대적으로 다뤘고 넷스케이프는 그런 기사들에서 빠짐없이 언급되는 인기 있는 존재였다.

1995년 8월 9일, 넷스케이프는 창업한 지 불과 14개월 만에 월가에 입성했다. 공모가는 주당 28달러, 시가총액은 10억 달러에 달했다.

매출 1,700만 달러에 손실 1,300만 달러인 기업으로서는 대대적인 성공이었다.

월가는 인터넷과 넷스케이프를 호의적으로 맞이하며 베팅에 나섰다. 뉴욕의 나스닥이 처음에 붙인 가격은 무려 71달러였다. 거래 첫날 장이 마감했을 때 주가 전광판에는 58.25달러라는 숫자가 반짝였는데 이는 시장가치로 환산하면 27억 달러에 이르는 어마어마한 금액이었다. 이튿날 〈월스트리트 저널The Wall Street Journal〉은 '넷스케이프는 거대 군수업체 제너럴 다이내믹스General Dynamics가 43년에 걸쳐 달성한 성과를 몇 분 만에 이뤄냈다'며 대서특필했다.[9] 인터넷이 폭발적으로 성장한 시대를 절묘하게 상징한 표현이었다.

이로써 실리콘밸리에는 새로운 스타가 탄생했다. 안드레센은 인터넷 신동, 제2의 빌 게이츠라는 극찬을 받았다. 〈타임Time〉은 그를 '올해의 인물'로 선정했고 실리콘밸리는 자신감을 회복했다. 플랫폼에 의존하지 않는 브라우저 기술로 마이크로소프트의 압도적 지위를 무너뜨릴 절호의 기회가 찾아온 것이다.

기업가 로버트 리드Robert Reid는 1996년 말이라는 이른 시기에 저서 《인터넷을 움직이는 사람들Architects of the Web》에서 인터넷이 미디어, 주식 시장, 노동 시장에 가져올 비약적인 변화를 이렇게 예측했다.[10]

- 미국 내에서는 3,000만 명 이상, 해외에서는 1,000만 명 이상이 이미 인터넷을 사용하고 있다.
- 야후Yahoo나 넷스케이프 같은 포털사이트는 〈뉴스위크Newsweek〉와 〈포브스〉 같은 유명 잡지보다 폭넓게 침투할 것이다.

- 1849년의 골드러시 때보다 많은 사람이 스톡옵션으로 한몫을 챙기기 위해 스타트업에 몰려들 것이다.
- 주식 시장은 인터넷이라는 새로운 성장 분야를 대환영하며 이 분야의 스타트업이 내세우는 꿈같은 이야기를 높이 평가할 것이다.
- 인터넷 스타트업 대부분은 창업한 지 1~2년밖에 안 되어 비즈니스 모델이 성숙하지 않은 상태에서 잇따라 상장할 것이다(실제로 야후는 1996년, 아마존 Amazon은 1997년, 이베이eBay는 1998년에 상장했다).

세계 최초 핀테크 기업, 페이팔의 설립

그간 실리콘밸리는 몇 차례나 새로운 국면을 맞이해왔다. 이곳에 돌아온 틸은 닷컴 열풍 초기의 고양된 분위기와 반짝이는 비전의 포로가 되었음이 분명하다. 그는 먼로파크에 있는 아파트로 이사하고 가족과 친구들로부터 100만 달러의 자금을 모아 틸 캐피털Thiel Capital이라는 헤지펀드 회사를 차렸다.

이듬해 틸은 실리콘밸리에 찾아온 루크 노섹Luke Nosek과 만났다. 당시 스물한 살이었던 노섹은 안드레센과 마찬가지로 일리노이 대학에서 컴퓨터공학을 전공한 후 넷스케이프에서 일하고 있었다. 그는 1995년 대학 재학 중 같은 학교 친구인 맥스 레브친Max Levchin, 스콧 배니스터Scott Banister와 함께 스폰서넷 뉴 미디어SponsorNet New Media라는 스타트업을 창업한 경험이 있었다.

노섹은 실리콘밸리에서 웹캘린더 서비스를 시작했다. 틸은 노섹의 아이디어를 높이 평가해 10만 달러를 투자했지만 스타트업이 실패로 막을 내리면서 자금을 회수하지 못했다. 이 일로 노섹은 양심의 가책을 느끼며 괴로워했다. 다행인 것은, 돈 문제로 인간관계가 끊어진 이야기가 세상에는 얼마든지 있음에도 이 경우엔 그렇지 않았다는 점이다.

노섹의 대학 친구이자 천재 소프트웨어 개발자인 맥스 레브친은 노섹에게 틸을 소개해달라고 부탁했다. 데이터 암호화 소프트웨어 회사를 세우고 싶었기 때문이다. 하지만 노섹은 자신의 실패가 계속 마음에 걸려 두 사람 사이에 다리를 놓지 못했다.[11]

틸과 리드 호프먼의 운명적인 만남이 그러했듯 이번에도 스탠퍼드 캠퍼스는 제 역할을 톡톡히 했다. 1998년 여름 틸은 스탠퍼드에서 '시장의 글로벌화와 정치적 자유의 관계'라는 주제로 특별 강연을 했는데, 열심히 강연을 듣던 사람 중 하나가 우크라이나 출신으로 당시 스물세 살이었던 맥스 레브친이었다. 유대인이라는 이유로 소련에서 교육과 주거, 취직 모두가 제한되었던 그는 1991년 소련이 붕괴한 후 무국적자 신분으로 부모와 함께 미국으로 건너왔다. 자유를 찾아 우크라이나의 수도 키예프에서 시카고로 이주한 레브친의 부모가 했던 가장 큰 투자는 아들 맥스에게 중고 컴퓨터를 사준 것이었다. 그리고 그 투자는 후에 믿을 수 없는 금액이 되어 돌아왔다.[12]

자유지상주의자인 레브친이 틸과 마음을 터놓는 사이가 되는 데는 그리 오래 걸리지 않았다. 레브친은 PDA의 정보를 암호화하는 보안 소프트웨어 아이디어를 틸에게 설명했다. PDA는 1990년대 말에 대단히 유행했던 휴대용 개인정보 단말기인데, 특히 펜으로 화면에

글씨를 쓸 수 있는 팜파일럿PalmPilot은 회사원이나 컴퓨터 프로그래머들 사이에서 폭발적인 인기를 얻었다. 스티브 잡스가 아이폰을 세상에 공개하기 10년쯤 전의 이야기다.

두 사람은 논의에 논의를 거듭한 끝에 PDA의 데이터를 암호화하는 보안 소프트웨어 회사를 설립하기로 했다. 회사 이름은 필드링크Fieldlink로 정했다. 틸은 원래 투자만 할 생각이었으나 레브친의 끈질긴 설득으로 결국 CEO 자리를 맡았다.[13]

그런데 수백만 명이 팜파일럿을 쓴다지만 팜파일럿끼리 데이터 통신을 하면서 암호화 기술을 필요로 하는 것은 과연 언제쯤의 일이 될까? 금융업계에 정통했던 틸은 데이터 암호화 기술의 잠재 수요가 '송금'에 있다는 데 생각이 미쳤다. 그때까지 사람들의 니즈needs를 충족시키는 플랫폼이 없었던 '전자결제' 시장에 주목한 것이다. 당시 신용카드와 현금인출기는 널리 보급되어 있었지만 사람들이 사용하는 데는 다소의 제약이 있었다. 신용카드는 카드 가맹점 등록 심사에 통과해서 카드단말기를 설치한 가게에서만 사용할 수 있었고, 현금인출기도 필요할 때마다 어디에서든 쉽게 접할 수 있는 것은 아니었기 때문이다. 그 외에 당시 미국에서 사용 가능했던 결제 방식은 오랜 옛날부터 사용해온 수표 정도였는데, 수표를 받은 사람은 그것을 들고 은행에 방문한 뒤 며칠을 기다려서야 현금으로 받을 수 있었다.

틸과 레브친의 회사가 어떤 노선을 택해야 할지는 이로써 분명해졌다. 회사의 목표는 시대에 뒤떨어진 현금을 대신할 간편하고 안전한 지불 수단을 제공하는 것이었고, 그것을 실현하기 위해선 새로운 기술을 개발해야 했다.

레브친의 암호화 소프트웨어를 사용하면 안전하게 전자결제를 할 수 있고, 그럼으로써 팜파일럿을 '전자지갑'으로 사용하는 것도 가능할 것이었다. 사용자는 신용카드 또는 은행 계좌에 묶여 있는 돈을 적외선 포트를 통해 이 팜파일럿에서 저 팜파일럿으로 송금할 수 있었으니 이는 획기적인 서비스의 탄생이라 할 수 있었다.

유일한 문제는 회사명이었다. 필드링크라는 이름은 비즈니스용이라는 콘셉트에 어울리지 않았다. 오랜 논의 끝에 정해진 회사명은 콘피던스confidence(신뢰_옮긴이)와 인피니티infinity(무한대_옮긴이)를 조합한 콘피니티Confinity였다.

회사의 수장은 틸이 맡고 사업 계획은 전자결제 분야의 것으로 세운다는 노선을 정했으니 그다음엔 창립 멤버를 모을 차례였다. 레브친은 모교 일리노이 대학에서 컴퓨터공학을 전공한 세 사람을 불러들였다. 틸은 〈스탠퍼드 리뷰〉 편집자였던 켄 하워리를 임원으로 영입했다.

하워리의 뒤를 이어 〈스탠퍼드 리뷰〉 편집부에서 틸이 전폭적으로 신뢰했던 동료들도 합류했다. 그에 더해 공개키 암호화 기술을 개발한 마틴 헬먼Martin Hellman과 결제 단말기 제조사 베리폰Verifone을 창업한 빌 멜튼Bill Melton 등 일류 전문가들까지 함께하기로 하며 틸과 레브친, 하워리, 노섹은 1998년 12월 콘피니티를 설립했다.

이제 막 회사를 세운 그들은 곧바로 난관에 부딪혔다. 혁신적인 비즈니스 모델은 있지만 매출 실적은 없는 스타트업이 벤처투자자들을 설득해서 자금을 받아내려면 어떻게 해야 할까? 틸과 레브친은 실리콘밸리의 수많은 기업가의 사례를 본보기로 삼아 완벽한 연출을 기획했다. 1999년 7월에 열린 기자회견에서 노키아 벤처 파트너스Nokia Venture Partners와 도이치은행Deutsche Bank이라는 쟁쟁한 기관 투자자들은 자금 지원 의사를 밝히며 수많은 보도진 앞에서 틸의 팜파일럿에 설치된 소프트웨어를 이용해 틸에게 투자금을 송금했다. 할리우드를 뺨칠 만한 연출이었다. 그 결과 콘피니티는 450달러를 유치할 수 있었다.[14] 이 일은 언론의 엄청난 관심을 모았고, 실리콘밸리의 트렌드를 좌우하는 잡지 〈와이어드WIRED〉와 〈인터내셔널 헤럴드 트리뷴International Herald Tribune〉 등에 대대적으로 보도되었다.[15]

공교롭게도 당시 콘피니티의 창업을 지원했던 노키아와 도이치은행은 이제 왕년의 기세를 완전히 잃고 말았다. 게다가 이후 도이치은행은 결제 서비스 시장에서 페이팔과 라이벌이 되어버렸다.

그런데 소비자들이 이용할 결제 플랫폼을 팜파일럿에만 의존하는 것은 회사의 성장에 한계점으로 작용했다. 따라서 콘피니티는 웹사이트에서 서비스를 제공하고 무료 회원으로 등록만 하면 팜파일럿이 없어도 서비스를 이용할 수 있도록 만들었다.

콘피티니가 서비스 기반으로 삼은 것은 당시에도 이미 널리 쓰이고 있던 이메일이었다. 사용자로 하여금 페이팔 웹사이트에서 금액과 수취인의 이메일 주소를 입력한 뒤 송신 버튼을 누르는 정도의 품만 들이고도 송금 업무가 가능케 한 것이다. 심지어 수취인이 페이팔 사용자가 아니어도 돈을 '빔beam'(송금을 의미하는 페이팔 용어)할 수 있었다.

당시 웹사이트의 설명에 따르면 이 비즈니스 모델은 일단 페이팔로 들어온 돈에 붙는 단기 이자로 수익을 얻는 것이었다.[16] 하지만 페이팔은 수수료가 없는 쾌적한 송금 서비스일 뿐 아니라 마케팅과 영업 방식에서도 시대를 앞서나갔다. TV나 신문, 옥외 광고판 등을 통해 불특정 다수에게 노출하는 대중매체 광고에 거액의 예산을 투입하는 다른 스타트업들과 비교해보면 페이팔의 마케팅 전략은 가히 획기적이었다. 페이팔에 신용카드를 등록한 신규 가입자 전원에게 10달러의 캐시백을 지급했을 뿐 아니라 기존 사용자가 '친구 초대'를 하면 10달러를 추가로 적립해주었던 것이다.

지금은 입소문, 즉 바이럴 마케팅으로 알려진 이 캐시백 제도는 곧바로 큰 효과를 불러왔다. 1999년 10월에 페이팔이라는 브랜드로 공식 출범하고 불과 몇 개월이 지나지 않은 2000년 3월, 페이팔의 회원 수는 100만 명을 돌파했다.[17] 신규 가입자가 친구를 초대하고 그 친구가 또 다른 친구를 초대하는 전형적인 눈덩이 효과 덕에 페이팔은 순식간에 시장을 주도하는 기업으로 성장했고, 신규 가입자가 늘어날 때마다 이 송금 서비스의 가치 역시 몇 배씩 늘어났다.

이런 기회를 놓칠 틈이 아니었다. 그는 사용자가 급증함에 따라 2000년 1월에 투자설명회를 개최했고, 여기에 투자은행 골드만삭스 Goldman Sachs 등이 참가하면서 총 230억 달러의 자금을 모았다.

하지만 기하급수적인 성장과 함께 지출도 엄청난 속도로 증가했다. 실질적 수익이 없는 상태에서의 10달러 캐시백 지급, 새로 채용한 직원들의 인건비와 부대비용이 신생 기업으로서는 상당한 부담이었던 것이다. 더불어 신용카드로 이루어지는 거래 역시 재무 면에서는 블랙홀로 판명되었다. 사용자가 페이팔에 등록한 신용카드로 거래하면 비자카드와 마스터카드 측에 건당 2%의 수수료를 줘야 했기 때문이다.[18] 그리고 보다 큰 문제는 엑스닷컴X.com이라는 라이벌이 느 닷없이 등장했다는 점이었다.

일론 머스크, 최악의 적에서 동료로

엑스닷컴은 뛰어난 사업 수완으로 유명한 일론 머스크가 1999년 3월에 창업한 스타트업이다. 남아프리카공화국의 프리토리아에서 태어난 머스크는 당시의 아파르트헤이트(남아프리카공화국의 인종차별 정책) 정권하에 있었던 군대의 징병을 피하기 위해 열입골 살이 되던 해 북미로 이주했다. 대학에서 경제학과 물리학을 공부한 그는 1995년에 실리콘밸리에 입성했다. 머스크가 남동생과 함께 시작한 첫 스타트업 집투Zip2는 인터넷을 통해 기업 정보와 지도 등을 제공하는 회사로 구글 맵스Google Maps의 선구자이기도 했다. 당시는 마침 닷컴 버블이 한창이었는데, 이 스타트업을 눈여겨보던 미국 최대의 PC 제조사 컴팩Compaq은 1999년 2월 집투를 3억 700만 달러에 인수했다.[19] 이 매각으로 머스크는 약 2,200만 달러를 거머쥘 수 있었다.[20]

같은 해 그는 집투의 매각을 통해 번 1,000만 달러로 엑스닷컴을 설립했다.[21] 머스크의 궁극적인 계획은 사용자들이 모든 금융 거래를 한꺼번에 처리할 수 있게끔 엑스닷컴을 온라인 금융 포털로 만드는 것이었다. 엑스닷컴은 은행 면허를 가지고 있었으므로 고객에게 '진짜' 은행 계좌를 제공할 수 있었고 송금 서비스 방식도 페이팔과 상당히 유사했을 뿐 아니라 회원들에게 페이팔보다 두 배 많은 20달러의 캐시백을 지급했다.

틸은 이러한 엑스닷컴에 대해 곧장 경계 태세를 취했다. 그렇게 짧은 시간 내에 페이팔의 거의 모든 방식을 모방해낼 줄은 꿈에도 몰랐기 때문이다.

틸은 성장하기 위해서는 사용자의 수가 순조롭게 증가해야 하며 그때 비로소 진정한 네트워크 효과가 나타난다는 점을 이해하고 있었다. 그는 메칼프의 법칙을 숙지하고 있었다. 근거리 통신망 기술인 이더넷ethernet의 발명자 로버트 메칼프Robert Metcalfe가 만든 이 법칙은 '네트워크의 가치는 사용자 수의 제곱에 비례한다'는 것을 골자로 한다. 바꿔 말해 사용자 수 증가는 기업가치를 높여주고, 신규 네트워크가 사용자를 획득할 때 드는 비용은 네트워크의 규모가 커질수록 극적으로 낮아진다. 이것이 인터넷 기업이 수익을 내고 오랫동안 달러 박스(수출 따위로 돈을 벌게 해주는 사람, 또는 그런 물건_옮긴이)가 될 수 있는 결정적 조건이다.

성장 궤도에 진입한 페이팔은 신규 서비스를 발표함으로써 엑스닷컴과의 차별성을 부각시키려 했으나, 엑스닷컴은 비슷한 서비스를 선보이며 페이팔을 바싹 추격했다.

플랫폼 비즈니스에서의 승자 자리엔 단 한 명만이 오를 수 있다는 점을 틸은 알고 있었다. 게다가 그는 경쟁이나 정면 대결을 무엇보다 싫어했다. 그런 대립은 자신을 피폐하게 만들 뿐 아니라 기업 평가에도 악영향을 미친다는 사실을 경험상으로 알고 있었기 때문이다. 르네 지라르를 스승으로 따랐던 틸은 충돌을 피하기로 결심했다.

2000년 3월, 엑스닷컴과 콘피니티(페이팔의 모회사)가 합병을 발표하자 업계는 불안감에 들썩였다. 하지만 이 합병을 통해 틸이 얻은 이점도 있었으니, 강력한 라이벌과 손잡음으로써 디지털 결제 시장의 선두 기업이 되겠다는 자신의 비전을 향해 매진할 수 있다는 것이었다. 엑스닷컴이 보유한 은행 면허, 고객의 은행 계좌에 접근할 수 있는 권한, 다양한 금융 상품이라는 강점을 활용하면 고객 수 증가를 수익으로 전환시킬 수 있다는 것이 틸의 생각이었다. 이 자체로도 훌륭한 논리와 전략이었는데, 덧붙여 카리스마 넘치는 기업가 일론 머스크와 손을 잡게 되니 틸로선 매우 좋은 기회였다.

2000년 초가 되자 주식 시장의 전체 규모는 크게 성장했다. 애널리스트와 경제학자는 신新경제 상황에서는 향후 경제가 크게 후퇴하는 일 없이 안정적으로 성장할 것이라는 분석을 내놓았다.

2000년 2월 〈월스트리트 저널〉은 페이팔의 기업가치가 5억 달러라는 기사를 냈다. 3월 10일 나스닥 지수는 역대 최고치인 5,133포인트를 기록했다. 불과 4개월 만에 2,000포인트 정도가 상승한 것이다. 신규 상장주 청약은 100대 1의 경쟁률을 기록했고 거래 첫날엔 주가가 두세 배로 치솟곤 했다.

그러나 틸은 이러한 일련의 광란이 거품이라고 판단했다.[22] 미국 연방준비제도이사회FRB 의장 앨런 그린스펀Alan Greenspan 역시 이미 전년도 12월에 주가의 비이성적인 과열을 '근거 없는 열광'이라며 경고한 바 있지 않았던가.

가속 페달을 밟을 기회는 지금밖에 없었다. 틸은 이 광란을 이용해 재빨리 대규모 투자설명회를 개최하여 버블 붕괴를 대비한 기반 다지기에 돌입했다.

F1 레이서가 언제 피트에 들어가고 얼마만큼 연료를 보충할지 밀리초 단위로 재빨리 결단해야 하듯, 경영자에게는 최적의 신규 자금 조달 타이밍이 언제인지를 포착하는 능력이 필요하다. 그 점에서는 틸을 따라올 자가 없었다. 시카고의 메디슨 디어본 파트너스Madison Dearborn Partners와 JP 모건, 일본의 히카리통신Hikari Tshshin, 그리고 이미 페이팔과 엑스닷컴에 투자한 경험이 있는 수많은 기존 투자자들의 주도로 1억 달러가 모였다.[23]

2000년 3월, FRB는 인플레이션을 저지하기 위해 금리를 25bp (0.25%포인트) 인상했다. 틸은 재무팀 직원들에게 가능한 한 빨리 투자자들이 페이팔 계좌에 1억 달러를 입금하게끔 재촉하라고 지시했다. 시장이 하락세로 돌아서면 투자자의 결심도 금세 흔들리기 때문이다.

이제 자금은 충분해졌고 회사는 성장 궤도에 올랐으며 최대 라이벌과 합병하는 데도 성공했다. 틸이 하는 모든 일은 뜻대로 풀리는 듯했다.

머스크의 해임

페이팔의 견실함을 더욱 대외적으로 알리겠다고 마음먹은 틸은 엑스닷컴 CEO로 경영 경험이 풍부한 빌 해리스Bill Harris를 합병 회사의 신임 CEO 자리에 앉혔다. 해리스는 재무관리 소프트웨어 개발업체인 인튜이트Intuit의 전 CEO로서도 대단히 높은 평가를 받은 인물이다. 일론 머스크는 합병 회사의 회장으로 취임했다.

틸은 직원들에게 페이팔을 더 높은 단계로 끌어올리기 위해 해리스에게 CEO 자리를 물려줄 때가 왔다고 말했다. 그러나 그로부터 얼마 지나지 않아 빌 해리스의 경험과 사고방식은 오히려 급성장 중인 페이팔에 걸림돌이 된다는 사실이 명확해졌다. 해리스는 막대한 손실을 막고 두 기업의 플랫폼을 하나로 통합하기보다는 다른 인터넷 기업과의 제휴에 회사의 역량을 집중시키는 데 몰두했다. 그러나 그에 따른 폐해가 재무상의 수치로 나타나자 직원들의 원성이 점점 심해졌고, 결국 해리스는 해임되고 말았다. 후임은 머스크가 맡았고 틸은 회장에 올랐다.

머스크는 신규 사용자에게 지급하는 캐시백을 10달러에서 5달러로 낮추고, 신용카드 지불 비율 및 그에 따른 수수료도 줄이는 등 경비 지출 속도를 늦추고자 최선을 다했다. 이 방법은 어느 정도의 성공을 거두었으나 여기에서 문제가 발생하고 말았다. 머스크는 개발팀 인력 전원을 엑스닷컴의 기술 플랫폼을 페이팔로 이행시키는 데 투입하겠다고 주장했다. 하지만 그렇게 하면 극심한 경쟁에서 앞서는 데 필요한 신규 서비스 개발에 집중할 여력이 없었다. 이제 막 합병한 회사가 몇 개월씩이나 사내 업무에 매달린다는 것은 리스크가 너무 큰 일이었고, 빠른 성장이 재산인 스타트업에게는 더더욱 치명적으로 작용할 것이 뻔했다.

게다가 공교롭게도 엑스닷컴의 플랫폼은 윈도우 NT 기반이었던 데 반해 페이팔의 플랫폼은 유닉스Unix를 기반으로 했다. 기술 부문 책임자인 맥스 레브친과 개발팀 입장에서 보자면 이는 기술적으로 큰 부담이었다. 당시 윈도우 NT는 성능과 안정성 모두에서 유닉스 시스템보다 뒤떨어졌고, 따라서 금융 거래처럼 민감한 업무에 쓸 만큼 신뢰도가 높지도 않았기 때문이다. 맹렬한 기세로 페이팔 사용자가 늘어나는 상황에서 기존의 플랫폼을 다른 플랫폼으로 전환하는 것은 마치 결과가 어떻게 될지 모르는 상황에서 아직 멀쩡한 환자를 수술하는 것이나 다름없었다.

설상가상으로 머스크는 또 다른 거친 개혁을 감행해 회사에 타격을 입혔다. 홈페이지에서 페이팔 로고를 없애고 엑스닷컴 로고를 쓰려 한 것이다. 모든 시장 조사에서 대다수 사용자가 페이팔 브랜드를 선호하고 엑스닷컴 브랜드에는 그다지 친밀감을 느끼지 않는다는 결과가 나왔는데도 말이다.

비상 제동을 걸기 위해 틸은 머스크가 취임한 지 고작 반년 만인 2000년 10월에 CEO에서 그를 해임했다. 마침 머스크가 투자자 미팅과 올림픽 관전을 위해 호주에 머물고 있을 때였다.

틸은 잠정 CEO로 복귀했다. 머스크는 해임을 받아들였고 내부 사정이 외부로 새어나가는 일은 없었다.

틸의 복귀와 함께 전 직원은 상황을 바로잡기 위해 신규 서비스 개발에 몰두했다. 틸은 페이팔을 결제 서비스 회사로 규정했고, 머스크가 꿈꿨던 모든 금융 서비스를 제공하는 '금융 슈퍼마켓' 구상과는 거리를 두었다.[24]

거인, 이베이의 어깨에 올라타라

당시 전자상거래 시장은 눈부신 성장을 거듭하는 중이었다. 특히 인터넷 경매의 대표적 플랫폼인 이베이는 시장을 독주하고 있었는데, 틸은 이베이를 집중 공략함으로써 이베이 이용자 대다수가 페이팔을 지불 수단으로 사용하게 하는 데 성공했다.

페이팔의 브랜드 전략은 거인 이베이의 어깨에 올라타는 방식으로 전개되었다. 하지만 이는 곧 이베이 의존도가 높다는 뜻이었고, 실제로 매출의 60% 이상이 이베이 플랫폼에서 발생했다.

이런 의존 관계는 늘 불씨를 끌어안고 있는 것이나 마찬가지였다. 이베이에는 빌포인트라는 자체 결제 서비스가 있었는데, 이베이로서는 사용자 대부분이 빌포인트보다 더 편리한 페이팔을 이용하는 상황이 달가울 리 없었다. 두 회사는 항상 새로운 기능을 선보이며 앞서거니 뒤서거니 경쟁을 반복했다.

페이팔의 입장에서 이베이에 대한 의존도를 낮출 수 있는 방법은 시급히 신규 시장을 개척하여 더 크게 성장하는 것이었다. 이베이가 갑자기 플러그를 뽑아버리면 페이팔의 성공은 사상누각처럼 와르르 무너질 게 불 보듯 뻔했기 때문이다.

틸이 찾은 해결책은 '라스베이거스 전략'이었다. 그는 이미 수십억 달러 규모의 시장이 형성되어 있던 거대 시장, 즉 온라인 게임과 온라인 카지노에 주목했다. 틸은 주요 사업자들을 만나 결제 수단으로서 페이팔이 가진 매력을 집중적으로 홍보했다.

그 결과는 매출 증가 및 이베이 의존도 저하라는 형태로 즉각 나타났다. 그럼에도 페이팔은 여전히 이베이로부터 완전히 독립할 수 없었다.[25]

9·11 테러 직후 이룬 상장의 꿈

2000년 3월부터 세계 주가, 특히 나스닥과 기술주는 계속해서 하락세를 보였다. 분식회계 문제가 불거졌을 뿐 아니라 많은 인터넷 기업과 비즈니스 모델이 실패작으로 밝혀지자 애널리스트들은 가장 먼저 무너질 부실기업들의 리스트를 재빨리 작성했다. 닷컴 버블은 붕괴했고, 투자자들 사이에서 돈 낳는 기계였던 인터넷은 고작 2년 만에 돈을 태우는 기계로 전락하고 말았다.

그리고 2001년 9월 11일, 동시다발적 테러가 발생해 미국뿐 아니라 전 세계가 충격에 휩싸였다. 길고 심각한 경기후퇴가 이어질 것은 불 보듯 뻔한 일이었다. 이 시점의 페이팔은 이미 벤처투자자들로부터 약 2억 달러를 투자받았지만 여전히 이익을 내지 못하고 있었다.

그런 상황에서 틸은 또다시 대담한 행보에 나섰다. 9·11 테러가 일어난 지 몇 주 지나지 않아 세계 경제의 앞날을 그 누구도 가늠하지 못하던 시기에 페이팔의 나스닥 상장을 발표한 것이다.

상장하기까지는 투자 설명서 작성을 포함해 몇 개월이 걸릴 것이니 시장은 그사이에 회복되고 세계 경제 전망도 좋아질 것이라는 게 틸의 예상이었다. 실제로 상장을 준비하던 2002년 봄이 되자 나스닥은 회복세로 돌아섰고, 얼어붙은 바다를 가로지르는 쇄빙선이 된 페이팔은 향후에도 좋은 성과를 가져오리라 기대했다. 틸은 역경을 딛고 상장이란 과업을 완수하면 분명 회사도 큰 힘을 얻으리라 믿었다.

그리고 2002년 2월 15일, 페이팔은 마침내 상장에 성공했다. 투자은행 살로먼 스미스 바니Salomon Smith Barney가 선두에 서서 540만 주를 주당 13달러에 사들였고, 상장 시점에 평가된 페이팔의 기업가치는 8억 달러였다. 신중하게 결정한 발행 가격 역시 적절한 수준이어서, 첫날엔 한때 22달러까지 올라갔고 종가는 20달러로 마감되었다. 페이팔은 상장 첫날 주가 50% 상승이라는 경이로운 기록을 세웠다.[26]

이로써 틸은 1단계 목표를 달성했다. 상장은 추가 자금뿐 아니라 페이팔 같은 핀테크 기업에게 특히 중요한 신뢰도와 인지도를 안겨주었다. 모든 일은 팀이 계획한 대로 흘러갔고 사용자 수 역시 증가하면서 회사의 수익성도 높아졌다.

하지만 상장으로 인해 새로운 문제가 불거지는가 하면 질투의 대상이 되는 등 몇몇 부작용도 나타났다. 또한 그전까지 페이팔은 금융 관련 규제가 강화되어도 요령껏 피해 다녔지만 이제는 금융 당국으로부터 지속적인 주시를 받기 시작했다. 더불어 자금 면에서 이베이에 크게 의존하고 있다는 불안정성도 여전히 존재했다.

그렇다면 페이팔은 이렇게 사방이 꽉 막힌 상황을 어떻게 타개했을까?

페이팔의 매각

2002년 여름이 되자 페이팔이 인수된다는 소문이 나돌았다. 소문 속 인수의 주인공으로 언급된 곳은 은행, 신용카드 회사 그리고 이베이 였다. 실제로 이베이와 페이팔 간부들은 빈번히 접촉 중이었고, 중심에서 전력을 기울인 사람은 이베이의 CEO 멕 휘트먼Meg Whitman이었다.

2002년 7월 8일, 이베이는 페이팔을 15억 달러에 인수한다고 발표했다. 거래는 2002년 10월에 완료되었다. 이베이에는 자체 결제 서비스인 빌포인트가 있었지만 어느 나라에서든 7대 3의 비율로 페이팔 이용자가 많았다. 즉, 이 매각은 두 회사 모두에게 윈윈win-win이었던 것이다.

매각 후 페이팔의 결제 서비스는 이베이 플랫폼에 완전히 통합되었고 빌포인트는 폐지됐다. 매각 절차가 진행되는 동안 경제 매체는 야유 섞인 논평을 내보냈다. 한 애널리스트는 〈뉴욕 타임스〉와의 인터뷰에서 "페이팔은 독자적인 인터넷용 결제 플랫폼 개발이 가능한 잠재력 있는 회사인데 결국 인터넷 경매라는 틈새시장에 정착하고 말았다."라고 평했다.[27]

그러나 얼마 지나지 않아 이베이와 페이팔 사이에서는 서로 다른 경영 문화의 차이로 불화가 빚어졌다. 이베이는 두꺼운 파워포인트 자료를 만들어 발표하는 것을 당연하게 여기는 대기업 조직 문화를 갖고 있었던 반면 페이팔은 기업가 정신으로 똘똘 뭉친 직원이 대다수인 자유로운 분위기의 조직이었기 때문이다.

당연한 결과지만 틸을 비롯한 맥스 레브친, 데이비드 색스, 리드 호프먼, 루크 노섹 등의 경영진은 잇달아 페이팔을 떠났다. 그리고 이베이는 그들을 붙잡지 않았다.

'페이팔 마피아'의 탄생

끊임없이 변화하는 실리콘밸리에서도 역사는 반복된다. 한 시대를 대표하는 사람은 그 시대를 선도한 기업의 리더들이다. 1960년대부터 1980년대까지는 반도체 회사인 페어차일드의 창업자 여덟 명이 업계를 리드했다. 그들은 '8인의 배신자'라는 별명으로 널리 알려졌고, 그중 로버트 노이스Robert Noyce와 고든 무어Gordon Moore는 훗날 인텔을 설립했다. 두 사람 모두 이전 직장의 높은 직책을 버리고 새로운 일에 도전하는 인물이었다.

페이팔 창업자들은 그 당시의 페어차일드 창업자들과 쏙 빼닮았다. 페이팔이 없었다면 지금 우리가 아는 테슬라나 스페이스엑스, 링크드인, 유튜브YouTube는 물론 페이스북도 존재하지 않았을 것이다.

2007년 11월, 〈포춘〉에는 페이팔 창업자들의 단체 사진이 실렸다.[28] 마피아 아지트처럼 어둑어둑한 방을 배경으로 가죽점퍼와 트레이닝복, 금목걸이 같은 독특한 차림을 한 사내들. '페이팔 마피아'라는 별명은 이 사진에서 탄생했다.

페이팔은 어떻게 지난 10년간 실리콘밸리에 큰 영향을 미치고, 어떻게 지금까지도 번뜩이는 기지와 행동으로 사람들의 마음을 사로잡는 많은 인재를 배출할 수 있었던 것일까?

페이팔의 COO최고운영책임자였던 데이비드 색스는 자신들이 페이팔 마피아가 아닌 '디아스포라diaspora(팔레스타인을 떠나 세계 곳곳에 흩어져 살면서 유대교의 규범과 생활 관습을 유지하는 유대인을 이르던 말. 지금은 의미가 확장되어 고국을 떠나 타지에서 자신들의 규범과 관습을 지키며 살아가는 민족 집단을 가리키기도 함_옮긴이)'라고 이야기했다.[29]

"쉽게 말해 우리는 고국에서 쫓겨났어요. 그래서 뿔뿔이 흩어져 새로운 '집'을 지어야만 했던 거죠."

그들을 쫓아낸 건 이베이였다. 창업자들이 줄줄이 이베이를 퇴사해 각자의 새 회사를 차리기까지 겪은 일련의 역경을 색스는 "불구덩이에서 달궈지는 듯한 시련Trial by fire"이라 표현하기도 했다.

"그 불구덩이가 불순물을 모두 태워버리자 순도 높은 강철만이 남았죠."

색스는 이렇게도 말했다.[30]

"아이러니하게도 만약 이베이가 그렇게까지 문제가 많은 회사가 아니었다면 페이팔은 성공하지 못했을 겁니다. 이베이와 페이팔의 풍토가 잘 맞았다면 이베이는 우리를 무너뜨렸겠죠. 그들이 우리만큼 근성이 강했다면 일이 아주 복잡했을 겁니다. 우리가 이베이에 남아 관료주의에 젖은 관리자들과 맞설 수도 있었을 테니까요. 하지만 그들의 근성이 약했다는 것, 바로 그 점이 우리가 이베이에 남고 싶지 않은 이유였어요."

숱하게 많은 기술 기업 중 페이팔이 가장 중요한 롤모델로 성공한 요인은 무엇이었을까?

1990년대 말은 아직 SNS가 등장하지 않은 시기였다. 틸은 처음부터 단단한 우정을 소중히 여겼고 회사의 성공보다는 우정을 중시하는 회사를 만들 작정이었다. 틸은 이렇게 말했다.

"우리가 페이팔을 시작했을 때 맥스와 이런 대화를 나눈 적이 있었습니다. 회사에 무슨 일이 생기더라도 무너지지 않을 우정으로 맺어진, 직원 모두가 좋은 친구인 회사를 만들고 싶다고요. 그렇다고 원래 친구였던 사람만 채용했던 건 아닙니다. 좋은 친구가 될 수 있겠다 싶은 사람을 뽑았죠."[31]

페이팔의 모든 직원들은 틸이 헤드헌터를 통하지 않고 스탠퍼드 출신자들 중에서 직접 뽑은 이들이다. 틸은 페이팔을 이끈 직원 대부분, 특히 과거 〈스탠퍼드 리뷰〉의 편집장을 맡았던 켄 하워리와 데이비드 색스, 리드 호프먼을 전폭적으로 신뢰했다.

이런 개인적인 유대 관계는 당시 페이팔에게 꼭 필요한 요소였다. 갓 창업한 페이팔은 기술이나 규제 면에서 까다로운 문제투성이였을 뿐 아니라 이베이, 비자나 마스터 같은 신용카드 회사와도 경쟁해야 했기 때문이다. 서비스에 집중하기로 한 페이팔은 경쟁 상대를 멀찍이 따돌리기 위해 새로운 기능을 발 빠르게 개발해 도입했고, 새로운 핵심 기능이 완성되면 곧바로 기존 서비스에 그것을 통합했다. 지금이야 이런 일들이 당연하게 느껴지지만 당시로서는 획기적인 전략이었다. 사용자들로 하여금 이베이 사이트에서 페이팔 결제 방식을 선택할 수 있게 한 기능은 훗날 유튜브가 성장하는 토대가 되었다(유튜브는 페이팔 직원이었던 채드 헐리Chad Hurley와 스티브 첸Steve Chen이 창업했으며 훗날 160억 달러에 구글에 매각되었다).

단단한 우정으로 맺어진 옛 페이팔 창업자들은 새로 사업을 시작할 때에도 서로 투자하며 협력했다. 갖고 있던 페이팔 주식을 매각해 큰돈을 거머쥐었지만 그들은 그에 만족하지 않고 새 회사를 차렸다. 그러나 2002년부터 2004년까지의 시장 상황은 사업을 시작하기에 대단히 좋지 않았다. 닷컴 버블이 붕괴한 직후였기 때문에 B2C 스타트업, 즉 일반 소비자를 대상으로 사업을 펼치는 스타트업은 자금을 조달할 길이 없다는 현실적인 문제에 부딪혔던 탓이다. 그러나 페이팔을 매각해 힘을 기른 데다 리스크도 마다하지 않는 페이팔 창업자들은 전문성과 자금력으로 서로를 지원하며 실리콘밸리 최강이라 할 만한 성공 신화의 밑거름을 준비했다.

단단한 유대로 맺어진 남자들

페이팔 창업자들의 그 후 행보는 스타트업 세계의 전설이 되었다. 이베이에 회사를 매각한 후 페이팔을 떠난 220명은 소위 말하는 '유니콘 기업' 일곱 곳을 설립했다. 전설 속 동물인 유니콘만큼이나 진귀한 기업을 뜻하는 '유니콘 기업'은 기업가치가 10억 달러 이상인 스타트업을 지칭하는 표현이다. 일곱 곳의 유니콘 기업들과 각각의 기업가치 평가액은 다음과 같다.

- 테슬라 모터스: 395억 달러[32]
- 링크드인: 253억 달러[33]

- 팰런티어: 200억 달러[34]

- 스페이스엑스: 210억 달러[35]

- 옐프: 26억 9,000만 달러[36]

- 유튜브: 16억 5,000만 달러[37]

- 야머: 12억 달러[38]

페이팔 창업자들의 인맥은 지금도 풍성한 결실을 맺고 있고, 그들의 성공 신화 역시 아직 현재진행형이다. 리드 호프먼은 최근 블룸버그와 가진 인터뷰에서 이렇게 말했다.

"요즘도 거시경제나 금융에 관해서는 피터와, 빅데이터처럼 돈이 될 만한 기술에 관해서는 맥스와, 위험 부담이 대단히 큰 일을 할지 말지 고민될 때는 일론과 제일 먼저 상의합니다."[39]

틸 역시 인터뷰에서 페이팔 팀을 이렇게 평했다.[40]

"페이팔 동료들과는 특별한 유대감이 있어요. 그 시절의 경험은 정말 강렬했습니다. 지금까지도 우리의 관계가 단단한 것은 바로 그런 경험 덕이죠."

그동안 실리콘밸리는 몇 번이나 사망 선고를 받았지만 매번 부활에 성공했다. 그리고 그 부활에는 페이팔 출신들의 소소하면서도 결정적인 공헌이 한몫을 했다고 할 수 있다.

3장

페이팔과 팰런티어의 성공 비결

상식을 깨는 틸의 경영 전략

창업은 절대 만만치 않다. 회사를 바닥부터 쌓아올린 경험이 한 번이라도 있는 사람이라면 뼈에 사무칠 만큼 이 말에 공감할 것이다. 심지어 새로운 시장에서 기술 기업을 창업하는 것은 더더욱 어렵고, 기술 스타트업 중 열에 아홉은 실패로 막을 내리는 것이 현실이다. 피와 땀과 눈물 없이는 스타트업을 이야기할 수 없지만 글자 그대로 못 자고 못 쉬면서 젖 먹던 힘까지 모조리 쏟아부어도 아무런 성과 없이 회사를 접거나, 기업공개의 꿈을 가슴 한편에 간직한 채 쓸쓸히 퇴장할 가능성이 높은 것도 사실이다.

벤 호로위츠Ben Horowitz는 이런 시련을 이겨낸 기술 기업 창업자 중 한 명이다. 그는 실리콘밸리에서 가장 성공한 벤처투자가로도 손꼽힌다. 2000년, 호로위츠는 세계 최초로 상용 웹브라우저를 개발한 마크 안드레센과 함께 최초의 클라우드 서비스 회사인 라우드클라우드Loudcloud를 창업했는데, 훗날 이 회사는 휴렛팩커드에 160억 달러에 매각되었다.

그 후 두 사람은 안드레센 호로위츠Andreessen Horowitz를 세웠다. 실리콘밸리 굴지의 벤처캐피털 중 하나인 안드레센 호로위츠의 포트폴리오는 에어비앤비Airbnb, 페이스북, 깃허브GITHub, 핀터레스트Pinterest, 스카이프Skype, 트위터Twitter 같은 쟁쟁한 스타트업으로 구성되어 있다.

기업가로서 호로위츠가 거쳐온 여정은 저서 《하드씽: 경영의 난제, 어떻게 풀 것인가?The Hard Thing about Hard Things》에 적나라하게 담겨 있다. 호로위츠는 모든 사람이 친절하게 대해주는 세계에서 새 비즈니스 모델을 다듬어간다는 것은 환상이며, 실제로는 다윈Darwin의 진화론에 나오는 '적자생존'이 아닌 '부자생존'이 이 세계의 현실이라고 말한다.[1]

난제를 극복하는 법

호로위츠가 쓴 저서의 제목은 기업가로서 페이팔을 창업하고 기업 공개를 거쳐 이베이에 매각하는 과정을 경험한 틸에게 딱 들어맞는다. 자기과시욕이 지나치게 강한 나머지 창업에 성공하자마자 평정을 잃는 기업가는 얼마든지 있다. 그러나 틸은 페이팔 설립 후 고작 3년 만에 수십억 달러를 거둬들였을 때도 먼로파크에서 원룸 생활을 이어나갔다. 그가 샌프란시스코에 근사한 집과 사무실을 마련한 것은 페이팔을 이베이에 매각한 후의 일이었다.

"투자자에게 자금을 지원받은 신생 기업 CEO의 연봉은 15만 달러를 넘지 말아야 합니다."

이는 임원의 보수에 대한 틸의 지론이다.[2] 연봉이 30만 달러가 넘으면 'CEO는 창업자라기보다 정치가'처럼 행동하며 현상 유지에 집착하게 되는데, 이는 곧 혁신이 무기인 스타트업의 죽음을 의미하기 때문이라는 것이 그 이유다.

이에 대한 모범적인 예로 틸은 클라우드 서비스 회사인 박스BOX의 CEO 애런 레비Aaron Levie를 들었다. 레비는 박스를 10억 달러 기업으로 키웠음에도 직원들 중 월급이 가장 적었음은 물론 창업 후 4년이 지나도록 방 한 칸짜리 아파트에 살았으며, 매트리스를 제외하면 집에는 아무런 가구도 없었다.

또한 기업가는 적절한 순간에 손을 떼는 데 실패하는 경우가 있다. 피땀 흘려 일군 자기 회사에 집착한 나머지 '고go'만을 생각하게 되는 것이다. 위대한 창업자 중에도 물러서야 할 때를 잘못 판단한 사람은 아주 많다. 그러나 틸은 다르다. 그는 오히려 투자자 역할에 충실하기를 좋아하며, 페이팔 시절에 CEO를 맡은 일은 어디까지나 '우회로'였다고 생각한다.[3]

이 점에서 틸은 워런 버핏과 비슷하다. 버핏은 섬유회사 버크셔 해서웨이Berkshire Hathaway를 인수하자마자 섬유업에 자신의 미래는 없다고 판단하여 버크셔를 헤지펀드로 탈바꿈시키고 자신이 잘하는 분야에 전념했다. 다시 말해 저평가된 우량기업을 찾아내 인수한 것이다.

이와 같은 맥락으로 틸은 페이팔과 엑스닷컴이 합병되자 CEO 자리를 내려놓겠다는 중대 결심을 했다. 그는 퇴임을 앞두고 전 직원에

게 다음과 같은 메일을 보냈다.[4]

"지난 17개월 동안 말 그대로 밤낮없이 일한 결과, 솔직히 저는 지칠 대로 지쳤습니다. 밑바닥에서 출발해서 업계 정복을 실현하기까지 우리는 오로지 앞만 보며 달려왔습니다. 저는 경영자라기보다 오히려 사상가에 가깝습니다. 때문에 엑스닷컴을 제대로 지휘할 수 있는 경영진으로 교체하는 것이 회사를 위한 일입니다."

기업가로서 틸은 오히려 난제에 도전할 때 능력을 발휘하는 유형이다. 그렇기에 적자였던 페이팔을 흑자로 전환시켰고, 성장력 있는 안정된 비즈니스 모델을 확립했으며, 생긴 지 얼마 안 된 스타트업을 나스닥 상장으로 이끌 수 있었던 것이다.

틸에게는 '창업자의 역설'이라는 지론이 있다. 페이팔을 창업한 여섯 명은 기존의 틀에서 완전히 벗어난 인물들이다. 고루한 대기업 인사부장이라면 그들의 이력서에 적힌 경력과 취미를 읽은 뒤 분명 서류 전형에서 탈락시킬 것이다.

"어쨌든 우리 중 넷은 고등학생 때 폭탄을 제조했으니까요."[5]

그뿐만이 아니다. 여섯 명 중 다섯 명은 스물세 살 이하였고, 네 명은 미국이 아닌 다른 나라에서 태어났으며, 그중 세 명은 공산권 국가 출신이다. 페이팔이 자본주의 냄새가 물씬 풍기는 디지털 화폐를 만든 세계 최초의 핀테크 기업이라는 점을 생각하면 이들은 상당히 흥미로운 '오합지졸' 집단이라 할 수 있었다.

그렇다면 페이팔을 창업한 동기, 성공 공식, 비결은 무엇이었을까?

페이팔 창업 시 틸의 전우였던 데이비드 색스에게 있어 페이팔은 현대 실리콘밸리 스타트업의 청사진과도 같다.[6] 지금부터 페이팔이 달성한 성과를 하나하나 살펴보자.

정부로부터의 화폐 해방

직원들의 사기를 북돋운다는 의미에서 틸은 기업의 비전을 중시한다. 그는 스페이스엑스를 훌륭한 비전의 사례로 들며 이렇게 말했다.[7]

"스타트업은 광신자 집단cult이어야 할까요? 잘못된 것을 광적으로 믿는 게 광신 집단이라면 스타트업은 그렇게 되지 말아야 합니다. 하지만 대부분의 사람이 이해하지 못하는 진실을 구성원들만이 깊이 이해하는 것은 대단히 중요한 일입니다. 예컨대 내 친구 일론 머스크가 설립한 스페이스엑스는 상식을 깨는, 즉 '15년 안에 인간을 화성으로 이주시킨다'는 비전에 따라 움직입니다. 이렇듯 상식에 얽매이지 않는 비전이야말로 구성원들에게 '우리는 다른 많은 이들과 다르다'는 인식을 심어주고 결속력도 높여주죠."

스타트업을 성공으로 이끄는 것은 마터호른(스위스와 이탈리아 국경에 있는 페나인 알프스 산맥의 봉우리 중 하나로 높고 험하여 오르기 힘들기로 유명함_옮긴이) 등반과 비슷하다. 정상에 서겠다는 비전을 갖고 있는 사람이라 해도 정작 그 사람 하나는 산 밑 골짜기에 있는 작은 점에 불과하고, 정상을 밟기까지는 수많은 예기치 못한 일과 위험, 곤경을 거쳐야 한다. 틸은 머릿속에 이 '마터호른의 이미지'를 가져야 한다고 생각한다. 의욕을 북돋아주는 큰 비전이 있었기에 경험은 부족하지만 우수하고 의욕에 넘치는 '등반자들'을 성공으로 이끌 수 있었던 것이다.

페이팔에 대한 틸의 비전은 장대했다. 어느 날 그는 직원들에게 이렇게 말했다.[8]

"우리는 위대한 목표로 향하는 길에 서 있습니다. 페이팔에 대한 수요는 상상을 초월하죠. 세상 모든 사람은 돈을 활용하여 거래와 지불, 생활을 합니다. 지폐나 동전은 시대에 뒤떨어질 뿐만 아니라 불편하기까지 한 지불 방식입니다. 잃어버리거나 없어지거나 도둑 맞기도 하죠. 21세기의 사람들에게는 어디서든 휴대용 단말기나 인터넷으로 처리할 수 있는 쾌적하고 안전한 돈이 필요합니다."

수 세기 전부터 성장을 위한 윤활유였던 화폐는 그간 권력자가 마음껏 쥐락펴락해왔다. 1990년대 중반의 경제 정책과 통화 정책은 틸에게 때마침 불어온 순풍이었다. 1997년 아시아 외환위기가 일어난 데 이어 이듬해 러시아가 경제위기에 빠진 후 거대 헤지펀드인 롱 텀 캐피털 매니지먼트Long Term Capital Management가 무너졌다. 러시아는 유가 하락 탓에 지불 능력에 문제가 생기면서 국제적 신용을 잃었고, 그 결과로 물가상승률 증가, 통화의 평가 절하가 뒤따랐다. 승자는 올리가르히(러시아 신흥 재벌)였다. 그들은 에너지 기업, 원자재 기업을 경영하면서 축적한 막대한 부를 해외로 송금해 안전한 통화로 바꿀 수 있었기 때문이다.

틸이 보기에 이런 나라의 서민들은 사면초가나 마찬가지여서 그간 피땀 흘려 절약해왔던 돈을 부패정권으로부터 지키는 것이 불가능했다. 그러나 페이팔이라면 다른 상황을 만들 수 있을 것이었다. 페이팔을 사용하면 국민들은 정부의 잘못된 규제에서 벗어나 자국 통화를 달

러나 파운드, 엔과 같은 더 안전한 통화로 간단히 바꿀 수 있기 때문이었다.[9]

"가까운 미래에 인터넷이 모든 계층에 보급되고 우리가 해외에도 페이팔 서비스를 제공하게 된다면 전 세계 사람들은 과거와 달리 직접 통화를 통제할 수 있게 됩니다. 부패한 정권이 국민의 재산을 강탈하는 일은 불가능해지는 것이죠."

이어 틸은 직원들에게 이렇게 말했다.[10]

"나는 결제 플랫폼계의 마이크로소프트, 즉 전 세계를 위한 금융 운영체제로 자리 잡을 기회가 우리 회사에 있다고 믿습니다."

이와 더불어 한 가지 잊지 말아야 할 점이 있다. 페이팔의 비전은 정부가 밀어붙이는 통화의 속박으로부터 세계를 해방시키고, 국가의 영향이 미치지 않는 새로운 인터넷 화폐를 만드는 것이다. 다시 말해 이는 권력의 속박에서 벗어나려 하는 틸의 자유지상주의적인 세계관 그 자체였고, 그 결과 세계 최초의 글로벌 금융계 인터넷 기업이 탄생하게 되었다.

'핀테크'라는 개념은 그로부터 15년쯤 지난 다음에야 비로소 정착했고 그 후 은행, 보험회사, 벤처투자가는 너도나도 금융의 디지털화에 투자하기에 이르렀다.

비즈니스 파트너 선택은 결혼과 마찬가지

아직 젊은 스타트업인 페이팔의 CEO였던 틸은 어떤 경영 방식을 취했을까? 이 질문에 가장 자세히 답할 수 있는 사람은 데이비드 색스다. 그는 〈스탠퍼드 리뷰〉 편집장으로서 늘 틸의 뒤를 따랐고, 페이팔에서는 사용자 및 매출이 급증하는 과정에서 COO로서 막중한 책임을 맡았던 인물이다. 색스는 〈포춘〉과 가진 인터뷰에서 기업가로서 틸이 가지는 특징을 이렇게 설명했다.[11]

"피터는 실무자 타입은 아니에요. 하지만 전략적으로 중요한 문제를 포착해서 올바르게 처리하는 능력이 뛰어나죠."

색스는 닷컴 버블이 정점에 달했던 2000년 3월, 페이팔이 1억 달러의 자금을 모집하던 때의 일을 또렷이 기억한다. 그 시절 대부분의 사람들은 투자 협상에 있어 보다 유리한 조건을 얻어내기 위해 최대한 시간을 끌곤 했지만 틸은 달랐다.

"피터는 누구와도 상의하지 않고 투자 라운드를 마감해버렸어요. 그런데 바로 며칠 후에 주식 시장이 폭락했죠. 만일 피터가 1주일만 더 망설였다면 우리 회사는 망했을 겁니다."

선견지명뿐 아니라 즉각 구체적인 행동에 나설 수 있는 실행력까지 겸비한 인물은 많지 않다. 틸은 뛰어난 사상가인 데 더해 세상에 대한 확고한 비전도 가지고 있었다. 그는 페이팔이 어떤 난관에 부딪힐 때든 단단한 유대감으로 맺어진 팀과 함께 곧바로 해결책을 찾아냈다.

틸의 경영 방식이 제대로 작동하려면 페이팔의 임직원으로부터 전폭적인 신뢰를 받는다는 대전제가 있어야 했는데, 틸의 경우엔 스탠퍼드 시절의 절친한 벗인 호프먼과 색스가 COO로서 힘을 보태주는 존재들이었다. 그들 덕에 틸은 전략을 세우고 자금을 조달하는 데 집중할 수 있었다.

틸에게 굳은 우정이란 기업가로서 성공하는 데 필요한 기본 조건이다. 그는 블룸버그와 가진 인터뷰에서 이렇게 말했다.[12]

"스타트업 신화라 하면 천재적인 창업자 혼자서 모든 것을 이뤄냈다고 생각하는 사람이 많더군요. 하지만 나는 어떤 프로젝트든 혼자 한 적이 없습니다. 언제나 친구들과 긴밀하게 의논하고 협력하면서 일해왔죠."

기업가로서 틸이 보이는 행동 패턴을 자세히 들여다보면 '마음이 통하는 관계'가 비결임을 알 수 있다. 틸은 자신이 신뢰하는 사람에게 많은 것을 거는 경향이 있다. 자신의 추론 방식을 전적으로 이해해주는 마음 맞는 파트너를 적어도 한 명은 필요로 한다는 점에서 틸은 스티브 잡스와 공통점을 가진다. 만약 애플을 공동 창업한 천재 프로그래머 스티브 워즈니악이 잡스에게 없었다면 어떤 결과로 이어졌을까?

페이팔 창업 시 맥스 레브친은 틸에게 있어 워즈니악과도 같은 존재였다. 두 사람은 스타트업 성공에 필요한 기본 조건의 모범 사례에 해당한다. 요컨대 탁월한 비즈니스 감각과 뛰어난 기술이 완벽하게 조화를 이룬 예인 것이다. 많은 스타트업이 실패하는 까닭은 비즈니스나 기술 중 어느 한쪽으로 지나치게 치우치기 때문인데, 그런 상태에서는 시장이 원하는 혁신적인 상품을 만들어내기가 어렵다.

프로그래머로서의 걸출한 능력이 레브친에게 없었다면 페이팔은 폭발적인 기세로 사용자를 늘리지 못했을 것이다. 레브친은 CTO_{최고기술책임자}로서 뛰어난 사기 방지 알고리즘을 개발해 2002년 〈MIT 테크놀로지 리뷰MIT Technology Review〉가 선정한 '35세 미만 젊은 혁신가 100인'의

리스트에 이름을 올렸다.

또한 페이팔 시절 레브친의 곁에는 낮이나 밤이나 교대 근무를 마다하지 않으며 제품팀에서 낸 아이디어를 재빠르게 소프트웨어에 반영시키는 개발자들이 모여 있었다. 이에 대해 틸은 이렇게 말했다.[13]

"창업할 때 가장 중요한 첫 번째 질문은 '누구와 함께 시작할 것인가'입니다. 공동 창업자의 선택은 결혼하는 것과도 비슷합니다. 분쟁이 생기면 이혼만큼이나 성가시죠."

같은 맥락에서, 스타트업 생활은 결혼 생활과도 공통점을 갖는다. 달콤한 '신혼여행' 후에는 험한 산과 골짜기가 있는 '잿빛 일상'이 기다리고 있으니 말이다.

창업자들 사이에 그들이 공유하는 공통의 역사가 있어야 한다고 틸이 이야기하는 이유 역시 이것이다. 그렇지 않은 스타트업은 도박이나 마찬가지기 때문이다. 그러므로 스타트업은 서로 양보하고 타협해나갈 수 있는 좋은 직원들, 그리고 전원이 오랫동안 같은 목표를 추구할 수 있는 조직 시스템도 필요로 한다.

관료적인 조직을 극도로 싫어하는 틸은 대기업 CEO로는 적합하지 않은 인물이다. 그런 틸에게 있어 스타트업은 '확실하게 제어할 수 있는 최고의 프로젝트'라 할 수 있다.[14]

모든 전략의 초점을 하나에 맞춰라

항상 한계 직전까지 밀어붙인다는 점에서 보면 스타트업 경영은 F1

이나 매한가지다. F1의 압권은 단연 모나코 그랑프리다. 전설적인 카레이서 니키 라우다Niki Lauda는 모나코 그랑프리에서 "레이스는 거실에서 헬리콥터를 띄우는 것과 마찬가지"라고 표현했다. 비좁은 공간에서 모든 일이 이루어질 때처럼 단 한순간도 집중의 끈을 놓치지 말아야 한다는 뜻이다. 노련한 카레이서도 마지막 한 바퀴를 남기고 긴장을 늦췄다가 벽을 들이받는 일이 있기 때문이다.

스타트업도 마찬가지라서 매일같이 정상과 비정상 사이를 오가는 게 현실이다. 창업자와 투자자, 직원들은 이런 천국과 지옥의 반복에 냉정히 대처하는 법을 배워야만 한다. 주가의 변동 정도를 나타내는 변동성지수가 '공포지수'라 불리는 데도 이유가 있는 것이다.

실리콘밸리의 거물 중에는 틸과 같은 독일 출신인 선 마이크로시스템즈Sun Microsystems의 공동 창업자 앤디 벡톨샤임Andy Bechtolsheim이 있다. '혁신이 일어나는 과정'을 주제로 스탠퍼드에서 했던 강연에서 그는 스타트업의 성패를 가르는 요인들을 이야기했는데, 그중 실패의 원인 다섯 가지는 다음과 같다.[15]

- 시기상조인 아이디어
- 시대에 뒤떨어진 아이디어
- 의미가 없는 아이디어
- 너무 비싼 아이디어
- 이렇다 할 메리트가 없는 아이디어

포인트는 '매진할 가치가 있는 과제를 해결하는 것'이다. 벡톨샤임은 "너무 시대에 앞서거나 뒤떨어지지 않으면서도 고객의 요구를 충족하는 과제에 매진한다면 스타트업은 반드시 성공한다."라고 말한다.

틸과 그의 공동 창업자인 맥스 레브친, 루크 노섹, 켄 하워리는 십 몇 년 전에 이미 벡톨샤임이 말한 요소를 깨닫고 이를 페이팔의 기업 전략을 세우는 토대로 삼았다. 성장은 최대한 빠르되 비용 대비 효과는 최대한 커야 했다. 틸의 팀은 사용자를 늘려야만 경쟁 상대를 링 밖으로 쫓아낼 수 있다고 믿었다. 스타트업의 세계는 완전한 적자생존의 세계였으니 말이다.

한편, 요즘은 '인터넷 기업이 성공하려면 시장을 주도하는 플랫폼이 되어야만 한다'며 장황한 이야기를 늘어놓는 기업 컨설턴트가 많다. 하지만 이미 페이스북은 SNS 시장을, 아마존은 전자상거래 시장을 주도하는 플랫폼이라는 것을 우리 모두는 알고 있다. 그리고 온라인 결제 시장을 주도한 페이팔 역시 바로 이 점 때문에 지금까지도 많은 스타트업의 귀감이 된다. 그럼, 대체 페이팔은 어떻게 그리 짧은 시간 안에 온라인 결제 시장에서 강력한 브랜드로 자리매김할 수 있었던 것일까?

앞서 봤듯 페이팔의 사용자 수는 신규 가입자에게 지급한 10달러 캐시백과 친구 소개 서비스로 눈덩이처럼 불어났다. 더불어 페이팔에는 개인과 개인 간의 송금뿐 아니라 개인과 기업 간의 송금을 위한 네트워크도 마련되어 있었다. 네트워크의 가치는 더 많은 시장 참가자가 그 네트워크를 이용할수록 높아진다.

틸은 성장을 촉진하고 사용자 수를 임계량critical mass(상품이나 서비스를 널리 보급하기 위해 필요한 최소한의 수나 양_옮긴이)에 도달하게 만드는 데는 속도가 결정적 요인임을 잘 알고 있었다. 페이팔은 바로 이 지점에서 성공을 거두었다. 입소문 효과가 나타나면서 저절로 성장하게 된 것이다. 또한 닷컴 버블이 붕괴한 뒤에도 페이팔의 회복 속도는 타 업체들보다 빨랐다. 이메일 주소와 신용카드만 있으면 페이팔의 서비스를 이용할 수 있었기 때문이다.

무엇보다 중요한 것은 브랜드 확립과 사용자 수 증가였다. 페이팔 창업자들은 매섭게 추격해오는 경쟁사들과의 차이가 '한 번의 클릭' 정도뿐이라는 사실을 모르지 않았다. 실제로 고작 몇 줄짜리 프로그램 코드만 있으면 얼마든지 하룻밤 사이에 새로운 경쟁자가 나타날 수도 있었다.

때문에 페이팔은 우선 성장부터 하고 매출은 나중에 생각하겠다는 전략을 세웠다. 이 전략은 10년 후에 많은 성공 기업, 특히 웹 2.0 기업의 롤모델이 되기도 했다. 일례로 페이스북은 자사 비즈니스 모델의 실효성이 입증되기도 전인 2007년에 마이크로소프트나 홍콩의 최고 부자 리카싱李嘉誠 같은 이름난 투자자의 자금을 유치했고 기업가치는 백수십억 달러로 평가받았다.

틸과 경영진은 사용자 수를 더 늘리기 위해 기존에 없던 방법을 택했다. 마케팅이나 제품 개발을 포함한 회사의 모든 전략의 초점을 이베이 시장에 맞추기로 한 것이다.

당시 인터넷상에서 결제 기능이 필요한 전자상거래 고객이 대거 모여 있는 공간은 이베이뿐이었다. 페이팔은 이베이와 정식 거래나 제휴를 맺은 일이 전혀 없었지만 단 하나의 기회에 베팅했다. 다시 말해 코끼리 등에 올라타서 성공을 손에 넣으려 한 것이다. 만약 그 코끼리가 페이팔을 거추장스러운 짐이라 여겨 흔들어 떨어뜨린다면 자신들은 목뼈가 부러져 두 번 다시 회복할 수 없을 것이란 점도 충분히 알고 있었다. 그럼에도 그들은 차선책이 없는 '모 아니면 도' 전략을 택했다.

다행히 전략은 효과가 있었다. 페이팔의 제품팀을 이끌었던 색스에 따르면 당시 이베이는 '기능 부전' 상태였기 때문이다. 이베이와 페이팔의 문화는 정반대였는데 그 덕에 페이팔은 오히려 좋은 결과를 얻게 되었다.

틸 팀의 작전은 고객 수 증가를 매출에 반영시키는 것이었는데, 그 점에서도 이베이의 플랫폼은 안성맞춤이었다. 이베이상에서 결제할 방법을 찾아 헤매는 전문 판매자는 계속 증가하는 추세였기에 페이팔은 곧바로 판매자용 유료 버전을 개발해 정교한 마케팅을 펼치며 업무용 프리미엄 서비스의 우수성을 홍보했다.

페이팔이 수익을 낸 열쇠는 타깃을 정교하게 택하고 그들이 원하는 서비스를 제공한 것이다. 색스는 '뛰어난 서비스가 전부'임을 상당히 빠른 시기에 깨달았다고 회상한다.

이렇게 해서 경비 지출 속도가 눈에 띄게 낮아진 페이팔에게는 비즈니스 모델을 세밀하게 다듬을 여력이 생겼다. 가장 큰 문제였던 신규 가입자 캐시백 비용은 네트워크 효과 덕에 기존 사용자에게서 얻는 매출로 어느 정도 해결되었다. 틸은 여러 변수가 있는 페이팔의 복잡한 수익화 공식을 풀고 2002년 봄에 상장을 이뤄내면서 흑자를 달성했다.

틸은 늘 '독점이야말로 기업이 성공하는 열쇠'라 말하는데, 실제로 그는 페이팔에서 거의 불가능해 보였던 일에 성공했다. 즉, 독점 기업 이베이의 등에 올라타 수십억 달러 규모의 기업을 구축해낸 것이다. 그런 과정을 거치며 페이팔은 결제 서비스 사업자들과의 경쟁에서 승리를 거머쥘 수 있었다.

오래도록 함께할 팀을 만들어라

아무 경험이 없는 미숙한 생명체에서 시작해 서서히 세상에서 이뤄낼 자기 역할을 발견해간다는 점에서 스타트업은 갓난아기와도 마찬가지다. 아기의 성장에 출생 후 첫 며칠, 몇 주, 몇 달이 매우 중요한 역할을 하는 것처럼 스타트업을 설립한 직후 또한 향후 회사가 어떻게 발전해 나갈지를 결정하는 중요한 시기다. 이에 대해 틸은 한 인터뷰에서 이렇게 말했다.

"기업이 만들어지는 순간을 제대로 이해하면 가치 있는 기업을 만드는 것 이상의 일을 할 수 있습니다. 다시 말해, 물려받은 것을 그저 관리하는 대신 오래도록 새로운 것을 창조하는 기업을 만들 수 있죠."[16]

사내 문화와 커뮤니케이션은 좋은 동료, 자본금, 사람들을 흥분시키는 아이디어만큼이나 중요하다. 임직원은 하나로 똘똘 뭉친 공동체가 되어야 하고, 중심점은 개인이 아닌 팀워크 정신이어야 한다. 스타트업에서 일하는 것은 단체 스포츠에 참가하는 것이나 마찬가지다.

페이팔의 문화는 다른 기업과 사뭇 달랐다. 사업 개발 및 홍보 책임자였던 키스 라보이스는 페이팔이 '토론을 중시하는 문화'였다고 말했다.[17] 실제로 페이팔에서는 각기 다른 개성의 소유자들이 제시한 독특한 관점을 두고 활발한 토론이 이루어진 덕에 회사가 맞닥뜨린 난제의 해결책을 빨리 찾아낼 수 있었다. 틸과 라보이스, 색스, 하워리는 분명 〈스탠퍼드 리뷰〉를 편집하면서 습득했을 이 방식을 페이팔에도 반영했다. 토론이 때때로 사내의 '참호전'으로 발전해 결속력을 잃고 마는 여타 스타트업과 대조적으로 페이팔의 사람들은 모든 의견에 귀를 기울였고, 그 과정을 통해 일단 방향이 결정되면 모두가 같은 목표를 향해 힘을 하나로 모았다.

기업의 비전이나 전략의 성공 여부는 직원들이 그것을 얼마나 잘 실행에 옮기는가에 따라 결정된다. 이런 이유로 틸은 동료 의식과 팀워크를 특히 중요하게 여기는데, 페이팔을 창업했을 때부터 시작된 이러한 전통은 그 후로도 꾸준히 이어졌다.

틸은 '동기 부여는 늘 중요하다'고 강조한다. "좋은 기업에는 그 사람만이 할 수 있는 특수한 임무가 있습니다. '그 일은 당신만이 실현할 수 있다.' 이것이 페이팔의 비전이었죠."

구글이나 마이크로소프트 같은 기술 기업 출신의 창업자들이 페이팔 마피아처럼 질과 양 모두 충실한 스타트업을 일궈내지 못하는 것은 틸이 보기에 전혀 이상한 일이 아니다. 모든 게 완벽히 갖춰진 회사의 일원이었던 사람은 아무것도 없는 상태에서 회사를 구축하는 일을 과소평가하기가 쉽기 때문이다.

틸에 따르면 페이팔 내에서의 투명하고 개방적인 의사소통은 팀을 견고하게 만드는 데 크나큰 도움이 되었다. 관리자들의 모습은 동료 의식이 무엇인지 보여주는 살아 있는 표본이었다. 페이팔이 상장했던 날, 틸을 비롯한 창업자들이 뉴욕 증권거래소의 발코니에 등장하지 않고 실리콘밸리에 남아 직원들과 축하 파티를 열었던 것만 봐도 이 점을 알 수 있다. 틸은 페이팔의 살풍경한 주차장에서 파티를 열고 직원들과 스피드 체스 토너먼트를 즐기며 흥겨워했다.[18]

"'하루하루를 인생의 마지막 날처럼 살라'는 상투적인 말을 들어보셨을 겁니다. 하지만 실은 그와 정반대죠. '하루하루를 영원히 살 것처럼 살라'가 맞는 말이란 뜻입니다. 주변의 사람들을 앞으로도 오래도록 함께할 사람이라 생각하며 대하세요. 여러분이 오늘 내리는 선택 하나하나는 정말 중요합니다. 시간이 흐름에 따라 그 선택에 따른 결과도 점점 더 커질 테니까요."

해밀턴 칼리지 법학부의 졸업식 축사에서 틸이 했던 말이다.[19] 그는 뒤이어 물리학자 알베르트 아인슈타인Albert Einstein의 이야기를 꺼냈다.

"아인슈타인은 '복리'야말로 우주에서 가장 강력한 힘이라고 했습니다. 이것은 금융이나 돈에만 국한된 이야기가 아닙니다. 변치 않는 우정이나 오래 지속될 관계를 만드는 데 시간을 투자해야 인생에서 최고의 수익을 거둘 수 있기 때문입니다."[20]

페이팔의 성공이든 틸의 성공이든 그 밑바탕에는 단단한 우정이 있었고, 틸의 페이팔 동료 대부분 역시 우정 덕에 창업과 사업에서 성공을 거두었다. 여기에도 버핏과 틸의 공통점이 있다. 두 억만장자는 친구를 소중히 대하는 것이 자신과 회사에 엄청난 경제적 성공을 가져다준다는 사실을 비즈니스 세계의 어느 누구보다 잘 알고 있다는 점이다.

애자일 방식의 기업 경영

폭발적인 기세로 성장하는 스타트업을 이끌기란 분명 쉽지 않은 일이다. 그런 점에서 〈스탠퍼드 리뷰〉를 창간하면서 처음으로 운영과 관리를 경험했을 뿐 아니라 유능하고 의욕 넘치는 동료들과 신뢰 관계를 쌓을 수 있었던 것은 틸에게 큰 수확이었다.

페이팔의 마케팅팀을 이끌었고 훗날 《페이팔 전쟁: 이베이, 언론, 마피아, 전 세계와 싸운 나날The PayPal Wars, Battles with eBay, the Media, the Mafia, and the Rest of Planet Earth》(국내 미출간)이라는 회고록을 출간한 에릭 잭슨Eric Jackson은 틸이 앤더슨 컨설팅Andersen Consulting에서 스카우트한 인물이다. 잭슨은 초창기의 페이팔에서 '어지럽고 종잡을 수 없는 스타트업'이라는 첫인상을 받았지만, 머지않아 페이팔로 세계 금융 시스템을 송두리째 바꿔놓겠다는 틸의 비전은 전통적인 경영 기법으론 실현할 수 없다는 사실을 깨달았다.[21]

외부인이 보기에 페이팔은 혼란 그 자체였지만 사실 그 안에는 명쾌한 이론이 있었다. 페이팔은 '애자일Agile 방식'(정해진 계획에 따라 획일적으로 움직이는 전통적인 개발 방식과 달리 개발 주기나 환경, 고객의 요구에 따라 유연하게 대처하는 방식_옮긴이)으로 비즈니스를 전개하고 제품을 개발한 최초의 스타트업이다. 이 방식 덕에 페이팔은 초기의 큰 손실이나 비즈니스 모델의 불안정성 같은 다양한 문제를 어떻게 개선해야 하는지를 뚜렷이 알아내었으며 문제 하나하나를 착실히 해결해나갈 수 있었다.

실시간으로 판단하라

페이팔 경영진은 상황을 판단할 때 실시간 정보를 중시했다. 스타트업의 경우 치명적인 위험을 피하려면 중요한 기업 지표를 실시간으로 수집해야 한다. 주요한 데이터를 수집해서 필요한 결론을 도출하는 과정이 길어지면 많은 자금과 시간을 낭비하게 되기 때문이다. 그런 상황을 피하려면 비즈니스 통계를 자유자재로 다루는 능력 외에도 올바른 경영 판단을 즉각 내릴 수 있게 해주는 기업 고유의 정확한 지표가 필요하다.

페이팔에게 있어 중요한 지표는 다음과 같다.

- 신규 사용자 수
- 신규 사용자 확보에 든 비용
- 사기로 인한 부정 사용률
- 이베이를 통해 가입한 신규 사용자 수
- 이베이를 통해 가입한 신규 사용자가 빌포인트를 이용하는 비율
- 자금 유출(경비 지출 속도)
- 납부 고객의 수
- 신용카드 수수료
- 매출 달성액

레브친 팀은 데이터 수집 기능이 있는 특수한 소프트웨어를 개발해 이베이 사이트를 24시간 모니터링하면서 빌포인트 대비 페이팔 사용 비율을 조사했다. 이 조기 경고 시스템은 이베이의 신규 전략을

추론하여 신속한 대책을 세우는 데 도움이 되었다.

F1의 피트에서는 주행 중인 경주 차량에서 전송되는 연료 소비량이나 타이어 마모 상태 등의 각종 데이터를 실시간으로 모니터링하면서 전략을 조정한다. 그와 마찬가지로 틸은 페이팔 특유의 측정 기준을 신뢰했고, 이렇게 수집된 데이터를 바탕으로 미래를 예측해 신규 대출이나 기업 공개 시점을 가늠하며 비즈니스를 세밀히 조정해나갈 수 있었다. 이는 비즈니스 모델을 아주 조금만 변경해도 그에 따른 결과가 곧바로 지표에 나타났기에 가능한 일이었다.

책임 분담을 명확히 하라

"제가 페이팔 경영자로서 가장 잘했던 것은 모든 직원에게 한 가지 업무만 책임지게 한 것입니다. 직원들 모두는 자신이 책임을 맡은 일만으로 평가받는다는 사실을 알고 있었죠."

틸은 그만의 단순하지만 효율적인 인재 관리법을 이렇게 설명한다.[22] 이 방식을 통해 그는 직원들이 동일한 업무를 두고 경쟁할 때 벌어지기 쉬운 사내 갈등을 피할 수 있었다. 초창기엔 역할 분담이 계속 달라지기 마련인 스타트업은 이러한 문제에 빠지기 쉽다. 직원 간에 갈등이 빚어지면 회사 전체가 마비되어 시장이나 고객이 아닌 직원 관리에 시간과 에너지를 쓰게 되는데, 스타트업에게 있어 이런 정체는 치명적인 요소로 작용한다.

포커스를 맞춰라

틸이나 버핏, 게이츠 같은 뛰어난 기업가는 '무엇에 집중해야 하는가'

라는 원칙 면에서 일치한다. 본질—버핏의 말을 빌리자면 자신의 능력 범위—에 전념하는 것은 창업을 성공으로 이끄는 전제 조건이고, 특히 급속도로 변화하는 기술업계에서는 더더욱 그렇다.

서비스를 악용한 사기 행위, 정부 규제, 카드사와의 대립, 그리고 이베이와의 경쟁 등 페이팔은 스타트업이 직면하는 모든 문제에 부딪혔고 무엇 하나 사소한 것이 없었기에 페이팔 팀은 늘 엄청난 압박에 시달렸다. 키스 라보이스에 따르면 페이팔은 이 압박을 '미친 듯이 집중하기 위한 발판'으로 삼았다지만 말이다.[23] 어쨌든 페이팔이 금융 슈퍼마켓을 목표로 하지 않고 급격히 성장하는 결제 비즈니스에 초점을 맞추기로 한 것은 현명한 선택이었다.

제품 중심주의

'이메일을 통한 송금'이라는 콘셉트 아이디어는 페이팔에게 있어 신의 한 수였다. 색스는 페이팔 시절에 배운 가장 중요한 것은 '완벽한 제품 중심주의'라고 회상한다.[24] 그는 제품 개발이야말로 전략을 실현할 길임을 꿰뚫어 본 인물이기도 하다. 색스의 진두지휘 아래 제품 기획자와 소프트웨어 개발자software developer로 이루어진 공동 팀이 조직되었고, 이들이 최대한 효율적으로 신제품의 특징을 구상해내면 프로그래머가 곧바로 코드를 짜는 태세가 갖춰졌다. 이 '신속한 시제품 제작rapid prototyping' 덕분에 페이팔은 다른 결제 서비스 사업자, 특히 이베이의 빌포인트를 압도적 격차로 물리칠 수 있었다. 페이팔이 증명해 보인 제품 중심주의는 이제 스타트업뿐 아니라 기존 기업들도 모방하고 있다.

탁월한 사람을 끌어당기는 조직

레브친은 기호와 관심사가 같은 사람들로 스타트업이 구성되어야 한다고 생각한다. 그리고 틸은 초창기 페이팔의 팀워크가 탁월했던 이유를 '모든 구성원이 컴퓨터와 공상과학에 푹 빠진 괴짜들이었기 때문'이라고 말한다.[25]

"우리는 모두 정부가 아닌 개인이 통제하는 디지털 화폐를 만드는 데 완전히 사로잡혀 있었습니다."

이 같은 구성원들의 공통점은 조직 구성에 있어 중요한 전제조건이 된다. 그런데 결속력이 강한 공동체를 만들기 위해서는 어떤 방식으로 구성원을 모아야 할까?

틸은 '무엇을 하지 말아야 하는지'를 잘 알고 있었다. 뉴욕 로펌 시절의 동료들은 오전 9시부터 오후 5시까지는 근무 시간, 오후 5시부터 오전 9시까지는 근무 외 시간으로 명확히 구분 지어 행동했다. 틸은 오래도록 관계를 유지하지 않을 사람과 시간을 함께 보내는 것은 바보 같은 짓이라 여겼다.[26] 시간은 가장 중요한 재산이니 말이다.

페이팔 팀과 관련된 사진들 중에는 밤에 둘러앉아 포커를 즐기는 유명한 사진이 있다. 일과 사생활의 구별이 없을 만큼 친한 가족 같은 공동체가 탄생한 것이다. 라보이스는 초창기 페이팔을 '매우 친밀한' 집단이었다고 회상한다.[27] 페이팔이 거둔 혁신은 이런 환경과 창업자들의 개성이 잘 어우러졌을 때에야 가능해지는 것이다.

직원을 뽑을 때 틸이 그 사람의 경력이나 성적을 중시하지 않는 것도 이러한 이유에서다. 또 직원 채용 업무는 헤드헌터가 아닌 회사에서 직접 해야 한다는 것 역시 그의 지론이다. 틸은 처음부터 페이팔을 '회전문revolving door(직원들의 이동이 잦은 조직을 비유하는 말_옮긴이)이 아닌 하나로 똘똘 뭉친 공동체'라고 생각했다. 그는 의사결정권자 대부분을 서로 속속들이 아는 절친한 인물들로 택했고, 각 분야에서 가장 실력이 뛰어난 사람을 부서장으로 정한다는 원칙을 갖고 있었다. 전문성을 갖춘 사람이 부서장 자리에 오르면 팀을 이끄는 데 필요한 권위와 설득력은 자연스럽게 생긴다는 장점이 있다. 단, 틸은 MBA 과정을 갓 마친 지원자는 페이팔의 급격한 변화를 받아들일 유연성이 부족할 것이라 판단해 거의 채용하지 않았다. 그 대신 모교 후배를 대상으로 〈스탠퍼드 리뷰〉에 도발적인 구인 광고를 냈다.[28]

"근사한 스타트업의 스톡옵션을 선택하는 것은 대학을 그만둘 만한 가치가 있는 일입니다. 여러분의 지원을 기다립니다!"

또한 틸은 강한 유대감으로 맺어진 공동체인 스타트업을 종종 광신 집단에 비교한다. 사실 스타트업 창업자는 광신 집단과 마찬가지로 '몸과 마음을 다 바치는 문화'를 구축해야만 한다.

이런 점에서 실리콘밸리가 형성한 창업가 문화는 페이팔에겐 그야말로 최적의 조건이다. 벤처캐피털 와이콤비네이터Y Combinator의 창업자인 폴 그레이엄Paul Graham에 따르면 이상적인 창업자의 조건은 20대 중반의 나이로, 부양할 가족이 없어서 자기가 원하는 대로 행동하는 데 제약이 없는 사람이다. 실리콘밸리가 독일이나 프랑스, 영국, 일본에서 탄생하지 않은 것도 우연이 아닌 것이, 그 나라 사람들은

정해진 궤도를 벗어나려 하지 않기 때문이라는 것이 그레이엄의 이야기다.[29]

한편 틸은 컨설팅 회사를 그다지 긍정적으로 평가하지 않는다.[30]

"컨설팅 회사와 광신 집단은 같은 선상의 양극단에 위치합니다. 자신만의 임무가 없고 직원들의 이동이 잦으니 컨설턴트들에게는 장기적인 유대감이 생길 리 없죠."

스타트업의 핵심 멤버는 창업자와 그 회사에 출자한 직원이다. 기업가 정신은 이런 핵심 인원뿐 아니라 나중에 합류한 직원에게도 전승하는 것이 중요하다. 따라서 직원을 채용할 때는 '스무 번째 직원이 다른 곳이 아닌 당신의 회사에 들어오고 싶어 하는 동기는 무엇인가?'라는 질문을 던져야 한다. 틸은 이 질문에 대한 구체적인 예로 두 가지를 든다.

첫째, 스타트업은 '왜 아무도 하지 않는 일을 하는가?'에 대해 확실한 비전을 설명할 수 있다.

둘째, 우수한 지원자일수록 '이 회사 사람들은 내가 정말로 함께 일하고 싶은 부류일까?'를 생각할 것이다. 바꿔 말해 탁월한 사람은 탁월한 다른 이를 끌어당긴다는 뜻이다.[31]

페이팔의 사활은 이 두 가지 질문에 걸려 있었다. 색스는 당시 상황을 이렇게 회상한다.

"우리는 이베이에 취직하려는 사람으로 가득한 상황에서 인재를 골라내야 했어요."

스타트업에서는 기본적으로 스톡옵션을 통해 직원의 동기 부여가 이루어진다. 실리콘밸리 종사자들은 위험은 있지만 스톡옵션 형태로 보수를 받는 문화에 익숙하다. 비즈니스 세계에서의 위험을 최소로 하려는 유럽이나 독일에 비해 미국에서 이러한 '리스크 감수'가 긍정적으로 받아들여지는 이유도 이러한 문화 때문이다. 그럼에도 스톡옵션에는 관심을 보이지 않은 채 높은 연봉만 요구하는 페이팔 직원도 있었다. 사실 실리콘밸리의 스타트업은 신입 사원에게 여섯 자리 수, 즉 최소 10만 달러 이상의 연봉을 주는 애플, 구글, 페이스북 같은 거대 기업과는 싸움이 되지 않는다. 또한 주식 형태로 보수를 지급하는 방식을 직원에게 납득시키기도 쉽지 않은 일이다. 이에 대해 틸은 이렇게 말한다.[32]

"주식은 현금처럼 자유롭게 사용할 수 없고 그 회사가 파산해버리면 한낱 종잇조각에 불과해집니다. 하지만 바로 그 제약 때문에 이런 보수 형태에는 큰 메리트가 있죠. 현금이 아닌 회사 주식을 선택한 직원은 장기적으로 봤을 때 회사의 가치를 높이는 데 전념하기 때문입니다."

여러 애로 사항이 있음에도 틸에게 있어 주식은 '전 직원을 한배에 태우기' 위한 가장 좋은 옵션인 것이다.

페이팔이 창조한 혁신 매커니즘

진정한 혁신이란 계획이나 명령으로 만들어지는 게 아니라 '생기는' 것이다. 때로는 위기가 기회가 되기도 한다. 페이팔은 기존의 거대 금융 기업과 신용카드 회사, 결제 서비스 스타트업, 그리고 전자상거래의 거인 이베이 등 강력한 경쟁 상대들과 앞서거니 뒤서거니를 반복하며 승리해왔다. 이런 특수한 분위기 속에서 새로운 혁신의 메커니즘이 만들어졌는데, 이 메커니즘이야말로 스타트업이 어떤 자세를 취해야 하는지를 우리에게 알려준다.

페이팔은 철저하게 애자일 방식으로 개발을 진행한 최초의 스타트업이다. 기존의 소프트웨어 개발은 직선적인 워터폴waterfall 방식, 즉 제품·마케팅 부서에서 먼저 콘셉트를 잡으면 개발을 담당하는 IT 부서로 그것이 내려오는 식으로 이루어졌다. 하지만 이 방식은 시간이 오래 걸릴 뿐 아니라 책상에서 머리로만 구상한 이상과 기술적 현실 사이의 간극 탓에 많은 프로젝트를 실패작으로 만들기도 했다.

이에 반해 페이팔에서는 제품, 마케팅, 소프트웨어 전문가들로 이루어진 혼합 팀이 아이디어 수립부터 실제 개발에 이르기까지 긴밀히 협력함으로써 당장 출시할 수 있는 제품들을 단시간 내에 잇달아 선보일 수 있었다. 페이팔이 설립된 지 20년이 넘은 지금 애자일 방식은 각 업계에서 소프트웨어를 개발할 때 쓰는 전형적인 방식이 되었다. 일례로 페이스북 개발자들의 신조인 '빠르게 움직여라Move Fast' 역시 페이팔의 애자일 방식을 모범으로 삼은 것이다.

일론 머스크 역시 페이팔의 애자일 방식을 자신이 설립한 전기자동차 제조사 테슬라 모터스에 도입해 무명이었던 테슬라를 자동차업계의 세계적인 기업으로 키워냈다.

머스크는 애자일 방식으로 고급 스포츠카(모델 S)와 SUV(모델X)를 개발하고 보급형 세단(모델 3)을 양산하는 한편 배터리 생산 공장인 기가팩토리Gigafactory 건설까지 단숨에 밀어붙였고, 2010년 테슬라를 나스닥에 상장시켰다. 자동차 회사의 상장은 포드사 이후 무려 56년 만의 일이었다.

페이팔에서 애자일 방식이 가능했던 것은 자유분방한 사내 문화 덕택이다. 페이팔의 전 직원은 어떤 사안이 등장하면 그에 대한 의견을 내야 했다. 페이팔 문화는 직원에게 넓은 시야로 생각하도록 허용했을 뿐만 아니라 그렇게 하기를 요구했다.[33]

색스는 페이팔이 최초로 시도한 것들 중 현재 많은 스타트업이 모범으로 삼는 것으로 다음의 네 가지를 꼽았다.[34]

- **바이럴 응용 프로그램을 제공한 최초의 기업**: 페이팔 사용자는 어느 누구에게나 돈을 송금할 수 있었지만, 상대는 송금받은 돈을 인출하기 위해 페이팔 계정을 개설할 필요가 없었다.
- **플랫폼 전략을 실행한 최초의 기업**: 페이팔은 이베이 플랫폼상에서 작동하는 응용 프로그램이었다.
- **내장형 위젯을 제공한 최초의 기업**: 이베이의 상품 판매자는 자신의 상품 페이지에 '페이팔로 결제하기' 버튼을 삽입할 수 있었다. 이 내장형 위젯 기술은 훗날 유튜브가 급성장하는 열쇠가 되었다.
- **애자일 개발 방식을 도입한 최초의 기업**: 페이팔은 기존 제품의 수명에 상관없이 새로운 기능이 완성되면 곧바로 공개했다.

이뿐만이 아니다. 틸이 생각하기에 창업가 정신은 혁신과 떼려야 뗄 수 없는 요소다.

"훌륭한 기업은 창업의 동기가 된 혁신에 대해 열린 자세를 유지합니다. 창업은 새로운 것을 창조하는 한 끝없이 이어지고, 창조를 멈추는 순간 끝이 나죠. 그렇기에 어쩌면 창업의 순간을 무한히 연장할 수 있는 것일지도 모릅니다."[35]

테러를 예측한 빅데이터 힘, 팰런티어의 시작

틸은 페이팔에 닥친 난관을 두꺼운 판자에 드릴로 구멍을 뚫듯 전력을 다해 해결했고 10억 달러 규모의 매각도 실현했다. 하지만 영화 〈007〉 시리즈에 등장하는, '세계를 손에 넣는 것만으로는 부족하다The world is not enough'라는 제임스 본드 가문의 가훈처럼 틸은 탐욕스럽게 다음 도전을 찾아 나섰다. 그리고 그 도전은 바로 눈앞에 있었다.

'망가진 것을 찾아라.' 스타트업은 언제나 바로 이 지점에서 출발한다.

9·11 테러는 한없이 작은 집단도 미국 같은 초강대국에 타격을 가할 수 있다는 사실을 분명히 증명했다. 그리고 이를 계기로 '자유의 나라'는 큰 전환기를 맞이했다. 자유와 안전이 늘 공존하는 것은 아니라는 사실을 미국 국민들이 깨달은 것이다. 미국은 테러와의 전쟁에 돌입했다.

2003년 5월, 표면상으로는 제2차 이라크 전쟁에서 승리한 당시 조지 W. 부시George W. Bush 대통령은 항공모함 위에서 '임무 완수Mission Accomplished'라는 문구가 커다랗게 적힌 성조기를 배경으로 군사 개입을 결정했던 자신의 '승리'를 축하했다. 하지만 미국은 큰 충격에서 벗어나지 못했다.

틸에게 있어 이러한 미국의 트라우마는 분명 놓칠 수 없는 사업 기회였다. 테러와의 전쟁이라는, 아무도 경험한 적 없는 신종 전쟁을 위해선 예전과 다른 대책이 필요했다. 틸의 대책이란 기술의 힘으로 테러를 방지함과 동시에 시민의 자유도 보호하는 것이었다.[36]

페이팔의 매각으로 약 5,500만 달러를 손에 넣은 틸은 다시 새로운 '전투'에 돌입했고 2004년에 팰런티어를 창업했다. 팰런티어는 데이터 마이닝(대량의 데이터를 분석해 유용한 정보를 찾는 기술_옮긴이) 소프트웨어를 개발, 판매하고 보안 솔루션을 제공하는 기업이다.

팰런티어의 근원 역시 페이팔이다. 페이팔은 결제 시의 사기를 방지하고 수상한 돈의 흐름을 탐지하는, 대단히 뛰어난 독자적 알고리즘을 개발한 바 있었다. 이 알고리즘은 정밀도가 높아 치안 당국도 주목할 정도였는데, 팰런티어는 이 기술을 발전시켜 테러와 범죄 단속 등의 거시적인 니즈에 부합하고자 했다.

2004년, 틸은 컴퓨터공학을 전공한 조 론스데일과 스티븐 코언 Steven Cohen, 그리고 페이팔에서 엔지니어로 일했던 네이선 게팅스Nathan Gettings와 함께 팰런티어 소프트웨어의 첫 버전을 개발했다. 당시 30대 중반이었던 틸은 이번엔 전략가 역할에 집중하기로 했다. 페이팔에서 CEO 경험을 쌓긴 했지만 이제 경영이라면 사절이었다.

그리고 그때 틸의 머리에 떠오른 사람은 앨릭스 카프Alex Karp라는 남자였다.

철학자를 CEO에 앉힌 이유

카프와 틸은 스탠퍼드 로스쿨 1학년 때 처음 만났다. 마치 감전이라도 당한 듯 하늘로 곱슬곱슬 치솟은 헤어스타일이 트레이드마크였던 카프는 1년간 법학을 배운 후 독일 프랑크푸르트 대학으로 유학을 떠났고, 20세기가 낳은 가장 저명한 철학자 중 하나인 위르겐 하버마스Jurgen Habermas 밑에서 수학하며 철학박사 학위를 받았다.[37]

경영대학원 출신이라면 모를까 철학자가 CEO 후보 명단에 오른다는 것 자체는 이례 중의 이례였다. 그럼에도 카프는 팰런티어의 가능성과 자신이 그곳에서 무엇을 할 수 있는지를 즉각 알아차렸다. 철학을 배우며 익힌 분석력 덕분에 카프의 한 마디 한 마디는 칼처럼 예리했다.

"다른 CEO 후보자들은 면접에서 팰런티어의 잠재력과 시장성이 얼마나 되느냐고 질문한 모양이더군요. 하지만 저는 세계에서 가장 중요한 회사를 만드는 것에 대해 이야기했죠."

카프는 면접—론스데일, 코언과 한밤중에 산책하면서 치렀던—에서 나눈 대화를 그렇게 회상했다.[38] 론스데일과 코언은 공학을 전공하지 않았는데도 복잡한 문제의 본질을 완벽히 소화해서 설명하는 카프의 능력에 혀를 내두르며 카프를 '승부수'로 삼기로 결정했다. 이렇게 해서 카프는 팰런티어의 CEO직을 맡았다.

철학자가 데이터 분석 기업을 통솔한다는 건 언뜻 보기에 전혀 어울리지 않는 인사였다. 이에 대해 카프 본인 역시 훗날 이렇게 말한 바 있다.[39]

"저는 공학을 전공하지도 않았고 관공서나 회사 같은 세계와도 인연이 없었습니다. 제 부모님은 히피였으니까요. 그런 제가 이런 회사에서 창업 때부터 지금까지 CEO를 맡아온 데다 회사도 여전히 존재한다니 세상일은 참 알 수 없네요."

카프와 틸은 스탠퍼드 로스쿨에서 법학을 공부하던 시절부터 우정을 쌓아왔다. 1학년 때는 대부분의 수업을 함께 들었지만 정치 성향은 정반대였다.

카프는 필라델피아에서 예술가인 아버지와 소아과 의사인 어머니 밑에서 자랐다. 그의 부모님은 주말이면 대부분 카프를 데리고 시위에 참여했다. 노동자의 권리를 주장하고 '로널드 레이건이 하는 모든 일'에 반대하는 시위였다. 그렇다 보니 레이건 신봉자인 틸과 대립할 것은 불 보듯 뻔한 일이었다.

"피터와 저는 때때로 들짐승처럼 부딪쳤어요. 하지만 피터와 논쟁하는 게 싫지는 않았죠."

로스쿨을 졸업한 뒤 변호사로 일할 마음이 없었던 카프는 철학을 배우기로 결심했다.

"사회철학은 세상에서 가장 높은 교육 수준으로 가장 낮은 수입을 받기 쉬운 학문입니다. 사회철학을 공부한다는 건 실업자가 되는 지름길이나 마찬가지죠."

카프는 자조 섞인 말투로 이렇게 말했다. 그렇다면 그는 왜 철학을 전공한 것일까?

"제가 팰런티어 공동 창업에 참여한 것과 같은 이유에서였습니다.

둘 다 무언가를 안다는 것에 어떤 의미가 있고, 아는 것을 전달한다는 것에는 어떤 의미가 있으며, 서구 사회의 토대는 무엇인지 등과 같은 아주 중요한 문제를 다루기 때문이죠."[40]

틸이 그랬듯 카프 역시 학자의 길은 극소수의 사람에게만 영향을 미칠 수 있다는 사실을 잘 알고 있었다. 그런데 카프는 스타트업 투자에도 소질이 있었다. 박사학위를 받고 얼마 지나지 않아 할아버지가 물려준 유산으로 시작한 스타트업 투자에서 놀랄 만한 성공을 거둔 것이다. 투자로 회수한 돈을 밑천 삼아 런던에서 펀드 회사를 차렸을 정도였다.

카프는 팰런티어에 둥지를 튼 괴짜 중에서도 단연 돋보이는 인물이다. 독신주의자인 그는 가족이 생기면 생활의 균형이 깨진다 여기는가 하면 매일같이 단전호흡과 합기도, 유도 수련을 한다. 카프가 팰런티어에 푹 빠져 있다는 것은 다음의 코멘트만 봐도 잘 알 수 있다.[41]

"제가 팰런티어를 생각하지 않는 시간은 수영이나 단전호흡, 섹스를 할 때뿐입니다."

강력한 축구 대표팀을 이끄는 감독이라면 누구나 '승리를 거둔 전술은 절대 바꾸지 않는다'는 교훈을 잘 알고 있다. 초일류 책략가였던 틸은 일류 실무 책임자인 카프가 최적의 파트너임을 깨달았고 이를 통해 페이팔에 이어 팰런티어를 창업하여 '한 단계 위'에 도달했다.

문제는 자금이었다. 창업 초기에 팰런티어는 틸이 설립한 벤처캐피털인 파운더스 펀드로부터 총 3,000만 달러라는 상당히 큰 금액을 투자받았다. 하지만 당시 팰런티어가 구현하려 했던 것은 기술적인 면에서 전례가 없는 시도였고, 타깃 고객인 정부 정보 기관은 특히나 팰런티어처럼 실적조차 전혀 없는 신규 업체에게 있어 대단히 예측하기 힘든 상대였다. 게다가 창업 초창기인 2005~2009년은 B2B 스타트업의 혹한기였다. 평소라면 과감히 위험을 무릅쓰는 실리콘밸리의 투자자들도 소극적이었던 탓에 틸과 카프는 수차례나 투자를 거절당해야 했다.

물론 당시에도 틸의 이름은 이미 널리 알려져 있었다. 그런데도 세쿼이아 캐피털Sequoia Capital이나 클라이너 퍼킨스Kleiner Perkins 같은 유명 벤처캐피털 업체들은 팰런티어에 흥미를 보이지 않았다. 페이팔, 애플, 왓츠앱WhatsApp, 구글에 출자한 세쿼이아 캐피털의 회장 마이클 모리츠Michael Moritz는 틸과 카프가 프레젠테이션을 하는 내내 따분하다는 듯 앞에 놓인 종이에 낙서를 끼적였다. 심지어 클라이너 퍼킨스의 간부는 팰런티어가 왜 실패할 수밖에 없는지에 대해 한 시간 반 동안이나 설교를 늘어놓았다.

"도대체 어떻게 해야 스물두 살짜리 애송이의 이야기에 사람들이 귀를 기울여줄까요? 그때만큼 우리 팀에 머리가 희끗희끗한 사람이 있었으면 좋겠다고 생각한 적은 없었습니다."

론스데일은 당시를 그렇게 회상했다.[42]

"카프의 헤어스타일과 옷차림 탓도 있긴 했습니다. 카프의 용모는 저나 저희 직원들과는 확연히 달랐으니까요."

9·11 테러 이후 대통령 행정명령으로 설립된 미국 국가대테러센터National Counterterrorism Center의 소장이었던 마이클 라이터Michael Leiter는 이렇게 말했다(라이터는 나중에 팰런티어의 고문으로 취임했다).[43]

"당시 투자자들은 팰런티어 같은 소프트웨어 회사를 그리 '핫hot' 하게 여기지 않았고, 공공 기관은 무서운 기세로 성장하는 기술 기업들을 경계하고 있었으니까요."[44]

카프는 이렇게 회고하며 팰런티어의 창업 초기를 '서커스의 시작'에까지 비유했다.[45]

틸과 카프는 창업한 지 4년이 넘은 2008년 중반까지도 팰런티어의 성공 여부를 확신할 수 없었다. 카프에 따르면 그때까지의 회사 경영은 '허상', 말하자면 신기루였다.

인공지능과 인간의 공동 작업

틸에게 팰런티어는 여느 스타트업과는 완연히 다른 회사였다. 소프트웨어와 데이터 분석을 활용해 세상을 더 안전하고 공정하게 만들겠다는 사명이 있었기 때문이다. 그렇기에 틸은 시장과 벤처캐피털의 움직임에 일희일비하지 않고 큰 위험 부담을 무릅쓴 채 여러 해 동안 거액의 자금을 투입했다.

페이팔이 이베이를 겨냥했듯 팰런티어는 정보 기관을 타깃으로 삼았다. 이 전략은 머지않아 결실을 맺었고, 2005년 CIA가 운영하는 벤처캐피털인 인큐텔In-Q-Tel로부터 두 차례에 걸쳐 총 200만 달러의 투자를 받아냈다. 이를 통해 페이팔 시절부터 정평이 나 있던 알고리즘을 이용한 팰런티어의 범죄 탐지 기술은 미국이 테러에 대처할 최첨단 시스템을 갖췄음을 전 세계에 널리 알렸다.

팰런티어의 첫 제품은 인큐텔의 벤처 지원으로 탄생한 소프트웨어 '팰런티어 거버먼트Palantir Government였다[나중에 '고담Gotham'(배트맨이 사는 도시 이름으로, 배트맨처럼 시민들을 지켜준다는 의미를 담은 이름_옮긴이)으로 개칭했음]. 이 소프트웨어는 데이터와 알고리즘을 이용해 조기에 위협을 적발해낸다.

여기에서 혁신적인 점은 인공지능과 인공지능의 행동 매뉴얼을 만드는 인간 전문가의 '공동 작업'이다. 인공지능은 방대한 데이터베이스를 해석하며 예외와 변칙을 검출하는 데 전념하고, 인간 전문가들은 인공지능이 찾아낸 패턴을 분석한 후 결론을 도출한다. 팰런티어에서는 이러한 인공지능과 인간의 공동 작업을 '기계를 통한 인간의 지능 강화'라 일컫는다(지금도 틸은 '인공지능이 있으면 인간은 더 이상 필요 없지 않느냐'는 질문에 답할 때 으레 이 공동 작업을 사례로 들고, 인공지능에 대한 인간의 접근 방식은 이와 같아야 한다고 강력히 주장한다).[46]

페이팔 때보다 비약적으로 발전한 점은 각양각색의 모든 데이터를 통합할 수 있게 되었다는 것이다. 팰런티어는 엑셀 파일이나 웹사이트 열람 이력처럼 다루기 쉬운 정형 데이터와 이메일 이력 혹은 출퇴근 경로, CCTV 영상처럼 다루기 힘든 비정형 데이터 모두를 하나로 취합해 분석할 수 있다. 다시 말해 인간의 행동과 관련된 모든 종류의 데이터를 목적에 맞게 수집하여 필요한 결론을 도출해낼 수 있는 것이다. 그것도 순식간에 말이다.

팰런티어의 소프트웨어는 큰 성공을 거두었다. 풍문에 따르면 이 소프트웨어는 지금까지 오사마 빈라덴Osama bin Laden 추적 및 초대형 금융사기 사건의 범인인 버나드 메이도프Bernard Madoff 체포에 결정적 역

할을 했다고 한다.[47]

정부 기관이 의뢰한 소프트웨어를 성공리에 개발한 뒤에는 금융업계에 진입할 기회도 찾아왔다. 팰런티어는 최신 기술에 관한 한 문외한인 월가 금융업계와 달리 첨단 기술을 활용해 정보를 분석하고 처리하는 노하우를 갖추고 있었다. 그 노하우로 팰런티어는 금융업계의 다양한 정보를 수집 및 분석하여 주식 분포도나 주식 차트를 만드는 데 톡톡한 역할을 했다.

"우리가 금융업계에 진출했을 때는 일단 급성장 중인 헤지펀드와 제휴를 맺었습니다. 그리고 트레이더, 애널리스트, 프로그래머로 이루어진 팀을 결성한 후 개발에 착수했죠. 그다음에는 인지도가 더 높은 고객을 목표로 삼았고, 마침내 세계 최대의 헤지펀드나 은행과 계약하기에 이르렀습니다."

팰런티어의 이사인 시암 생커Shyam Sankar는 그렇게 회고했다.[48]

현재 팰런티어의 고객 명단에는 CIA, FBI, NSA미국 국가안보국, 뉴욕 경찰국 같은 정부 기관뿐 아니라 뱅크 오브 아메리카Bank of America, JP 모건, IBM 등의 민간 대기업도 올라 있다. 또한 조지 W. 부시 대통령의 보좌관 등을 역임했던 콘돌리자 라이스Condoleezza Rice, 전 CIA 국장 조지 테닛George Tenet 같은 거물들의 이름도 팰런티어 고문 리스트에서 볼 수 있다. 테닛은 "이렇게 강력한 소프트웨어가 9·11 테러 발생 전에 나왔더라면 얼마나 좋았을까요."라고 말하기도 했다.[49]

그런데 여기에서 한 가지 궁금증이 생긴다. 뼛속 깊은 자유지상주의자라서 개인의 자유를 제한하는 정부를 무엇보다 싫어하는 틸이 왜 정부 정보 기관을 고객으로 하는 데이터 회사를 설립한 것일까?

틸은 시민의 자유를 옹호하는 사람이라면 팰런티어도 높이 평가할 것이라 생각한다.

"저는 미국에서 제2의 9·11이나 그보다 끔찍한 사건이 일어나도록 두고 볼 수가 없었습니다. 바로 그날 온갖 가혹한 규제의 문이 열리고 말았으니까요."[50]

미래에 또다시 그런 상황이 벌어지지 않게 하려면 정부 기관이 첨단 기술을 최대한 동원하고 수사관이 그것을 합법적으로 활용할 수 있도록 규칙을 정비해야 한다는 게 틸의 의견이다.

카프는 틸의 구상을 실행에 옮겼다. 카프에 따르면 팰런티어는 업계에서 가장 세련된 개인정보 보호 기술을 보유한 기업이다. 팰런티어의 소프트웨어는 누가 어떤 정보를 열람했고 어떻게 처리했는지 모두 기록하며 사용자마다 접근 가능한 정보 수준 역시 세밀하게 제한한다. 팰런티어 이전에는 정보 기관 직원이라면 누구나 기록물 검색 시스템에 있는 모든 정보를 자유롭게 열람했고, 그들이 무엇을 봤는지 알 수 있는 사람도 없었다.[51]

카프는 팰런티어를 '사생활 보호와 안전의 제로섬 게임'에 관한 규칙을 다시 쓸 수 있는 회사라고 자찬한다. 기업 홈페이지에 실린 카프의 인사말에는 다음과 같은 구절이 있다.[52]

"우리는 정부의 간섭에서 벗어나 우리 모두가 각자의 개성대로, 그래서 각기 다른 존재로 살아갈 수 있는 장소를 확보해야 합니다."

데이터와 '대화'하는 최강의 엔지니어들

팰런티어의 또 한 가지 큰 특징은 조직 구성에서 찾을 수 있다. 카프와 틸은 팰런티어의 규모가 커진 후로도 수평적인 조직 구조를 유지하고 있다. 지금까지 신규 채용된 직원은 소프트웨어 엔지니어와 개발자뿐이고 놀랍게도 영업직은 없다. 그뿐 아니라 마케팅 부문이나 홍보 부문도 존재하지 않는다. 다시 말해 팰런티어는 신기술 개발에 특화된 기업인 것이다. 틸은 기술 개발 외의 부서를 두지 않은 이유를 이렇게 설명한다.[53]

"단가가 상당히 높은 제품을 판매할 경우에는 영업 부문이 없는 편이 오히려 낫습니다. 우리 회사의 거래 규모는 1건당 100만 달러에서 1억 달러에 이르는데, 이 정도 금액이면 고객은 영업부장이 아닌 CEO와 직접 이야기하고 싶어 하기 마련이거든요."

팰런티어의 중추는 영업이나 마케팅 같은 부문이 아니라 엔지니어 중심의 창업 문화다. 일반적인 기업에서 소프트웨어 개발자는 사무실에만 틀어박혀 일할 뿐 고객과 직접 만날 일이 없지만 팰런티어에서는 다르다. 일단 계약이 성사되면 소프트웨어 개발자가 고객과 직접 소통하면서 고객의 요구에 맞춰 제품 개발을 진행하기 때문이다. 카프는 개발자야말로 제품의 장단점을 가감 없이 설명할 수 있고 눈앞에 놓인 과제를 어떻게 해결해야 할지 잘 알기 때문에 고객과 강한 신뢰 관계를 형성할 수 있다고 생각한다.[54]

"개발자들은 어떻게 봐도 아스퍼거 증후군이 있는 사람들 같지만, 업무적으로 항상 기대를 저버리지 않다 보니 고객으로부터 전폭적인 신뢰를 받죠. 팰런티어는 그런 회사입니다."

"팰런티어의 개발팀은 그야말로 초일류예요. 문제를 철저히 파고들며 데이터와 '대화'하는 모습은 정말 입이 다물어지지 않을 정도였죠."

인큐텔의 책임자였던 허시 파텔Harsh Patel은 그렇게 말하며 혀를 내둘렀다.[55]

기술 혁신의 비밀은 무한 상상력을 가진 작은 팀

페이팔이나 팰런티어 같은 신생 기업의 핵심은 혁신적인 문화다. 팰런티어의 기본자세는 홈페이지에 다음과 같이 설명되어 있다.

- 우리는 사람들이 세상을 더 좋게 바꿀 수 있도록 돕는 제품을 공급한다.
- 우리가 개발한 것은 우리 마음속에 그린 것의 극히 일부일 뿐이다.
- 우리는 무한한 상상력을 가진 작은 팀이다.

팰런티어는 '작은 팀에 큰 책임 맡기기'를 중시한다. 틸은 이것이야말로 계층 구조의 폐해인 관료적 사고방식에 얽매이지 않고 창조적인 해결책을 만들어내는 열쇠라고 생각한다.

팰런티어는 '주요 분야의 어렵고 중요한 과제를 해결'하는, 세상에 지금껏 없었던 유형의 회사다. 공동 창업자인 조 론스데일은 이것이야말로 개발자가 팰런티어에 매력을 느끼는 이유라고 말한다. 소프트웨어 전문가는 마치 가장 높은 산의 가장 가파른 암벽을 오르려 하는 암벽 등반가처럼 현격히 어려운 문제의 해결을 추구한다. 또한 뛰어난 소프트웨어 개발자는 우수한 동료와 함께 도전적인 과제에 몰두하며 경쟁하기를 즐기는데, 그렇게 일할 수 있는 환경이 갖춰진 곳이 바로 팰런티어다.

매일매일 고객의 새로운 과제를 해결해나가려면 끊임없이 혁신해야 하고, 이를 위해서는 '월등히 뛰어난 기술팀'이 필요하다. 우수한 소프트웨어 개발자를 매료하는 특유의 기업 분위기가 형성된 데는 카프의 공이 크다. 기술자 출신은 아니지만 상황을 재빨리 파악하는 그의 능력은 모두가 입을 모아 높이 평가하는 부분이다.[56]

팰런티어의 강점은 빠르고 유연하면서도 정부 기관과 민간 기업 모두에 적용할 수 있는 분석 소프트웨어를 개발했다는 데 있다. 팰런티어의 팀들은 소그룹으로 나뉘어 작업하고 각각의 소그룹은 저마다 스타트업의 성격을 띤다. 이러한 소그룹 구조의 특성을 살려 개발 주기를 짧고 단계적으로 잡으며, 고객의 요구 사항을 민첩하게 반영해 고객 앞에서 바로바로 테스트하는 팰런티어의 방식은 다른 B2B 소프트웨어 기업과 비교가 불가능한 효과를 발휘한다.

또한 팰런티어의 소그룹은 자율적으로 행동할 수 있어서 고객의 요구 사항에만 집중할 수 있다. 애초에 영업부나 사업 개발부가 없으니 이런 부서들에 발목을 붙잡을 일 자체가 발생하지 않는 것이다.

대부분의 기업에선 창업 때부터 함께한 소수의 직원이 회사를 성공으로 이끄는 열쇠이자 그 회사의 DNA가 된다. 창립자 다섯 명이 팰런티어를 궤도에 올려놓은 뒤, 회사의 비전에 완전히 공감하고 헌신하는 팰런티어의 핵심 인원은 스무 명으로 늘었다. 스타트업에서 새로 직원을 뽑을 시 중요하게 작용하는 것은 지원자의 재능과 기업 문화 사이의 균형이다. 엔지니어의 경우 코드를 작성하게 해보면 그 사람의 재능이 어느 정도인지 즉각 알 수 있다. 하지만 기업 문화에 적합한지의 여부를 판단하는 것은 조금 까다로운 문제다. 팰런티어의 채용 규칙은 '이 사람과 함께 일하고 싶은가?'라는 지극히 단순한 것이기 때문이다.[57]

팰런티어의 직원 수는 매년 두 배씩 증가해서 지금은 약 1,500명에 이른다. 전형을 통과한 지원자에게는 로렌스 라이트Lawrence Wright의 《문명전쟁: 알카에다에서 9·11까지The Looming Tower: Al-Qaeda and the Road to 9/11》를 읽으라는 과제가 주어진다.[58]

현재 팰런티어의 사무실 크기는 실리콘밸리에서도 최대급으로 7,500평이 조금 넘는다. 회사의 급속한 성장에 맞추려면 직원도 계속 늘려야 하는데, 팰런티어가 최대의 효율을 발휘하려면 5,000명의 직원이 필요하다는 게 카프의 예상이다.

하지만 팰런티어 직원들의 연봉은 실리콘밸리에서 최고 수준이라 할 순 없는, 많아봤자 13만 7,000달러 정도다. 다만 실리콘밸리의 비싼 생활비를 고려하여 최근에는 20% 정도 인상되었다.[59] 또한 직원들은 자신들이 지급받은 회사 주식을 30만 달러까지 매각할 수 있다. 외부인에게는 상당히 큰 금액으로 느껴지겠지만 제2의 골드러시와도 같은 닷컴 버블이 일어나 20대 나이의 백만장자가 잇따라 탄생한 실리콘밸리에서는 그렇지도 않다.

급여와 보상 체제는 팰런티어의 미래를 결정지을 중요한 문제이기도 하다. 카프는 원래 상장 가능성을 부인했지만 2016년 가을부터

이에 대해 언급하기 시작했다. 팰런티어에서 장기 근속한 직원은 회사가 상장되면 주식을 팔 수 있다.[60]

"팰런티어에서 일하면 부자는 될 수 없지만 아담한 영지의 영주들처럼 살 수 있습니다."

우수한 개발자들을 끌어당기는 팰런티어 조직 문화의 핵심은 '인생을 걸 만한 중요한 일'이다. 팰런티어의 매력 중 하나인 '어려운 도전'도 직원들의 사기를 북돋는 요소 중 하나다.

팰런티어에서 일하려면 컴퓨터공학 관련 학위 보다는 '망가진' 것에 골몰하는 자세만 있으면 충분하다. 뜻을 함께하는 직원들이 모여 있다 보니 팰런티어에는 독자적인 문화가 생겨났다. 개발자는 개발자끼리 있을 때 가장 마음이 편한 법인데, 틸이 자주 입에 올리는 '기술 혁신'은 바로 이렇게 특수한 사내의 하위문화subculture(사회의 주류 문화와 달리 특정 집단만이 공감하는 문화_옮긴이)에서 탄생하게 된다.

팰런티어의 엔지니어들이 소프트웨어의 신규 버전을 출시할 때마다 만화 캐릭터가 그려진 티셔츠를 제작하는 것도 그리 특별한 일이 아니다.[61] 다른 기업이라면 그럴 때 영업 담당자가 샴페인을 터뜨리겠지만, 팰런티어에는 아직 순수한 스타트업 정신이 남아 있는 것이다.

팰런티어의 그늘

하지만 빛이 있으면 어둠도 있는 법이다. 정부와 기업의 비리나 불법 행위를 고발하는 웹사이트인 위키리크스WikiLeaks는 2010년에 팰런티어의 한 직원이 뱅크 오브 아메리카에 보낸 기획서 하나를 폭로했다. 팰런티어 로고가 들어가 있는 이 기획서에는 '위키리크스의 위협'에 효과적으로 대처하는 방법과 위키리크스를 타깃으로 하는 사이버 공격 방법은 물론 위키리스크 지지자, 특히 저널리스트 글렌 그린월드 Glenn Greenwald를 협박하는 방법까지 제시되어 있었다.[62] 그러나 카프는 즉각 다음과 같은 논평을 발표하며 이 사건과 거리를 두었다.[63]

"언론의 자유와 사생활을 보호받을 권리는 민주주의의 발전에 반드시 필요한 요소입니다. 팰런티어는 창업 후 지금까지 이런 이념을 지지해왔으며 사생활과 시민의 자유를 보호하는 소프트웨어를 개발하기 위해 최선을 다했습니다. 개인적으로, 그리고 회사 대표로서 모든 진보 단체, 특히 그린월드 씨에게 깊이 사과드립니다."

이와 동시에 카프는 변호사를 고용해 사건 경위를 조사하게 하고 비윤리적이라 판단되는 일을 익명으로 신고할 수 있는 사내 윤리 핫라인을 개설했다(위키리스트 문제를 일으킨 사원에게는 휴직 처분을 내리고 심의를 거쳐 복직시켰다). 사회와 개인의 자유를 중시하는 틸과 카프는 시민의 사생활 및 자유 보호를 담당하는 엔지니어팀을 새로 만들었다. 하지만 카프는 사내 연설에서 "팰런티어는 비난받을 만한 물의를 빚은 일이 한 번도 없습니다."라고 말해 안팎으로 파문을 일으켰다.[64]

오바마 정권이 팰런티어를 인종 차별로 고소한 사건도 팰런티어에 그림자를 드리웠다. 고소장에 따르면 팰런티어는 입사 시험에서 아시아계 지원자가 백인 지원자와 동등한 자격 조건을 갖춘 이력서를 제출했음에도 그들을 서류 전형과 전화 인터뷰에서 탈락시켰다고 한다. 팰런티어에 지원한 130명 중 약 75%가 아시아계였지만 채용된 아시아인은 네 명에 불과했고 비아시아인은 열일곱 명이었다.

팰런티어는 미묘한 처지에 몰렸다. 정부 측은 국가 및 공공 기관과 거래하는 기업은 모든 지원자에게 기회의 평등을 보장할 의무가 있다고 진술했다.[65]

2016년 몇몇 관리직을 포함한 100명 이상의 직원이 팰런티어를 떠났다고 보도되었다. 사내 문서에 따르면 2016년의 직원 이직률은 20%로 과거 3년간의 평균 대비 두 배에 달했다. 이런 상황을 타개하기 위해 카프는 18개월 이상 근무한 사원들의 임금을 20% 인상하겠다고 발표했고, 매년 이뤄지던 인사고과 역시 시행 목적에 맞게 작동하지 않았다는 이유를 들며 폐지하기에 이르렀다.[66]

피터 틸과 마크 저커버그

2004년은 틸에게 생산적인 해였다. 팰런티어를 창업했을 뿐 아니라 하버드 중퇴 후 미국 서해안의 팰로 알토에 작은 집을 빌려 인터넷 플랫폼 '더 페이스북The Facebook'을 시작한 한 청년과 만났기 때문이다.

마크 저커버그Mark Zuckerberg라는 이름의 그 청년은 치과 의사인 아버지와 정신과 의사인 어머니 사이에서 태어나 뉴욕의 유복한 가정에서 세 명의 여자 형제들과 함께 성장한 인물이었다. 1984년생인 저커버그는 밀레니엄 세대, 즉 집에 인터넷이 당연한 요소로 갖춰진 세대다. 저커버그는 정보를 찾는 검색엔진은 있지만 '사람'을 찾는 서비스

는 존재하지 않는다는 사실을 상당히 일찌감치 깨달았다.[67]

틸에게 저커버그와의 첫 만남은 마치 데자뷔 같았다. 저커버그와 만나기 12년 전이었던 1992년에도 틸의 친구인 리드 호프먼이 SF 작가 닐 스티븐슨Neal Stephenson의 신간 《스노 크래시Snow Crash》에 대해 열변을 토했던 적이 있기 때문이었다. 《스노 크래시》는 미국이 민간 기업이 지배하는 극소국가로 변모하고, 컴퓨터 바이러스가 프로그래머를 살해하는 가까운 미래를 다룬 소설이다. 이 작품에서 스티븐슨은 당시 몇몇 학자 사이에서만 화제에 오르내리는 정도였던 SNS나 구글 어스Google Earth 같은 혁신을 예견했다.

이 주제가 머릿속에서 떠나지 않았던 호프먼은 결국 1999년에 소셜넷닷컴SocialNet.com이라는 SNS 회사를 창업했다. 하지만 틸에 따르면 소셜넷닷컴은 '시대를 몇 년 앞선' 회사였다. 21세기라는 전환기를 앞둔 세상은 아직 SNS를 받아들일 준비가 되어 있지 않았고, 소셜넷닷컴은 오래 지나지 않아 좌초되었다. 하지만 실패에서 영감을 얻은 호프먼은 페이팔을 떠난 후 링크드인을 설립해 억만장자가 되었다.

구글의 공동 설립자인 세르게이 브린Sergey Brin은 자신 역시 《스노 크래시》에 감화된 사람 중 하나이며 이 소설에서 구글 어스의 영감을 얻었다고 인정했다. 브린은 "이 소설은 시대를 10년이나 앞선 작품"이라고 표현했다.[68]

틸과 만났을 당시 저커버그는 투자자를 찾고 있는 중이었다. 하지만 벤처투자자 대부분은 저커버그의 아이디어를 냉담하게 거절했다. 당시에는 닷컴 버블이 붕괴로 인한 상처가 아직 아물기 전이었고, 리스크 수용 범위risk appetite와 일반 소비자를 대상으로 하는 B2C 인터넷 서비스에 대한 이해도도 그리 높지 않았던 탓이다. 그러나 역발상 투자가인 틸에게는 바로 그때가 절호의 기회였다.

훗날 '당시 페이스북 투자 이야기를 먼저 꺼낸 사람은 틸과 저커버그 중 누구였느냐'는 질문에 틸은 "양쪽 다라고도 할 수 있어요."라고 대답했다.[69] 어쨌든 틸의 눈앞에 다이아몬드 원석이 있다는 사실만은 확실했다. 저커버그는 젊고 혈기왕성했으며 소셜네트워크 '더 페이스북'은 미개척지와도 같은 가능성을 품고 있었기 때문이다.

첫 외부 투자자가 되기로 한 틸은 신용대출 형태로 저커버그에게 50만 달러를 빌려주었고 나중에 이를 회사 지분 10.2%로 전환했다.[70] 또한 그는 저커버그에게 큰 재량권을 주겠다고도 약속했다. 틸은 2005년부터 페이스북의 이사로 활동하고 있으며 이사회 멤버 중에서도 가장 임기가 길다. 틸과 저커버그는 서로 신뢰하는 파트너인데, 특히나 저커버그는 이 관계를 통해 큰 이익을 거둘 수 있었다. 그가 20대 초반의 햇병아리 기업가였을 때 틸은 이미 스타트업 세계의 아수라장을 수차례 헤쳐온 노련한 인물이었기 때문이다. 페이스북에서 틸의 역할은 절대 과소평가될 수 없다. 지금도 저커버그는 재무 면에 대한 통찰력이 뛰어난 틸에게 항상 조언을 구한다.[71]

틸은 최근 들어 페이스북 이사라는 입장 때문에 여러 방면에서 집중포화를 받고 있다. 그 이유들 중 하나는 전직 프로레슬러 헐크 호건Hulk Hogan이 자신의 불륜 동영상을 공개한 가십 전문 매체 〈고커 미디어Gawker Media〉를 사생활을 침해했다는 이유로 고소한 사건에서 틸이 호건의 소송 비용을 지원했기 때문이다. 또한 틸이 실리콘밸리에서 유일하게 도널드 트럼프 지지를 표명하며 자금을 지원했고, 트럼프가 당선된 뒤에는 트럼프 정권의 기술 정책 고문을 맡아 배후에서 핵심 브레인 역할을 맡고 있기 때문이기도 하다. 이런 이유로 비평가들은 정치와 언론의 권력이 제대로 분리되지 못하는 것이 아니냐는 의문을 제기하기도 했다. 이후 〈고커 미디어〉는 파산에 이르렀는데, 이는 틸이 호건의 사건을 경제적으로 지원했기 때문이라 보는 회의론자들도 등장했다.[72]

그렇지만 저커버그는 이에 크게 신경 쓰지 않는 눈치다. 2016년 10월에 그는 '특정 정치가를 지지한다는 이유만으로 절반에 가까운 사람을 배척한다면 다양성을 논할 수 없다'고 주장하는 글을 페이스북에 올리기도 했다. 저커버그는 2017년 봄에도 이 일을 언급하며 이렇게 말했다.[73]

"페이스북 이사들 중에는 트럼프 정권의 고문으로 일하는 사람이 있습니다. 피터 틸입니다. 그리고 저는 다양성이 존중받는 회사가 되려면 정치 이념을 포함한 모든 종류의 다양성을 존중해야 한다고 믿습니다. 공화당원이라는 이유만으로 우리 이사회를 떠나야 한다는 주장은 제게 터무니없는 말로 들립니다. 다 함께 힘을 합쳐 사회를 진보시키려면 모든 형태의 다양성이 필요하다는 것이 제 생각입니다."

4장

'역발상'이 답이다

성공 스타트업의 조건

틸은 맥스 레브친 및 세계 체스 챔피언인 가리 카스파로프^{Garry Kasparov}와 함께 《청사진: 혁신, 리스크의 재발견, 자유 시장의 탈환^{The Blueprint:} ^{Reviving Innovation, Rediscovering Risk, and Rescuing the Free Market}》이라는 공동 저서를 진행한 바 있었다. 혁신과 획기적 기술이 부족한 현대를 비판하는 이 책은 2012년 3월에 미국의 유명 출판사 노튼^{W. W. Norton & Company}에서 출 간될 예정이었고 표지 디자인까지 완성되었지만 세 저자의 의견이 일 치하지 않아 발간은 무기한 연기되었다. 틸, 레브친, 카스파로프라는 뛰어난 사상가들의 생각을 하나로 정리한다는 것은 애초에 무리였는 지도 모른다.

틸은 전통적인 교육 제도에 비판적이다. 블룸버그의 에밀리 창^{Emily} ^{Chang} 기자가 '다시 교육받을 기회가 생긴다면 뭘 배우겠느냐'고 질문 하자 그는 "교육이라는 단어와 인연을 끊겠습니다."라고 딱 잘라 대

답했다.[1]

"교육 기관은 여전히 19세기에 머물러 있어요. 학생들을 더 개성적으로 육성하고 각자 자신의 속도에 맞춰 학습할 수 있는 방법을 모색해야 합니다."

틸 장학금Thiel Fellowship을 만든 그는 2012년부터 대학을 그만두고 창업하기를 원하는 청년에게 1인당 10만 달러의 창업 자금을 지원하고 있다. 또한 틸은 창업가 정신을 가르치는 과목에도 회의적인데, 2011년 〈스탠퍼드 로이어〉와 가진 인터뷰에서 이렇게 말했다.[2]

"학교에서 창업가 정신을 가르칠 수 있을지는 저도 잘 모르겠습니다. 다만 전 아주 회의적으로 보는 것이 사실입니다. 물론 간접적으로야 자신에게 도움이 되는 능력을 습득할 수 있겠지만요."

《제로 투 원》의 탄생

그런 만큼 틸이 이듬해 스탠퍼드 대학의 컴퓨터공학 학부생을 대상으로 봄학기 강의를 맡은 것은 뜻밖이었다. 그는 학생들에게 자신이 세상을 어떤 식으로 바라보는지, 또 어떻게 하면 세상을 바꿀 수 있을지에 관해 이야기했다. 그리고 틸의 강의를 수강하던 법대생 블레이크 매스터스Blake Masters는 강의 내용을 열심히 필기한 후 틸의 허락 없이 자신의 텀블러Tumblr 블로그에 올렸다.

매스터스의 블로그는 삽시간에 퍼져나가 큰 화제를 모았다. 〈뉴욕타임스〉의 칼럼니스트 데이비드 브룩스David Brooks가 이 블로그를 칼럼에서 소개하자 매스터스는 당황한 마음으로 틸에게 메일을 보내 포스팅을 그만두는 게 나을지 상의했다. 틸의 대답은 "그만두지 않아도 돼. 계속 글을 올려."였다. 매스터스의 블로그 조회 수는 수백만을 넘어섰다.[3]

그 후 틸에게 강의 내용을 책으로 정리하자는 제안이 들어왔다. 틸은 혁신이라는 주제가 스탠퍼드를 비롯한 대학과 실리콘밸리를 넘어 사회 전체에서 논의되기를 바랐고, 3개월에 걸친 그의 강의는 《제로 투 원Zero to One》이라는 책으로 정리되었다. 블로그를 통해 출간 기회를 제공한 매스터스는 틸과 공동 저자로 이름을 올렸다. 이에 대해 틸의 한 팬은 다음과 같은 질문을 던졌다.

"강의에서 밝힌 당신의 생각을 재구성한 것 외에 《제로 투 원》에는 새로운 내용이 얼마나 들어 있나요?"

이에 대해 틸은 이렇게 대답했다.[4]

"강의에서는 비즈니스에 대해 제가 아는 모든 것을 알려주고 싶었습니다. 그리고 책의 목표는 3개월간 강의했던 내용을 200쪽 내외로 조리 있게 가다듬는 것이었죠. 저는 당신이 말하는 '생각의 재구성'이야말로 훌륭한 '새로운 내용'을 만드는 열쇠라고 생각합니다. 따라서 이 둘은 별개의 범주가 아닙니다."

《제로 투 원》의 목적은 '가장 가치 있는 기업들은 왜 문제를 해결할 때 평범한 길을 걸으며 경쟁하지 않고 새로운 길을 만드는가'를 실리콘밸리의 문화를 통해 배우게끔 하는 것이었다.[5]

틸이 이 책에서 목표로 삼은 것은 제목에서도 확실히 드러난다. 컴퓨터공학의 기본은 0과 1로만 구성된 이진법인데, 틸에게 있어 이는 '무언가 새로운 일을 하는 것, 지금까지 아무도 만들지 않은 무언가를 만들어내는 것'을 의미한다. 우리는 뭔가 새로운 것을 발견했을 때만 우리 사회를 다음 단계로 끌어올릴 수 있다. 사용자 친화적인 SNS를 개발한 페이스북과 인터넷 검색엔진 구글은 그 수요를 충족시켰기 때문에 지금까지도 가치를 발휘하는 것이다.

틸은 우리가 사회를 더 발전시킬 수 있는 일을 아직 충분히 하지 않았다고 생각한다. 기술은 정체해버렸음에도 우리는 멋진 디지털 세계를 보여주는 최신 스마트폰에 눈이 멀고 말았다. 하지만 '우리의 실제 환경은 대단히 낡고 쇠퇴하기까지' 했으며,[6] 아직 모든 산업과 기업에는 발전 가능성이 있다는 것이 틸의 견해다. 그는 기업의 리더들에게 '자주적으로 결단할 것'[7]을 요구한다. 그의 말은 간단명료하다.

"컴퓨터 운영체제를 만들어봤자 제2의 빌 게이츠가 될 수는 없습니다. 검색엔진을 개발한다 해도 제2의 래리 페이지Larry Page와 세르게이 브린은 될 수 없죠. 다른 사람이 한 일을 모방하는 데 그친다면 아무리 해봤자 세상은 1에서 N이 될 뿐입니다. 기존에 있는 것에 무언가를 덧붙이는 데 불과하다는 뜻입니다. 하지만 완전히 새로운 것을 창조하면 세상은 0에서 1이 됩니다. 내일의 승자는 시장의 치열한 경쟁 속에서 탄생하는 것이 아닙니다. 그 사람들은 하나같이 경쟁을 피하죠. 그들의 비즈니스는 세상에 단 하나만 존재할 뿐이니까요."

《제로 투 원》은 미국의 미래에 대해 낙관적인 관점을 제시하며 혁신에 대한 새로운 사고방식을 보여준다. 틸은 우리를 '가치 있는 것'을 발견할 수 있는 '예기치 못한 장소'로 인도하려 한다. 마치 보물찾

기처럼 느껴지지만 틸이 전하고자 하는 메시지만큼은 명쾌하다.[8]

"숨겨진 비밀이 있음을 믿고 그것을 찾아 나서는 사람만이 잘 다져진 길 너머에 있는 새로운 가능성을 발견할 수 있습니다."

미국의 시사 전문지 〈애틀랜틱Atlantic〉은 《제로 투 원》에 대해 다음과 같은 서평을 실었다.[9]

"틸의 가장 훌륭한 생각은 다음과 같다. 창업 멤버가 당신의 가족이라는 사실을 잊지 마라. 직원마다 한 가지 일만 책임지게 해라. 틈새시장을 장악할 수 있는 야심차지만 작은 제품부터 시작해라. 영업사원을 원망하기보다는 경쟁자와 차별화할 수 있는 원칙이나 비밀을 찾아내는 데 집중해라."

스탠퍼드 강의와 《제로 투 원》에는 기술 기업 창업자 혹은 투자가로서 틸이 보이는 모습과는 또 다른 열정으로 가득하다. 사실 틸은 교수나 교사가 될 수도 있었고, 그렇게 됐더라면 어떤 세대의 학생이든 지식과 경험, 그리고 날카로운 지성까지 겸비한 틸에게 매료되어버렸을 것이 분명하다. 틸은 '만일 기술업계에 종사하지 않았다면 어떤 일을 했을 것 같냐'는 질문에 망설임 없이 "저는 교사가 됐을 겁니다."라고 답했다.[10]

자신이 '논객'임을 인정했던 틸에게 있어 《제로 투 원》은 논란을 불러일으키기 위한 땅 고르기 작업과도 같았다. 그는 런던정치경제대학London School of Economics and Political Science 등 전 세계 교육 기관에 초빙되어 자신의 저서와 혁신에 대해 공개 강의를 하고 있다. 〈애틀랜틱〉에 서평을 쓴 편집자는 《제로 투 원》을 '레이저 빔처럼 빛난다'고 평가했다. 《제로 투 원》은 오직 스타트업만이 만들 수 있는 미래에 대한 확신으로 가득한 '창업가를 위한 자기계발서'이며, '21세기 경제의 자본주의와 성공에 대한 명쾌하고 심오한 강의'이기도 하다.[11]

앞서 언급했던 틸의 이야기, 즉 '경쟁이란 패자가 하는 것'이라는 도발적인 주장은 지금도 여전히 사람들의 입에 오르내리는데, 이는 그의 노림수이기도 하다. 틸은 경제학자 대부분이 '경쟁은 가치를 창출한다'는 오해에 사로잡혀 있다고 생각한다. 현실은 그와 정반대로, 터무니없이 많은 이윤을 남기는 방법은 오직 독점뿐이며 그로써 지속적인 가치가 창출된다는 이유에서다.[12]

파괴적 사고로 기회를 포착하라

〈포춘〉의 2014년 9월호 표지에는 '피터 틸은 당신에게 동의하지 않는다'라는 표제와 함께 검은 배경 앞에서 가죽 재킷을 입은 모습의 틸이 등장한다.[13] 표제 기사는 틸의 '역발상'에 관한 내용을 다루었다. 틸은 자신을 역발상가contrarian라 평하며 그 덕에 지금까지 살아온 시간 중 절반 동안 큰 성공을 거두었다고 솔직히 말했다.

그러나 앞에서도 살펴봤듯 틸의 인생이 항상 역발상적이었던 것은 아니다. 소위 말하는 명문 대학을 목표로 성적에 목맸던 적이 있고, 체스 선수로서도 경쟁의 압박에 시달렸으며, 대형 로펌에서 경쟁에 몰두하는 동료들과 부대끼기도 했으니 틸 역시 다람쥐처럼 필사적으로 쳇바퀴를 굴리며 살았던 것이 사실이다. 지금이라면 틸은

2014년 〈와이어드〉와의 인터뷰에서 했던 말을 젊은 날의 자신에게 건넬 것이다.

"자기 자신에게 질문을 던지세요. 나는 왜 이 일을 하는가? 정말 하고 싶어서인가, 아니면 과시하기 위해서인가?"[14]

역발상가, 특히 역발상 투자가에게 중요한 것은 무엇일까? 원대한 결과를 목표로 한다면 잘 다져진 길이 아니라 아직 생겨나지 않은 길을 선택해야 한다.

워런 버핏은 전형적인 역발상가다. 시장의 하락과 혼란은 그에게 곧 행복이다. 그럴 때면 대부분의 투자가는 빨간색으로 가득한 모니터 앞에 앉아 식은땀을 줄줄 흘리지만 버핏은 역동적인 투자가로 변모해 다른 투자자들이 교과서에서 배운 대로 마구 내던지는 우량주를 헐값에 사들인다. 버핏은 역발상 전략으로 전설적인 투자가의 자리에 오른 것이다.

"가격이 떨어지면 흔쾌히 삽니다."

버핏은 솔직히 그렇게 인정했다.[15] 주유소나 슈퍼마켓에선 상품 가격이 내려갈수록 손님들의 줄도 길어진다는 사실을 우리는 경험적으로 알고 있다. 그런데 사람들은 흥미롭게도 주식에서는 정반대로 행동한다. 가격이 떨어지면 더 사기는커녕 주식과 유가 증권을 팔아치우기 급급한 것이다.

"남과 다른 일을 하는 것은 가치가 있습니다."

틸이 세운 파운더스 펀드는 웹사이트에 실린 선언문에서 이렇게 전제하며 벤처캐피털 중 80%는 돈을 벌기는커녕 잃고 있다고 꼬집어 말한다. 선언문에는 선 마이크로시스템즈의 공동 설립자이자 벤처 캐피털 투자가인 비노드 코슬라Vinod Khosla의 말이 인용되어 있다.[16]

"벤처캐피털의 95%는 가치를 창출하지 않는다."

즉, 틸이 몸담은 스타트업 세계에서는 모두가 동의하는 접근법을 취할 경우 승산이 없는 것이다. 역발상가에게 이것은 무엇을 의미할까? 역발상을 '항상 남들과 정반대로 행동하는 것'이라고 정의한다면 이는 짧은 생각이다. 조건반사적으로 행동하는 것은 군집 본능에 따르는 것과 별반 다르지 않다. 버핏 역시 주식 시장이 '세일'을 한다 해서 모든 주식을 그러모으는 게 아니라 자신이 독자적으로 조사한 후 투자하기에 적합하다고 판단한 기업만 집중 공략한다.[17]

그렇다면 성공에 이르는 역발상이란 무엇일까? 파운더스 펀드의 파트너 브루스 기브니Bruce Gibney는 무엇에도 흔들리지 않는 '독립적인 사고방식'을 추천한다. 단 그러한 사고방식에는 위험이 따른다는 것을 그는 지적한다. 다른 이들과 같은 길을 가지 않을 땐 그만큼 다른 사람들의 이해나 동의를 얻기 힘들기 때문이다. 파운더스 펀드의 선언문에는 이런 내용이 담겨 있다.

"모든 사람이 하는 일을 하는 것만으로는 부족하다. 숨이 턱 막힐 만큼 새롭고 야심 찬 일을 도전하는 기업에 투자하는 것은 자극적인 일이다."

버핏은 2009년 경제위기가 최악으로 치달았던 시기에 260억 달러가 넘는 자금을 투입해 미국의 대형 철도회사인 벌링턴 노던 샌터페이Burlington Northern Santa Fe를 인수했다. 미국의 불황이 얼마나 더 이어질지, 버핏이 그 구매 대금을 언제 다 치를 수 있을지는 아무도 몰랐다. 이 투자금은 버핏이 단일 기업에 투자한 것 중 가장 큰 금액이었으며 미국 경제에 대한 도박이기도 했다. 〈월스트리트 저널〉은 이 인수를 '장기적으로는 상승 신호'라고 평했다.[18]

기술업계 투자에서 있어서만큼은 틸도 버핏에 뒤지지 않는다. 틸은 대다수의 투자자에게 인기 있는 빅데이터나 클라우드 컴퓨팅 같은 화려한 테마는 거들떠보지도 않고, 오히려 세상을 지속적으로 바꿔나갈 잠재력 있는 기술에 도전하는 스타트업과 창업자를 찾는다. 위험 부담은 대단히 크다. 그 기술이 계속해서 혁신을 이어갈지, 그리고 적절한 시기에 주류에 올라 성공을 보장해줄지 아무도 확신할 수 없기 때문이다.

페이팔과 팰런티어의 창업자로서, 또 페이스북의 첫 외부 투자자로서도 그는 마찬가지 움직임을 보였다. 일론 머스크가 설립한 스페이스엑스와 생명공학 기업에 투자한 일 역시 마찬가지다. 위험 부담이 큰 기술 기업에 투자하는 일은 짙은 안개 속에서 맹렬한 속도로 차를 운전하는 것이나 다름없다. 불확실한 일에 달려드는 데는 그 정도의 용기, 그리고 그보다 더 큰 불굴의 정신이 필요하다. 기술 스타트업의 움직임은 안정과 완전히 정반대에 있는 것이라서, 투자자는 날아오를 듯한 희열과 암담한 절망 사이를 매일같이 넘나들기 마련이다. 마치 냉탕과 온탕에 번갈아 들어가는 냉온욕을 하는 것처럼, 방금 전까지는 모든 일이 잘 풀리는 것처럼 느끼다가도 바로 그다음 순간에는 모든 게 의심스러워지면서 희망으로 가득해 보였던 스타트업이 더없이 수상쩍게 여겨지곤 하는 것이다.

스페이스엑스는 로켓 발사에 세 번 실패했고 네 번째 시도에서 마침내 성공했다. 페이팔은 다섯 번이나 비즈니스 모델을 개발한 끝에 간신히 지속 가능한 성공에 도달했다. 페이스북도 절대 처음부터 순조롭게 궤도에 오른 게 아니다. 사용자들의 높은 평가를 수익으로 연결할 수 있는 방법이 오랫동안 불투명했기 때문이다. 하지만 저커버그와 COO인 셰릴 샌드버그Sheryl Sandberg는 디지털 광고 시장에 구글이라는 지배자가 군림하고 있었음에도 광고 수익 구조를 확립해냈다.

페이스북이 성공궤도에 오른 것은 또 다른 난관, 즉 모바일 기기를 통한 이용자 증가 문제에 대처하면서부터였다. 2012년 기업공개 당시 페이스북은 모바일 상품에서 의미 있는 수익이 창출되지 않는 상황을 주식투자 설명서에 위험 요인으로 명시해야만 했고 그 바람에 주식 가격도 절반으로 주저앉았으나, 이후에는 성장세를 거듭하며 자사 광고 수익의 대부분을 모바일 부문에서 내고 있다.[19]

스타트업의 창업자와 투자자, 직원들은 항상 회사와 제품을 실험적으로 변화시켜나가야 한다. 비록 대개는 그 결과를 전망할 수 없지만 말이다. 버핏과 마찬가지로 틸 역시 스타트업에 투자할 때는 의도적으로 포트폴리오를 10개사 정도로 압축하고 각 회사에 크게 베팅한다. 이 업계에서 성행하는 '스프레이 앤드 프레이Spray and Pray(물뿌리개로 물을 뿌리듯 여기저기에 투자한 후 뒷일은 운에 맡기고 하늘에 기도하는 방식_옮긴이)'전략은 취하지 않는다. 이것만이 페이스북 사례에서 입증된 엄청난 수익률을 실현하는 유일한 방법이다.

틸은 "실패와 미래를 비관적으로 보는 태도는 자기충족적 예언(자신이 예측한 미래에 부합하게 행동하여 그것을 현실화하는 것을 의미_옮긴이)을 만들어냅니다."라고 말한다.[20] 많은 사람이 단순히 '나아질 게 없다면 노력할 필요조차 없다'고 생각한다는 점을 지적한 것이다.

틸은 사회가 1950년대나 1960년대처럼 기술의 미래를 낙관하던 시기가 다시 찾아오기를 손꼽아 기다린다. 틸이 보기에는 오늘날의 경제침체야말로 기술이 해결책임을 다시 한 번 깨닫게 할 큰 기회다.

그는 글로벌화에 대해서도 역발상적인 입장이다. 그의 생각에 미래를 구성하는 중요한 요소는 글로벌화가 아닌 기술이다. 중국과 인도의 경제가 성장하면서 환경은 엄청난 대가를 치르고 있다. 틸은 이산화탄소 배출량 증가 등 급성장한 중진국의 공업화로 인한 여러 문제는 선진 공업국의 낡은 기술로 해결할 수 없다고 경고한다.[21]

"기존 방식을 따른다면 환경이 파괴될 뿐입니다. 자원이 한정된 세상에서 새로운 기술 없이 글로벌화를 계속해나갈 방법은 없습니다."

실패하지 않는 스타트업의 열 가지 규칙

틸의 성공에는 특별한 비결이 없다. 이 점은 《제로 투 원》의 머리말에도 자세히 명시되어 있다.[22]

"그동안 저는 기업의 성공과 실패에 수많은 패턴이 있음을 깨달았습니다. 그렇다 해서 이 책에 성공 공식이 등장하는 것은 아닙니다. 기업에 관해 가르칠 때의 패러독스는 그런 공식이 애초에 존재하지 않는다는 것입니다. 모든 혁신은 새롭고 세상에 단 하나뿐이므로 어떻게 하면 혁신할 수 있는지 구체적으로 알려줄 전문가 역시 아무도 없기 때문이죠. 하지만 단 하나, 제가 발견한 강력한 패턴이 있습니다. 성공한 사람은 예기치 못한 곳에서 가치를 발견하고, 성공 공식이 아닌 기본 원칙에서 사업을 생각한다는 점입니다."

틸은 뛰어난 기업의 밑바탕에는 늘 '비밀'이 숨어 있다고 생각한다. 페이지랭크 알고리즘(웹페이지의 중요도에 따라 가중치를 부여해 검색 결과를 순위대로 표시하는 구글의 독자적 알고리즘_옮긴이)을 공개하지 않은 구글과 레시피를 극비에 부치는 코카콜라Coca-Cola는 기본 원칙에 비밀이 숨어 있는 대기업의 좋은 예다.

틸에 따르면 성공하는 스타트업의 열쇠는 '세상에 단 하나뿐일 것' '비밀' 그리고 '디지털 시장에서 독점적 위치를 확보하는 것'이다.[23] 틸은 한 인터뷰에서 스타트업을 성공으로 이끄는 데 필요한 열 가지 규칙을 이야기했다.[24]

1) 당신 인생의 창업가는 당신임을 기억하라.

당신의 인생에서 무엇을 우선순위에 둘지 결정하는 사람은 당신 자신이다. 당신 인생의 근본적인 부분을 결정할 자유는 당신에게 있으며, 당신은 언제든 원할 때 그것을 시작할 수 있다.

2) 한 가지만큼은 다른 사람이 따라오지 못할 정도로 잘해야 한다.

스타트업은 '기술은 국제적인 비즈니스'라는 인식을 가져야 한다. 정말 뛰어난 기술 기업에게는 전 세계 어떤 기업도 따라오지 못하는 강점이 있다. 그런 위치를 차지하는 스타트업이 될 수 있어야 한다.

3) 당신 인생과 회사의 적재적소에 당신과 친밀한 사람을 배치하고, 서로 보완해줄 수 있는 사람과 팀을 꾸려라.

틸은 창업자와 직원이 서로 조화를 이루며 같은 목표를 추구해야 한다고 굳게 믿는다. 그래서 그는 자신이 투자를 고려하는 회사의 창업자가 둘 이상인 경우 그들이 어떻게 만난 사이인지 묻는다. "둘 다 창업하고 싶다는 꿈이 있어서 회사를 세웠습니다."는 안 좋은 대답의 예다. 틸의 표현을 빌리자면, 라스베이거스의 슬롯머신 앞에서 만난 상대와 무작정 결혼해선 안 된다. 창업자끼리 오랫동안 알고 지내왔고, 어떤 사업을 할지 충분히 의견을 나눴으며, 각자 자신 있는 분야에서 서로 보완해줄 수 있는 능력이 있는 게 바람직하다.

4) 독점을 목표로 하고, 경쟁에서는 재빨리 발을 빼서 다른 회사와의 싸움을 피하라.

독점을 목표로 하라는 말은 '차별성이 뚜렷해서 다른 회사와 경쟁할 필요가 없는, 세상에 단 하나뿐인 회사를 만들라'는 의미다. 보통 자본주의와 경쟁은 동의어로 여겨지지만 이 둘은 오히려 물과 기름 같은 관계라는 것이 틸의 생각이다.

5) 진짜 기업가가 돼라.

앞으로 무엇을 하고 싶냐는 질문을 받았을 때 "기업가가 되고 싶습니다."라고 대답한다면 "부자가 되고 싶습니다." 혹은 "유명해지고 싶습니다."라고 답하는 것과 다르지 않다. 그런 것을 목표로 하는 창업은 실패한다. 투자자로서 틸은 항상 어떤 기업이나 정부도 해결할 생각을 하지 못한 중요 문제에 몰두하는 기업과 경영자를 찾는다.

6) 지위나 명성만으로 평가하지 마라. 지위에 혹해서 내린 결정은 오래가지 않으며 가치도 없다.

틸은 이것을 스탠퍼드 및 로펌 시절의 경험에서 뼈저리게 느꼈다. 당시 틸은 자기가 정말 하고 싶은 일보다는 지위나 명성만을 좇았다. 그 경험에서 교훈을 얻은 틸은 '지위보다는 본질을 선택하라'고 충고한다.

7) 경쟁은 패자가 하는 것이다. 주위 사람들을 쓰러뜨리는 데만 집중하면 시야가 좁아져 보다 가치 있는 일을 놓치고 만다.

틸은 어릴 때부터 경쟁에 익숙했지만 거기에서는 행복도 만족감도 얻을 수 없었다. 그는 단단한 우정과 신뢰 관계를 바탕으로 사업을 전개했고, 창업이나 투자 시에는 최대한 경쟁을 피하며 세상에 없는 비즈니스 모델에 주목한다.

8) '트렌드'는 과대평가되기 쉽다. 최신 트렌드에 뛰어들지 마라.

틸은 헬스케어나 교육용 소프트웨어 같은 트렌드는 과대평가되었다고 생각한다. '빅데이터'나 '클라우드'처럼 요즘 유행하는 IT 용어도 마찬가지다. 틸은 이런 유행어로 도배되다시피 한 투자 이야기를 꺼내는 사람이 있다면 재빨리 도망치라고 충고한다. IT 용어는 포커의 블러핑과 같다. 이런 용어를 쓰며 그럴싸하게 포장하는 기업치고 괜찮은 곳은 없다는 게 틸의 지론이다.

9) 과거의 실패를 곱씹지 마라. 왜 실패했는지 신속하게 분석한 후 앞으로 나아가면서 방향을 수정해라.

실리콘밸리에서는 '사람은 실패를 통해 현명해진다'고들 말한다. 하지만 틸에 따르면 실패는 사람에게 엄청난 손상을 입히는 것이고, 특히 새로운 일에 자기가 가진 에너지를 모조리 쏟아부었다가 실패한 경우라면 더더욱 그렇다. 실패에서는 스타트업을 다시 시작할 교훈을 얻을 수 없다. 틸은 다음의 다섯 가지를 실패의 원인으로 꼽는다. '함께 일하는 사람을 잘못 골랐다. 아이디어가 나빴다. 타이밍이 좋지 않았다. 독점 가능성이 없었다. 제품이 계획대로 작동하지 않았다.'

10) 성공으로 통하는 비밀의 길을 찾아라. 많은 사람이 하는 일을 따라 하지 마라.

"모든 사람이 좁은 문을 통과하기 위해 우르르 몰려들지만 당신 옆에는 아무도 다니지 않는 비밀의 지름길이 있습니다. 그 지름길을 찾아내 남보다 먼저 걸어가세요."[25]

스타트업은 어떤 생각을 가져야 할까? 틸은 이 질문에도 단순명쾌한 성공 공식을 제안한다.

"당연하다고 생각했던 것을 의심하고 새로운 관점에서 다시 생각하십시오."[26]

"'가치 있는 일은 무엇인가'라는 질문은
무언가가 거품인지 아닌지를 두고 논쟁하는
것보다 훨씬 더 생산적입니다. X는 가치 있는
회사일까? 어째서 그런 회사인 걸까? 가치 있는
회사인가의 유무는 어떻게 확인할 수 있을까?
우리는 그런 질문들을 던져야 합니다."

2부

미래 자본을 설계하는 '미다스의 손'

피터 틸의 투자 황금률

PETER THIEL, THE INVESTOR

5장

어디에 투자할 것인가
투자를 판단하는 틸의 접근법

틸은 어떤 '특별한 회사'에 가장 먼저 투자할까? 0에서 1을 만들어 내려면 우선 다음의 세 가지 질문에 답할 수 있는가가 중요하다.

1) 가치 있는 일은 무엇인가?

2) 내가 할 수 있는 일은 무엇인가?

3) 아무도 하지 않는 일은 무엇인가?

틸에 따르면 많은 사람은 중요한 질문, 바로 '유일한 것'의 의미에 대한 질문을 가벼이 여긴다. 앞에서도 이야기했듯 틸은 채용 면접 때 항상 이것을 교묘하게 질문으로 바꿔서 던진다.

"당신에겐 정말 중요한 진실인데, 남들이 동의해주지 않는 것은 무엇입니까?"[1]

이를 비즈니스적인 관점으로 바꿔서 말하자면 다음과 같다.

"아무도 세우지 않은 가치 있는 회사는 어떤 회사일까?"[2]

틸에 따르면 뛰어난 기업은 세 가지 단계를 거친다. 가치를 창조하는 1단계, 오랫동안 시장에 머물며 필요한 존재로 여겨지는 2단계, 창출한 가치의 일부를 자본으로 전환하는 3단계가 그것이다.

뛰어난 기업은 시장에 오래 머물며 경제 전체에 꼭 필요한 일부가 된다. 이에 대한 실패 사례로 틸이 드는 것은 1980년대의 하드디스크 업계다. 하드디스크는 개량을 반복하며 많은 가치를 만들어냈지만 당시 업계를 견인하던 모든 기업은 그렇게 창출한 가치를 자본으로 전환하지 못했다. 그리고 당연한 수순으로, 그런 기업들은 자취를 감추고 말았다.

항공업계 역시 가치를 제대로 살리지 못한 또 하나의 전형적인 예다. 수송 서비스를 제공하는 이 업계의 기업들은 수십만 명의 사원을 거느리며 상당한 가치를 창출한다. 하지만 경쟁이 너무나 극심한 탓에 계속 이익을 올릴 수도, 자본을 축적할 수도 없다. 전체적으로 보면 항공 비즈니스는 돈을 먹는 거대한 하마와도 같다.

틸의 기업 평가 방식

가장 잘 알려진 기업가치 평가법은 주당 시가를 주당 순이익으로 나눈 값, 즉 PER주가수익비율이다. PER이 낮은 기업은 수익에 비해 비교적 저평가되어 있다는 뜻이므로 투자하기에 유리하다. 반대로 PER이 높은 기업은 가치에 비해 주가가 비싸게 형성되어 있다는 뜻이다. 하지만 이러한 PER의 단점은 성장률을 고려하지 않는다는 것이다. 성장률이 낮거나 매출 감소세에 있는 기업의 PER이 낮게 나올 때가 있는가 하면, 급성장 중인 기업의 PER은 높게 나오는 것이 그 예다.

성장률을 기업 평가에 반영하기 위해 PER을 주당 순이익의 성장률로 나눈 값인 PEG주가이익증가비율를 사용하는 이유가 이것이다. 틸은 PEG가 성장 기업을 평가하는 훌륭한 지표라고 생각한다. 경험이 풍부한 투자가는 이 간단한 공식을 이용해 성장 기업의 현재 주가가 적절한지 너무 높은지를 가려낼 수 있다. PEG가 1 이하라면 그 기업의 가치는 실제보다 저평가되었다는 뜻이고 1 이상이면 과대평가되었다는 뜻이므로, 틸은 전자인 기업에 주목하라고 권한다.

기업가치 평가의 약점은 해당 분석이 항상 특정 시점에 이루어진다는 것이다. 어떤 기업의 현금흐름을 보려면 해당 사업연도만 계산해서는 안 된다. 현재와 미래의 수익을 더해야 그 기업의 수익 가치를 알 수 있기 때문이다. 이때 현재의 일정 금액은 미래의 같은 금액보다 더 높은 가치가 있다는 점을 고려하여 미래의 현금흐름을 현재 가치로 할인해야 하는데, 이를 할인율이라고 한다.

한편 틸에 따르면 성장하는 기업일수록 성장률이 할인율보다 높아야 한다. 그래야만 높은 평가에 상응하는 더 큰 가치를 창출한다. 대개의 기업은 시간이 지나면서 성장률이 낮아지지만 그렇지 않을 경우에는 기업가치가 한없이 올라가기도 한다. 그 예에 해당하는 것이 바로 아마존이다. 아마존은 매출이 천수백억 달러인 지금도 여전히 평균을 웃도는 비율로 성장하고 있고 그렇기에 주가도 높다. 틸은 아마존을 높이 평가하는데, 그 이유는 현금흐름을 획기적인 신사업에 투자함으로써 새로운 성장 동력을 지속적으로 개척해나가는 우수한 기술 기업이기 때문이다.

사실 기술 기업 대부분은 사업 시작 초기에 적자를 기록한다. 동시에 초창기 몇 년 동안은 성장률이 할인율보다 높아 본질적인 기업가치는 상당히 여러 해가 지난 후에야 발생하기 시작한다. 일반적으로 기업가치의 3분의 2 가량은 설립 후 10~15년 사이에 발생한다. 그래서 초장기적으로 투자하는 접근 방식이 옳다고 여기는 틸은 많은 사

페이팔의 미래 기업가치 추정

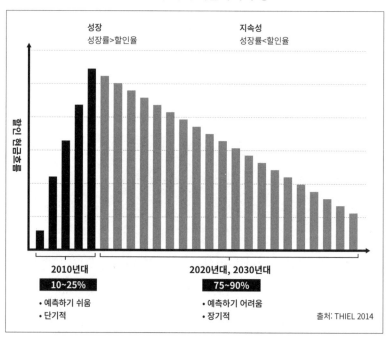

람이 스타트업을 너무 단기적인 시각에서만 바라본다고 지적한다.

틸은 스탠퍼드에서 맡았던 스타트업 강의에서 '페이팔의 성장률은 창업 27개월 만에 100%에 이르렀다'고 말했다. 그러나 영원히 높은 성장률을 유지한다는 것은 불가능하다. 2001년 당시 틸은 페이팔의 기업가치가 2011년쯤 정점을 찍을 것이라 예측한 바 있었지만 그 예상은 어긋났다. 지나치게 소극적으로 계산했던 탓이다. 페이팔의 성장률은 지금도 여전히 15~20% 수준을 이어가고 있는데 이는 할인율을 확연히 웃도는 수준이다. 이를 근거로 틸은 페이팔의 기업가치가 정점에 오를 시기를 2020년경으로 변경했다.[3]

마지막 수를 연구하라

먼 미래의 기업수익을 예측하는 데 중요한 요인은 시간이다. 바꿔 말하면 사업의 장기성과 항상성이 중요하다는 뜻이다. 아무리 빠른 경주용 자동차라 해도 총주행거리를 견디지 못하면 F1 레이스에서 승리할 수 없다. 마찬가지로 기술 기업에서의 대전제는 높은 성장률이지만 실제로 정말 필요한 것은 오히려 지속성이다. 여기에서도 틸은 역발상을 발휘해 '끝'에서부터 거슬러 올라가 생각한다.

틸은 쿠바의 외교관이자 체스 세계 챔피언인 호세 라울 카파블랑카José Raúl Capablanca의 말을 즐겨 인용한다. 카파블랑카는 성공의 비결이 무엇이냐는 질문에 이렇게 대답했다.[4]

"저는 다른 무엇보다 먼저 마지막 수를 연구합니다."

하지만 대부분의 사람은 시장에 제일 먼저 진출해야 한다고 믿는다. 선발주자가 우위를 차지하는 법이라고 생각하기 때문이다. 반면 틸은 마지막에 진출해서 잘 익은 과일을 수확하려고 한다. 페이스북은 시장에 가장 먼저 진출한 기업이 아니었다. 페이스북 창립 몇 해 전인 1997년에 리드 호프먼이 온라인 네트워크 사이트인 소셜넷닷컴을 창업했었기 때문이다. 하지만 저커버그는 적절한 타이밍에 무대에 등장해 성공을 거뒀다.

틸은 애널리스트뿐 아니라 실리콘밸리 전체의 경향에도 비판적인 시각을 보인다. 성장률을 중시한 나머지 장기적 관점을 등한시하기 때문이다. 틸은 에어비앤비, 트위터, 페이스북 같은 온라인 플랫폼의 기업가치는 2024년 이후 75~85%에 이를 것이라 예상한다.

상장 기업들의 생존 경쟁은 치열하다. 미국의 시장조사 기관인 CB인사이트CB Insights에 따르면 지난 15년 동안 미국의 대표적 주가지수인 S&P500(미국 증시에서 거래되는 종목 중 500개를 산정한 지수로 기업 규모보다는 성장성을 중시함_옮긴이)에 포함된 500개 기업 중 52%가 사라졌는데, 그 이유 중 하나는 혁신 부족이었다. 1955년에는 S&P500에 속한 기업들의 평균 수명이 61년이었던 데 반해 2015년에는 고작 17년에 불과했다.

완전경쟁(시장 참가자가 많고 자본, 노동 등의 이동을 방해하는 인위적 제약이 없으며 수요자와 공급자가 각기 최대의 성과를 얻기 위해 벌이는 경쟁_옮긴이)에서는 어떤 기업도 이익을 볼 수 없다. 이익이 발생하는 순간 새로운 기업이 시장에 뛰어들어 이익을 침식하기 때문이다. 하지만 독점은 이와 반

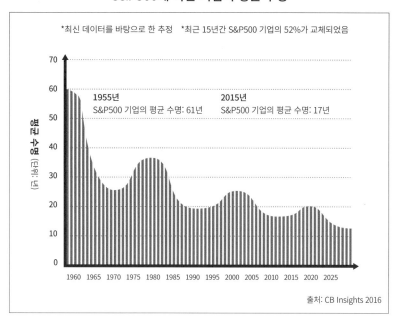

S&P500에 속한 기업의 평균 수명

*최신 데이터를 바탕으로 한 추정 *최근 15년간 S&P500 기업의 52%가 교체되었음

1955년
S&P500 기업의 평균 수명: 61년

2015년
S&P500 기업의 평균 수명: 17년

(단위: 년) 평균 수명

출처: CB Insights 2016

대인데, 그 까닭은 독점자가 시장 자체를 '소유'하기 때문이다. 틸은 경제학자들이 항상 완전경쟁을 전제로 삼고 이야기하는 점을 의아하게 여긴다. 경제학자에게 있어 독점은 경쟁 속에서 가끔 등장하는 작은 예외에 불과하지만 틸에게는 하나의 패러다임이다.

기술 기업을 예로 들어보자. 전 세계의 기업가치 순위를 보면 상위 여섯 개 회사 중 애플, 구글의 모회사인 알파벳Alphabet, 마이크로소프트, 페이스북, 아마존 등 다섯 곳이 기술 기업이다. 이 5개사는 모두 독점 기업이라는 공통점을 가지는데, 이들의 시가총액을 모두 합치면 3조 달러에 달한다.[5]

이 기업들은 주가뿐 아니라 누적 현금 보유액도 월등히 높다. 상위

3개 기업인 애플(2,500억 달러), 알파벳(850억 달러), 마이크로소프트(1,150억 달러)의 것만 전부 합해도 4,500억 달러에 이르는데 심지어 이 금액은 나날이 늘어나고 있다.[6] 기술 기업이 아닌 곳 중 유일하게 선전하는 기업은 버크셔 해서웨이다.

투자가로서 장기적 성공을 거두려면 코카콜라 같은 독점 기업에 투자해야 한다고 가장 먼저 우리에게 가르쳐준 사람은 버핏일 것이다. 틸의 경우 자본 축적을 위한 공식은 딱 두 가지 변수로 구성된다.

"사업에서 X달러의 가치를 창출하고 X 중 Y%를 자본으로 전환합니다. X와 Y는 독립 변수입니다."[7]

'경제적 해자'를 만든 구글과 애플

틸은 독점적 구조에 장점과 단점이 있다는 사실을 잘 알고 있다. 경쟁이 극심한 분야에 속한 기업과 비교했을 때 분명 독점 기업은 들인 노력에 비해 비싼 가격을 책정할 수 있을 뿐 아니라 가격 지배력까지 갖고 있다. 독점 기업은 종종 혁신이 부족하다는 비판을 받기도 하지만, 틸에 따르면 경쟁사보다 월등히 뛰어난 제품을 만든 회사일 경우 가격을 높이 책정해 이익을 얻는 것이 정당한 권리로 여겨져야 한다. 가격 차, 즉 추가 차익은 혁신의 대가이기 때문이다. 또한 수익이 안정된 기업은 장기 계획을 세우기 쉽고 자금 조달 수단을 확보하는 데도 유리하다는 장점이 있다.

미국과 유럽의 독점 규제 당국은 지금까지 무사태평이었다. 독점과 관련된 그들의 규제에 대해 우리가 기억하는 것은 미국의 전화 회사 AT&T를 여러 개의 '지역 전화 회사'로 분할하거나 마이크로소프트의 운영체제와 표준 소프트웨어 시장 지배를 저지하기 위해 수년간 마이크로소프트와 법정 다툼을 벌인 일 정도다. 마이크로소프트가 애플과 구글에 선두를 빼앗기고 2000년대 초반의 스마트폰 시대에 뒤처진 까닭은 당국과 벌인 공방에 기력을 소진했기 때문이다.

그 사이 애플과 알파벳은 시장평가에서 마이크로소프트를 앞질렀다. 이 둘 각각은 시장을 독점 지배했기 때문이다. 애플의 경우 전 세계 스마트폰 시장의 점유율이 12%에 불과했으나 이익점유율은 무려 103.6%였다. 점유율이 100%보다 높다니, 어떻게 된 것일까? 그 이유는 다른 안드로이드 스마트폰 제조업체들이 88%의 시장점유율을 보였지만 이익 면에서는 손실을 기록했기 때문이다.[8]

구글 역시 상황이 비슷하다. 구글은 인터넷 검색 시장과 검색엔진 광고 시장을 독점하고 있다. 구글의 시장점유율은 PC 시장에서 77%, 모바일 시장에서는 96%에 이른다.[9]

뒤의 표에서 보듯 구글의 시장점유율은 압도적이다. 그런데도 구글의 전 CEO이자 알파벳 전 회장인 에릭 슈미트Eric Schmidt는 구글의 라이벌이 바이두Baidu나 빙Bing, 야후 같은 경쟁사가 아닌 기술 시장 전체라고 주장했다.

"인터넷 세상에서의 경쟁은 놀라우리만큼 치열합니다. 우리 회사는 하루가 멀다 하고 새로이 등장하는 정보 서비스에 위협받고 있습니다."

틸에 따르면 이 말의 의미는 다음과 같다.

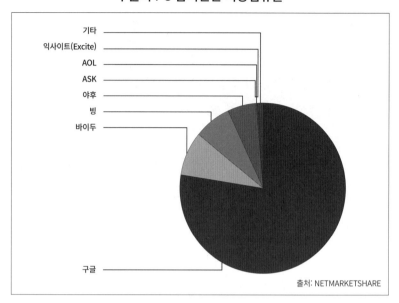

구글의 PC 검색엔진 시장점유율

기타
익사이트(Excite)
AOL
ASK
야후
빙
바이두

구글

출처: NETMARKETSHARE

"구글은 큰 연못에 사는 작은 물고기에 불과합니다. 항상 굶주린 상어 떼에 포위된 상태죠. 그런 구글이 독점 기업이라는 건 말도 안 되는 이야기입니다."

슈미트가 이렇게 말한 이유는 우리로 하여금 그렇게 믿게 만들고 싶어서라는 것이 틸의 생각이다.

삐딱한 시선으로 보자면 구글이 지주 회사인 알파벳을 출범시킨 데는 초고속 인터넷망이나 자율주행차처럼 아직 불완전한 문샷 Moonshot(실현 가능성이 낮지만 성공하면 기술 발전 단계를 끌어올릴 수 있는 혁신적 기술_옮긴이) 프로젝트로 감독 기관의 주의를 흐트러뜨림으로써 검색엔진 시장에 뚜렷이 나타나는 구글 집중 현상을 희석하려는 의도도 있

구글의 모바일 검색엔진 시장점유율

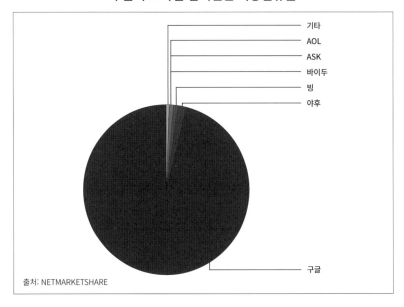

기타
AOL
ASK
바이두
빙
야후

구글

출처: NETMARKETSHARE

을 것이다.

또한 구글과 애플에겐 각각 인프라 독점과 앱스토어라는 '디지털 공급망'이 있다. 과거에 마이크로소프트가 운영체제로 시장을 장악했듯 애플과 구글 역시 자사 앱스토어로 시장지배력을 더욱 강화했다. 두 기업은 어느 회사의 어느 앱을 자신들의 생태계에 편입시킬지 직접 결정할 수 있고, 때로는 앱 등록을 허가하지 않음으로써 탐탁지 않은 경쟁자를 방해한 적도 있었다. 버핏이 독점 기업의 특징을 '경제적 해자Economic Moat(성과 주위를 둘러싼 연못, 즉 성의 해자처럼 경쟁사가 쉽게 넘볼 수 없는 진입장벽을 뜻함_옮긴이)'라고 표현한 것에도 일리가 있다. 애플과 구글의 앱스토어는 그야말로 '경제적 해자'가 아닐까?

시장 점유와 시장 창조

틸에 따르면 뛰어난 기술 기업은 세 단계를 거쳐 완성된다. 새로운 시장을 창조 혹은 발견하고, 그 시장을 독점한 뒤, 마지막으로 독점을 강화하는 것이 그것이다.

우선은 출발점이 되는 시장의 적정 크기를 알아내는 것이 중요하다. 시장이 지나치게 커도 곤란하지만 너무 작으면 고객을 확보할 수 없다는 문제가 발생한다. 초창기에 페이팔이 팜파일럿끼리 송금할 수 있는 서비스를 만들었을 당시 부딪혔던 첫 번째 문제가 이것이었다.

성공하는 기업은 틈새시장을 찾아내 지배한 다음 영향권을 조금씩 확장해나간다는 기본적인 패턴을 가지고 있다. 그리고 영향권이 일정한 크기에 도달하면 네트워크 효과와 규모의 경제가 발생하면서 브랜드를 구축할 수 있다.

이런 성공 패턴을 잘 보여주는 전형적인 기업이 아마존이다. 제프 베조스Jeff Bezos가 설립한 전자상거래 회사 아마존은 온라인 서점으로 시작했다. 마케팅의 천재 베조스는 처음부터 아마존을 세계 최대의 온라인 서점이라고 공언했는데, 틸이 감탄하는 부분은 서점에서 시작한 아마존이 자사 플랫폼을 바탕으로 서서히 다른 소매 분야를 개척해나갔다는 점이다. 지금의 아마존은 세계의 모든 책을 자사 상품 목록에 올리겠다는 처음의 비전뿐 아니라 세상에 존재하는 대부분의 상품 목록까지도 갖추기에 이르렀다.

틸은 스탠퍼드 대학에서 강연하던 중 학생들에게 '기술이 탄생하는 곳은 어디인가?'라는 질문을 던졌다.[10] 그러나 여기서 틸이 의미한 바는 '공간'이 아닌 '시간', 즉 타이밍이었다. 틸에게 있어 가슴이 설레는 '곳'은 경계와 경계가 만나는 순간이다. 과거의 기술이 현재의 기술과 만나는 순간처럼 말이다. 그러나 이 순간이 언제 나타날지는 대단히 불확실하다. 심지어 어떤 기술이 생겨나는 과정에서는 오랜 시간 동안 아무 일도 일어나지 않다가 갑자기 모든 것이 경이로운 속도로 움직이기 시작한다. 그 사례에 해당하는 기업이 바로 마이크로소프트다. 마이크로소프트는 1990년대 초반에 이미 펜으로 입력할 수 있는 태블릿 PC와 운영체제를 개발한 바 있지만 시장의 반응을 얻지 못했다. 심지어 애플도 같은 시기에 태블릿 PC '뉴턴'을 출시했으나 실패했다. 당시 소비자들은 아직 그 상품들을 받아들일 준비가 되어 있지 않았던 것이다. 잡스는 2010년에야 비로소 터치 기능이 장착된 태블릿 PC인 아이패드를 발표했다. 이처럼 시장을 이해하는 것과 타이밍은 대단히 중요하다.

하지만 스페이스엑스와 테슬라 같은 예외는 반드시 존재한다. 교외 빈터에 로켓 제조사와 자동차 제조사를 세워 양쪽 모두 성공시킬 것이라고 누가 상상이나 했을까? 그러나 머스크는 굴하지 않고 거의 같은 시기에 각각 다른 과제에 전념해 두 회사를 성공으로 이끌었다.

시장을 독점하는 기업의 네 가지 요소

독점적 특징이 있는 시장의 주요 판매사는 대부분 1개사 또는 많아봤자 2개사다. 독점적 시장에서는 경쟁 압력이 낮기 때문에 가격결정력도 독점 기업이 쥐게 된다.

디지털업계에서 구鬼경제의 제품 가격결정력에 해당하는 것은 수익화 능력이다. 구글과 페이스북의 광고 마케팅이 좋은 예다. 이 두 회사 모두는 독자적인 광고 서비스를 전개해 많은 사용자 수를 수익으로 연결시키는 데 성공했다. 페이스북은 처음 몇 년간 사용자 수를 늘리는 데만 집중하여 SNS 시장을 주도하는 기업으로 자리매김한 뒤, 모바일 부문의 사업 모델이 불투명했던 과거와 달리 지금은 대부분의 수입을 여기에서 올리고 있다.

버핏이 말한 독점 기업의 해자를 단적으로 보여주는 예가 바로 코카콜라다. 아무것도 없는 공터에 코카콜라 같은 회사를 새로 세운다면 어느 정도의 돈이 들까? 어려운 질문이지만 상당한 금액일 것이다. 하지만 펩시Pepsi 같은 경쟁사가 있지 않느냐고 버핏에게 반론을 제기할 수도 있다.

그러나 디지털업계에서는 경쟁 정도가 덜해서 가장 강력한 스마트폰(애플), 검색엔진(구글), SNS(페이스북), 비즈니스 SNS(링크드인), 전자상거래 백화점(아마존), 운영체제(마이크로소프트)가 존재할 뿐이다. 다시 말해 비非디지털 기업에 비해 디지털 기업은 더 철저하게 다윈의 적자생존을 따르는 것이다.

어떤 플랫폼이 우위를 선점하면 사용자 대부분이 그 플랫폼에 집중되어 네트워크 효과가 발생한다. 다들 그 플랫폼을 사용하니 당신도 그것을 사용하고, 그러면 당신의 친구도 그 플랫폼을 사용하는 식이다. 이렇게 선순환이 발생하면 그 뒤로는 저절로 성장세가 이어지고, 이런 과정을 거쳐 디지털 플랫폼 비즈니스에서 '승자 독식'을 하게 된다. 경쟁 상대가 파고들 여지는 전혀 없거나, 설사 있다 하더라도 아주 적다.

이렇듯 어떤 한 기업이 시장을 지배하기 위해서는 다음의 독점적 기술, 네트워크 효과, 규모의 경제, 브랜드라는 네 가지 요소 중 몇 가지는 반드시 충족해야 한다.

독점적 기술

독점적 기술이란 독자 개발한 사유私有, proprietary technology 기술로, 경쟁 기술에 비해 압도적 우위에 있으며 넓고 깊게 시장을 장악한 기술을 뜻한다. 데스크톱 운영체제인 마이크로소프트의 윈도우, 모바일 운영체제인 애플의 iOS와 구글의 안드로이드가 독점적 기술의 예다.

네트워크 효과

아마존, 페이스북, 링크드인, 페이팔 같은 뛰어난 디지털 플랫폼 사업자는 플랫폼의 매력을 이용해 점점 더 많은 사용자를 확보한다. 사용자가 증가함에 따라 플랫폼은 매력적인 요소를 늘려 더 좋은 서비스를 제공할 수 있고, 신규 사용자가 늘어날 때마다 네트워크의 부가가치 역시 올라간다. 아무 노력을 한 바 없으나 네트워크 효과 덕에 순식간에 인기가 치솟는 경우도 상당히 많다.

규모의 경제

규모의 경제는 고정비가 높고 한계비용(생산량이 한 단위 증가할 때 늘어나는 비용)이 낮은 경우에 효과를 발휘하기 시작한다. 틸은 '규모의 경제'

를 실현하는 전형적인 기업의 예로 디지털업계에서는 아마존, 전통 소매업 부문에서는 세계 최대 유통업체인 월마트Walmart를 꼽는다. 두 회사는 크게 성장하면서 수익률도 올라갔고, 이를 바탕으로 더 큰 성장에 박차를 가하고 있음은 물론 시장의 가격을 주도하는 강력한 가격결정력도 가지고 있다.

브랜드

틸에 따르면 브랜드는 명확히 규정하기가 가장 어려운 요소다. 브랜드란 고객이 더 많은 돈을 지불하더라도 갖고 싶어 하는 대체 불가능한 상품이다. 틸이 꼽은 전형적인 예는 탄산음료 제조업계의 쌍두마차인 펩시와 코카콜라다. 소비자들은 두 브랜드 중 어느 한쪽에 강한 선호도를 보이는 경우가 많다. 이 두 회사 모두 현금흐름이 매우 좋다는 공통점을 갖는다. 사실 브랜드만 공고히 구축된다면 독점은 실현된 것이나 마찬가지라 할 수 있다.[11]

그렇다면 이런 네 가지 특성을 고루 갖춘 기업은 어디일까? 흥미롭게도 틸은 버핏과 같은 결론에 도달했다. 틸이 보기에 오늘날 가장 위대한 기술 독점 기업은 애플이다. 애플은 하드웨어와 소프트웨어의 독점적 기술을 모두 보유함으로써 전체적인 가치사슬value chain(기업이 원재료를 사서 가공, 판매해 부가가치를 창출하는 일련의 과정_옮긴이)을 형성했다. 애플 제품을 위탁 생산하는 폭스콘Foxconn의 직원 수십만 명은 대량생산과 원가절감을 통해 규모의 경제를 가능케 한다. 또 충성도 높은 고객들은 애플 플랫폼용 애플리케이션 및 소프트웨어를 제작하는 개발자들과 애플 생태계에서 밀접하게 연결되어 네트워크 효과를 창출한다. 게다가 애플이라는 상표가 붙었다는 이유만으로 애플 제품에 대해서는 높은 가격이 형성되고, 또 용납된다.

여기에서 틸과 버핏의 실타래가 묘한 형태로 교차한다. 버핏은 확실한 베팅만 한다. 언젠가 틸은 기술주 투자를 꺼리는 버핏을 비웃으며 버핏식 투자는 화성Mars 개발이 아닌 미국의 거대 식품 제조업체 마즈Mars에 투자하는 것이나 다름없다고 얘기한 적이 있다. 하지만 틸은 훗날 자신의 실수를 통감하게 되었다. 2016년 이후, 아흔을 바라보는 버핏이 나이를 무색하게 하는 기지를 발휘하며 수백억 달러 규모의 애플 주식을 사 모으기 시작한 것이다. 버크셔 부회장이자 버핏과 반세기 넘게 관계를 이어온 찰리 멍거Charlie Munger는 2017년 5월 초에 열린 주주총회에서 버핏의 애플 주식 매입을 두고 "좋은 징조"라 말하며 "미쳤거나 여전히 배우는 중이거나 둘 중 하나겠지만 후자일 것"이라고 덧붙였다.[12]

틸은 앞서 살펴본 것들을 기준으로 여러 기업에 신중히 투자를 결정하여 엄청난 성공을 거두었다. 2부에서 다루고 있는 케이스 스터디에서는 그중 페이스북과 팰런티어를 중심으로 하여 그가 어떻게 투자에 성공했는지 구체적으로 살펴보자.

6장

미래 시장을 선점하라

특이하고 야심 찬 틸의 투자사들

틸 캐피털은 틸의 개인 투자 회사다. 홈페이지에는 '틸THIEL'이라는 로고가 한가운데 크게 나타나 있을 뿐이고, 링크드인에 올라온 틸 캐피털의 회사 소개란에는 다음과 같이 적혀 있다.

"틸 캐피털은 피터 틸의 여러 투자와 창업을 전략적·실질적으로 지원합니다. 관련 조직으로는 클래리엄 캐피털Clarium Capital, 파운더스 펀드, 미스릴 캐피털, 발라 벤처스, 틸 재단Thiel Foundation이 있습니다."

링크드인의 프로필에 따르면 틸 캐피털의 직원 수는 11~50명이다.[1] 2017년 2월에 게재된 피터 틸의 개인비서 채용 공고를 보면 틸 캐피털이 어떤 회사인지 가늠할 수 있다. 자격 요건은 '멀티태스킹이 가능하고 급변하는 기업 환경에 적응할 수 있는 사람'이다. 또한 프로 정신이 투철하고 사려 깊으며 기밀 유지에 철저해야 할 뿐 아니라 쾌활하고 유머러스해야 한다. 덧붙여 '일에 크고 작고는 없다'는 강한

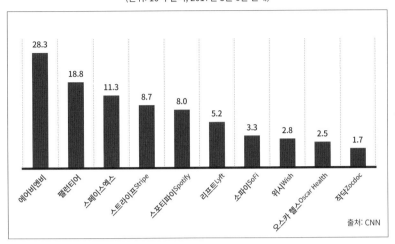

틸이 투자한 스타트업의 시장가격 추정치

(단위: 10억 달러, 2017년 3월 6일 현재)

28.3 에어비엔비
18.8 팰런티어
11.3 스페이스엑스
8.7 스트라이프Stripe
8.0 스포티파이Spotify
5.2 리프트Lyft
3.3 소파이SoFi
2.8 위시Wish
2.5 오스카 헬스Oscar Health
1.7 작닥Zocdoc

출처: CNN

직업의식이 전제 조건임은 물론이고 주 7일, 24시간 휴대전화와 이메일로 연락이 가능해야 하며 갑작스럽게 출장이 결정되더라도 즉각 대처할 수 있는 사람이여야 한다.[2]

역발상으로 세계 경제를 파고드는 '클래리엄 캐피털'

2002년 페이팔을 이베이에 매각한 틸은 다시금 금융 시장과 투자에 열의를 보이며 같은 해에 투자 회사인 클래리엄 캐피털을 설립했다. 클래리엄 캐피털은 글로벌 매크로 전략(세계 각국의 거시경제 상황을 분석, 예측하여 투자 전략을 수립하는 방식_옮긴이)을 구사하는 헤지펀드다. 틸은 이 회사에 약 1,000만 달러의 자산을 쏟아부었다.[3]

세계 경제의 상호 연관성을 파악하는 능력이 뛰어난 틸은 이때가 자신의 경제학적 지식을 성장시킬 절호의 기회라고 생각했다. 클래리엄 캐피털 홈페이지의 메인 화면에는 틸의 어록 세 가지가 소개되어 있을 뿐이지만, 그 짧은 어록에는 이 펀드 회사의 목적과 역사가 오롯이 담겨 있다.

틸에게 있어 매크로 투자가란 깊은 밤 어둠 속에서 일어난 사건을 한 발짝 떨어진 관점에서 관찰하며 단서의 조각들을 하나씩 짜맞춰가야 하는 탐정과도 같다. 버블 시기마다 역발상 전략으로 수익을 거뒀던 그는 2000년 무렵에도 닷컴 버블을 최전선에서 경험하며 페이팔을 수십억 규모의 기업으로 키워냈다.

틸은 경제통임과 동시에 철학자다. 클래리엄 캐피털의 사명社命에 관한 내용에도 그리스 신화의 이야기가 인용되어 있다. 틸의 목표는 보통 사람들과 다른 길을 찾아내는 것이다. 게다가 그 길은 그리스 신화에 등장하는 '스킬라와 카리브디스' 사이를 지나는 길 만큼 비좁고 험난하다. 스킬라와 카리브디스는 메시나 해협의 양쪽 기슭에 사는 바다 괴물이다. 스킬라는 머리가 여섯이고 머리마다 날카로운 이빨이 세 줄로 나 있으며 근처에 있는 것은 무엇이든 닥치는 대로 먹어치운다. 카리브디스는 하루에 세 번씩 바닷물을 빨아들였다가 큰 신음을 내며 다시 뱉어내는데, 바닷물이 빨려들어갈 때 그 근처를 지나간 배는 행방을 알 길이 없어진다.[4]

요컨대 틸은 역발상 투자가로서 또 다른 버블과 비정상적인 세계 경제라는, 어느 쪽으로 흘러가도 위험한 베팅에 굳이 몸을 던진 것이다. 틸 팀은 다른 투자자들이 일본 국체를 팔아치울 때 그것을 사들였고 석유 공급이 어려워지면 치솟는 유가에 베팅하는 등 투자에서 역발상적인 행보를 보였다. 부동산 버블이 한창이던 2008년 여름까지 펀드 수익률이 오르면서 클래리엄에 투자했던 틸의 원금 1,000만 달러는 70억 달러 이상으로 불어났다. 고작 6년 만에 700배의 수익을 거둔 것이다. 이때 틸은 '투자의 귀재'라는 명성을 얻었다.

하지만 2008년 9월 리먼 브라더스가 파산하면서 금융 버블이 붕괴했고 전 세계 주식 시장도 폭락했다. 클래리엄은 주가 상승에 베팅했지만 주가는 바닥을 모르고 곤두박질쳤다.

2009년, 틸 팀은 주가 하락에 맞춰 전략을 변경했다. 그러나 각국 정부와 중앙은행이 제로 금리 정책을 선언하고 중앙은행이 국채를 매입하면서 클래리엄은 궁지에 몰렸다. 2010년 중반 클래리엄의 투자 원금은 약 3억 5,000만 달러로 줄어들었고, 그중 3분의 2는 틸의 돈이었다. 클래리엄은 틸의 패밀리 오피스(재산이 많고 세력을 가진 사람이 자기 자산을 운용하기 위해 설립한 자산운용사_옮긴이)라는 소문도 난무했다.

그때 틸은 귀중한 교훈을 얻었다. 주식 시장에서는 전략에만 의존하는 것보단 적절한 타이밍을 노리는 편이 유리할 때도 있다는 것이었다. 버핏이 버크셔 해서웨이의 주주들에게 보낸 서한에는 이런 내용이 있다.[5]

"경제라는 하늘에는 대략 10년에 한 번씩 먹구름이 몰려와 짧은 시간 동안 '금비'를 세차게 내려줍니다. 그럴 때는 티스푼이 아닌 목욕통을 들고 서둘러 달려나가야 하죠."

틸은 그때부터 기술 정체를 비판하기 시작했다. 새로운 기술 혁명이 없다면 세계화로 인해 생긴 불평등이 세계적인 대립으로 이어질 것이라 확신했기 때문이다.[6] 그리고 그 깨달음에서 그는 다음 목표를 끌어내는, 피터 틸다운 면모를 보였다. 틸과 틸의 펀드는 장기적 투자가 유망하고 세상을 비약적으로 개선시킬 수 있는 비상장 기술 기업에 승부를 걸었다.

현대판 버크셔 해서웨이 '미스릴 캐피털'

틸이 클래리엄에서 경험한 일에 대한 답을 찾기까지는 그리 오래 걸리지 않았다. 2012년 틸은 친구 아제이 로얀^{Ajay Royan}과 미스릴 캐피털이라는 투자 회사를 설립했다. 회사명은 틸의 애독서 《반지의 제왕》에서 따온 것이었다. 미스릴은 톨킨이 작품 세계에서 창조한 가상의 금속으로, 광산의 가장 깊숙한 곳에서 채굴되며 강철보다 단단하지만 무게가 가벼워 전사들의 장비를 만드는 데 사용된다.

스파르타 분위기를 풍기는 미스릴 캐피털의 공식 웹사이트를 방문하면 '오래 지속하도록 건설한다^{BUILDING TO LAST}'라는 문구가 눈에 들어온다. 메인 화면 배경은 구름에 뒤덮인 청동빛 금문교와 그 뒤로 흐릿하게 보이는 샌프란시스코의 풍경이다.

미스릴 캐피털은 성장 기업에게 자본을 제공한다. 새로운 기술에 도전하는 기업이 계속해서 가치 있는 일을 할 수 있도록 투자하는 것이다. 변화에 뒤처진 산업에는 특히 더 공을 들인다. 기술과 마케팅 전문 지식이 풍부한 미스릴 캐피털은 몇 단계 위로 도약하고자 하는 기성 기업에게 있어 이상적인 권투 코치 같은 존재고, 투자 대상도 특정

업계나 지역으로 한정하지 않는다.

미스릴 캐피털은 슬림한 회사로, 현대판 버크셔 해서웨이 같은 느낌을 준다(버크셔 해서웨이 산하 기업의 직원은 약 38만 명에 이르지만 본사 직원은 25명에 불과함_옮긴이). 로얀은 경영 책임자, 틸은 투자위원회 의장이며 그 외의 직원들이라고는 틸이 운영했던 회사에서 뽑아온 열 명이 전부다. 어떤 기업의 누구에게 자금을 제공할지에 대한 최종 결정은 로얀과 틸이 내린다. 로얀에 따르면 원래는 영구채(투자자에게 이자만 지급하면서 만기를 계속 연장할 수 있는 채권. 주로 국가 기관이나 대기업 등에서 장기적 자금 조달이 필요할 경우에 발행함_옮긴이) 형태를 생각했고 15년 후에 주식을 상장할 계획이었다. 틸과 로얀은 그 기간 동안 자신들이 투자한 돈이 묶이는 것도 각오하고 있었던 것이다. 하지만 이를 너무 급진적인 방식이라 여긴 투자자들로 인해 두 사람은 결국 좀 더 일반적인 펀드 구조를 택하기로 했다. 그렇다고 해도 만기가 12년인 장기 펀드였지만 말이다.

미스릴 캐피털의 포트폴리오는 실리콘밸리에서 아무도 들어본 적이 없을 만한 기업에 집중되어 있다. 그중에는 현금흐름 최적화 서비스를 제공하는 미국 캔자스시티의 핀테크 기업 C2FO, 프랑스 툴루즈의 하수관 조사 로봇 개발 회사, 철도 승차권 예약 서비스를 제공하는 보스턴의 기술 기업 등이 포함되어 있다.

이 구성은 버핏의 포트폴리오를 연상케 하지만 로얀은 그런 식의 비교를 그다지 유쾌하게 여기지 않는다. 버핏은 어느 기업이 오랫동안 시장에 남을지 예측할 수 없다는 이유로 기술업계에 투자하지 않았으니 그와 자신들 사이에는 큰 차이가 있다는 것이다. 과거 기술업계는 호황과 불황을 반복했지만 지금은 그렇지 않다. 로얀은 "요즘 같은 시대에 버핏처럼 전략을 짠다면 기술 기업에만 투자해야 할 겁니다. 앞으로 살아남는 건 이 분야가 될 테니까요."라고 말하기도 했다.[7]

미스릴 캐피털이 투자를 검토하는 기업들 중 실제로 투자받는 기업의 비율은 1%도 안 되지만, 대신 각 건당 투자 금액은 2,000만~1억 달러에 달한다. 미스릴 캐피털은 실리콘밸리의 일반적인 소프트웨어 기업에도 투자를 하는데, 애플리케이션 성능관리 전문 기업인 앱다이내믹스AppDynamics나 팰런티어가 그 예다. 앱다이내믹스는 2017년 초 상장 예정이었으나 상장 직전 시스코Cisco에 37억 달러의 금액으로 인수되었다.[8] 비록 패밀리 오피스의 형태를 띠지만 미스릴 캐피털이 그간 조달한 자금의 총액은 8억 5,000만 달러에 이른다.[9]

완전히 새로운 시장을 창조하는 '파운더스 펀드'

파운더스 펀드는 틸이 2005년에 페이팔 공동 창업자인 켄 하워리, 루크 노섹과 함께 설립한 펀드 회사다. 파운더스 펀드 선언문의 "우리는 하늘을 나는 자동차를 원했지만 결국 얻은 건 140자뿐이었다."라는 문구는 전 세계적으로 널리 알려졌다. 이는 트위터, 그리고 위험 부담은 크지만 세상을 뒤바꿀 만한 기술에 투자하려 들지 않는 벤처투자가들을 향한 신랄한 풍자였다.

"미래에 무슨 일이 생긴 걸까?"

파운더스 펀드의 투자 대상은 이 질문을 출발점으로 삼고 해결하기 어려운 지구적 규모의 문제에 매진하며 기업가 정신으로 똘똘 뭉친 인재들이다. 이들이 몰두하는 것은 대부분 과학과 기술 분야의 난제들인데, 틸 팀은 이 펀드를 통해 흥미로운 상호 이익이 되는 관계들을 만들어내고자 한다. 선진국을 더욱 성장시킬 기술을 개발하게끔 지원함과 동시에 투자자에게는 큰 수익을 안겨주려는 것이다.

벤처캐피털은 지금도 여전히 악몽에 사로잡혀 있다는 것이 파운더스 펀드의 판단이다. 1960년대의 벤처캐피털은 당시 급부상하던 반도체 산업과 밀접한 관계에 있었다. 전설적인 벤처투자가 아서 록Arthur Rock 같은 투자가들은 리스크에도 아랑곳하지 않고 기업가 정신을 발휘해 페어차일드 반도체나 지금은 거대 기업으로 성장한 인텔 등에 출자하며 실리콘밸리의 산파이자 대부가 되어주었다. 하지만 지금의 벤처투자가들은 기술 기업에 자금을 제공하지 않고, 그보다는 위험 부담이 적은 인터넷 기업이나 소프트웨어 기업에 먼저 투자한다.

"우리는 확신이 들면 트럭 한가득 짐을 싣습니다."

파운더스 펀드의 파트너 중 한 사람인 브라이언 싱어맨Brian Singerman의 말이다. 요컨대 파운더스 펀드의 포트폴리오는 집중형이지만 매 건당 투자 금액은 막대하다는 것이다. 이는 위험 부담과 큰 손해를 피하고자 적은 돈을 넓고 얕게 투자하는 여타 벤처투자가들과는 완전히 다른 모습이다.

파운더스 펀드가 이상적이라고 판단하고 투자하는 대상은 틸이 창업한 페이팔이나 팰런티어처럼 완전히 새로운 시장을 창조하는 회사다. 그런 회사에는 다음과 같은 특징이 있다.

- 이름이 널리 알려지지 않았다(인기 있는 투자 대상은 값이 비싸다).
- 가치를 평가하기 어렵다.
- 기술상의 난제가 있다.
- 성공하면 그 회사의 기술은 엄청난 가치를 창출한다.

실리콘밸리의 많은 벤처투자가들이 인터넷 기업이나 소프트웨어 기업, 또는 대체에너지나 생명공학 같은 특수한 틈새 분야에만 주목하는 데 반해 파운더스 펀드는 보다 영역을 넓혀 생명공학, 인터넷 매체, 인공지능, 항공우주 개발, 애널리틱스 및 소프트웨어, 에너지 같은 업계에서도 투자 가능성을 찾고 있다.

그 사례 중 하나가 생명공학 스타트업인 스템센트릭스Stemcentrx에 투자한 것이다. 파운더스 펀드는 이 기업의 가치평가액이 3억 달러였던 2012년에 3,000만 달러를 투자했다. 스템센트릭스는 2016년에 글로벌 바이오 제약기업인 애브비AbbVie에 123억 달러에 인수되었다. 당시 이 회사에서는 종양의 원인인 암 줄기세포를 공격해 암 세포의 수를 감소시켜주는 의약품 5종의 임상 시험이 진행 중이었다.

싱어맨은 〈포춘〉과의 인터뷰에서 파운더스 펀드의 투자 성공 비결을 다음과 같이 밝혔다.[10]

"우리는 우주개발 전문가가 아닙니다. 일론이 운영하는 회사가 아니었다면 스페이스엑스에 투자하지 않았을 거예요."

스템센트릭스에 대해서도 마찬가지다.

"우리는 암 전문가가 아니지만 창업자의 자세를 보고선 투자하기로 결정했죠."

파운더스 펀드는 투자하려는 기업의 적정가를 평가할 때 해당 분야의 전문가들과의 논의도 거친다. 스템센트릭스에 대한 투자를 결정하기 전에는 세 명의 종양학자 및 세 명의 종양학 전문 임상의에게 조언을 구했다. 그리고 보수적인 학자들이 스템센트릭스가 하려는 일에 의의가 있다고 인정하자 싱어맨은 투자를 결심했고, 파운더스 펀드는 이 투자를 통해 약 17억 달러의 수익을 거둬들일 수 있었다.[11]

2016년 파운더스 펀드는 여섯 번째 펀드 모집을 13억 달러로 마감했고, 자본금은 30억 달러를 넘어섰다.[12] 파운더스 펀드가 투자하는 회사는 팰런티어, 스페이스엑스, 에어비앤비, 스포티파이, 스템센트릭스, 스트라이프(간편 결제 기업), 페이스북, 작닥(의료 포털 서비스 기업), 리프트(차량 공유 서비스 기업), 래디우스Radius(B2B 예측 마케팅 소프트웨어 기업), 퀀트캐스트Quantcast(시청률 조사 기업), 플렉스포트Flexport(화물 운임 및 스케줄 비교 서비스 기업), 오스카 헬스(건강보험 회사), 리서치게이트ResearchGate(논문 공유 SNS 기업) 등이다.[13]

전 세계 스타트업을 주시하는 '발라 벤처스'

뉴욕에 본거지를 둔 발라 벤처스는 틸과 앤드루 맥코맥Andrew McCormack, 제임스 피츠제럴드James Fitzgerald가 2010년에 설립한 회사다. 맥코맥은 2001년에 페이팔에 입사하여 기업공개 준비 작업을 담당했고, 틸 캐피털의 전 COO인 피츠제럴드는 공적으로나 사적으로나 틸에게 힘이 되어주는 인물이다.

'발라'라는 회사명 역시 톨킨의 《반지의 제왕》에서 따온 것이다. 발라는 아이누족(작품 속에서 창조주가 가장 먼저 창조한 종족_옮긴이) 중에서도 가장 능력이 뛰어난 자들로 '지상'에 내려와 창조주인 일루바타르의 뜻을 실현하는 사명을 맡았다.

발라 벤처스의 본거지가 뉴욕인 데는 이유가 있다. 실리콘밸리의 벤처캐피털은 보통 차로 2시간 정도 범위 안에 사무실을 두고 스타트업의 출현을 예의 주시하는 데 반해 발라 벤처스는 미국뿐 아니라 영국, 유럽, 캐나다, 호주, 뉴질랜드 등 전 세계를 시야에 두고 있기 때문이다.

이들의 투자 분야는 소프트웨어, 핀테크, 전자상거래 스타트업처럼 시장 잠재력이 큰 사업이다. 발라 벤처스는 실리콘밸리가 아닌 다른 지역에 있는 참신한 스타트업에도 투자하지만, 투자 대상 기업의 창업자는 반드시 실리콘밸리에서 활동하는 미국인 투자가들과 긴밀한 네트워크가 있어야 한다. 이들은 원칙적으로 상당히 이른 시기부터 투자하고, 스타트업과 호흡을 맞춰 지속적으로 자금을 제공하며, 장기적 시야의 투자를 최우선으로 삼는다.[14]

지금까지 투자가들로부터 총 2억 달러의 자금을 모은 발라 벤처스는 25개 기업에게 43회에 걸쳐 투자해왔다. 틸은 포트폴리오에 포함된 기업의 전략 고문 겸 멘토 역할을 담당한다.[15]

이들은 시장 파괴적인 핀테크 기업에 투자해 주목을 받았다. 외국 거주자나 이민자를 대상으로 해외 송금 수수료 절감 서비스를 제공 중인 영국의 핀테크 스타트업 트랜스퍼와이즈TransferWise가 그 예고, 최근에는 미국의 핀테크 스타트업 스태시Stash에도 투자했다.[16] 밀레니엄 세대를 타깃으로 모바일 중심 플랫폼을 제공하는 스태시는 지금까지 은행이나 투자 회사가 관심을 보이지 않았던 투자에 대한 흥미나 시간이 없는 젊은 층을 주요 고객으로 한다. 사용자는 스태시가 선정한 30여 종의 ETF(상장지수 펀드, 주식처럼 거래가 가능하고 특정 주가지수의 움직임에 따라 수익률이 결정되는 펀드_옮긴이) 중 마음에 드는 것을 선택해 투자할 수 있다.

투자 후보와의 연결고리를 만드는 '와이콤비네이터'

2015년 틸은 실리콘밸리에서 스타트업 인큐베이터로 가장 유명한 와이콤비네이터에 비상근 파트너로 합류하며 사장 샘 올트먼Sam Altman의 환대를 받았다. 와이콤비네이터는 에어비앤비, 드롭박스Dropbox, 스트라이프 같은 스타트업에 투자하면서부터 이름이 알려졌다. 이들 기업은 모두 기업가치가 10억 달러 이상이며 머지않아 상장할 것으로 예상된다(언급된 세 회사 중 드롭박스는 2018년 3월 뉴욕 증시에 상장했고 기업가치 역시 126억 달러로 급상승했음_옮긴이). 틸 역시 파운더스 펀드를 통해 에어비앤비와 스트라이프에 상당한 금액을 투자했다.

와이콤비네이터는 보통 다른 투자 회사에서 일하는 사람을 파트너로 두지 않는데 틸은 예외적인 경우다. 그 이유를 올트먼은 이렇게 설명했다.

"피터가 워낙 뛰어나다 보니 예외를 만들 수밖에 없었죠."

틸과 틸이 운영하는 투자사들은 와이콤비네이터가 투자한 기업의 데모 데이Demo Day(스타트업 인큐베이터의 지원 프로그램이 끝난 후 투자자에게 사업 아이디어를 발표하는 행사_옮긴이)로부터 3개월이 지나기 전까지는 해당 기업에 투자하지 않는다. 이해관계 면에서 생길지 모를 와이콤비네이터와의 충돌을 피하기 위해서다.

이 관계는 양쪽 모두에게 이득을 가져다주었다. 와이콤비네이터는 저명한 기술 전문가이자 투자가일 뿐 아니라 IT를 포함한 신기술 전반에 관심이 있는 틸을 아군으로 만들었고, 틸은 새로운 투자 후보와 연결고리를 만드는 계기를 얻었기 때문이다. 와이콤비네이터를 창업한 폴 그레이엄의 뒤를 이어 사장 자리에 오른 올트먼은 사업을 확장해 인터넷이나 소프트웨어 분야뿐 아니라 생명공학이나 대체에너지 분야의 혁신적인 스타트업도 물색 중이다. 2015년 와이콤비네이터는 새로운 유형의 핵융합로를 개발하는 스타트업에 투자했는데, 알려져 있다시피 핵융합로는 틸의 관심 분야 중 하나이기도 하다.[17]

하지만 그런 샘 올트먼도 트럼프와 틸의 정치적 태도에 대해서만큼은 비판적인 태도를 취한다. 와이콤비네이터는 올트먼의 강력한 요구로 비영리단체NPO에 투자하기 시작했고, 2017년 1월에는 1920년에 설립된 ACLU미국시민자유연맹에 대한 투자도 결정했다.[18] 올트먼이 보기에는 97년의 역사를 자랑하는 ACLU 역시 일종의 스타트업인 것이다. ACLU의 회원 수는 반년 만에 40만 명에서 160만 명으로 늘어났고 기부금 액수 역시 8,300만 달러에나 이르렀다.

ACLU는 트럼프 정권에 강력히 저항하는 세력이다. 2017년 1월에 발표된 일부 이슬람 국가 국민의 미국 입국을 금지한다는 행정 명령

에 대해 연방지방법원이 하루 만에 효력을 정지시킨 것 역시 ACLU
의 주장을 받아들였기 때문이다.[19] 트럼프를 강력히 비판해온 올트먼
은 최근 들어 "이렇게나 많은 미국인이 자기가 남들보다 뒤처졌다고
느끼는 데는 기술 산업에도 부분적인 책임이 있습니다."라고 이야기
하며 트럼프의 주장에도 일리가 있다고 인정했다. 다만 그는 그 뒤에
한마디를 덧붙였다.

  "하지만 트럼프가 문제를 해결하는 방식은 옳지 않다고 생각합
니다."[20]

7장

워런 버핏 vs. 피터 틸
두 투자 귀재의 공통점과 차이점

스티브 잡스는 미래를 내다볼 줄 아는 제품 전략가일 뿐만 아니라 카리스마 있는 발표자presenter이기도 했다. 그중에서도 백미는 아이폰을 처음 선보인 2007년 1월의 프레젠테이션이다. 잡스는 프레젠테이션을 시작하면서 "인생에 단 한 번이라도 혁신적인 제품을 만드는 데 관여한 적이 있다면 정말 운이 좋은 사람입니다."라고 말했다. 그리고 뒤이어 "애플은 아주 운 좋은 회사입니다. 그런 제품을 몇 개나 세상에 선보일 수 있었으니까요."라고 덧붙였다. 1984년에 출시한 매킨토시, 2001년에 공개한 아이팟, 그리고 이 프레젠테이션에서 발표한 아이폰을 뜻하는 발언이었다.

히트 상품 개발에 들어맞는 원칙은 투자에도 들어맞는데, 위험 부담이 큰 스타트업 투자라는 분야에서는 더더욱 그렇다. 스타트업 중

90%는 실패하지만 틸은 잡스와 애플이 제품으로 달성한 것과 똑같은 성공을 투자에서 세 차례나 이루어냈다. 페이팔과 팰런티어의 창업자로서, 또 페이스북의 첫 외부 투자자로서 수십억 달러 규모의 성공 신화를 쓴 바 있기 때문이다. 2017년 봄 페이팔의 기업가치는 520억 달러였고 이를 팰런티어의 200억 달러, 페이스북의 4,100억 달러와 합치면 틸이 투자한 기업들의 가치총액은 무려 4,820억 달러에 달한다. 참고로 버핏이 운영하는 버크셔 해서웨이의 기업가치는 4,100억 달러다. 버핏이 버크셔의 경영권을 인수한 때가 지금으로부터 50년도 더 전인 1965년이고 페이팔이 설립된 때는 1998년이니, 틸은 버핏의 성과를 20년 만에 따라잡은 것이다.

이것을 버핏으로 대표되는 구경제old economy(제조업 중심의 경제 체제)에 대해 틸로 대표되는 신경제new economy(정보통신 산업 중심의 경제 체제)의 승리라 할 수 있을까? 지금부터 틸의 투자 방식을 버핏과 비교하며 구체적으로 살펴보자.

엄선하고 또 엄선하라

틸의 성공은 우연히, 그저 운이 좋았기에 찾아온 것일까?

틸은 '성공은 운과 실력 중 어느 것의 결과인가'를 두고 논쟁해봤자 아무런 의미가 없다고 말한다. 예컨대 페이스북의 성공이 운 때문인지 실력 때문인지 확인하려면 1,000가지의 조건으로 페이스북을 창업한 다음 그중 몇 가지에서나 성공하는지를 실험해야만 하기 때문이다. 두말할 필요도 없이 그런 일은 불가능하다.

스타트업 투자자 대부분은 투자하려는 회사와 창업자에 대해 잘 알지도 못하면서 물뿌리개로 물을 뿌리듯 무작정 돈을 분산시켜놓고 그중 어딘가에 싹이 올라와 포트폴리오의 전체 수익률이 올라가기를 기대한다. 하지만 이런 식의 투자는 복권 구입이나 다름없어 창업자와 투자자 모두에게 해롭고, 틸이 보기엔 그저 무능함의 증거가 될 뿐이다.[1]

틸이 운영하는 파운더스 펀드의 포트폴리오는 다섯 개에서 일곱 개 정도의 투자 안건으로 구성되는데, 이는 다른 벤처캐피털과 비교할 수 없을 만큼 적은 수다. 또한 그가 생각하는 투자 대상 기업은 '수십억 달러 규모'로 성장할 가능성이 있어야만 한다. 창업자와 비즈니스 모델 모두 높이 평가할 만한 소수의 스타트업을 엄선해 집중적으로 투자한다는 원칙을 가진 틸은 《제로 투 원》에서 자신의 경험에 대해 이렇게 서술했다.[2]

"2005년에 결성한 펀드 중 가장 좋은 결과를 낸 페이스북의 수익은 나머지 모든 투자를 합한 금액보다 많았습니다. 두 번째로 좋은 성과를 기록한 팰런티어의 수익은 페이스북 이외의 모든 투자를 합한 금액보다 많았죠."

버핏도 다각화를 선호하지 않는다. 버핏은 어떤 기업의 사업 방식이 설득력 있으면 그 기업을 중심으로 포트폴리오를 구성하고, 역시 열 종목 이하로 구성된 포트폴리오를 훌륭하다고 평가한다. 그는 스무 종목 이상으로 짜인 포트폴리오를 하렘에 비유한다. 종목이 많아지면 개별적인 하나하나를 자세히 아는 것도 불가능해지기 때문이다.

수비 범위를 공고히 하라

'자신이 잘 알고 현지 사정을 꿰뚫고 있는 곳에만 투자한다'는 것은
버핏의 철칙이지만 틸의 철칙과도 비슷하다. 다만 틸은 투자하는 범
위가 버핏보다 더 좁다. 2011년 〈스탠퍼드 로이어〉와 가진 인터뷰에
서 그는 반경 20마일(약 32킬로미터) 범위 내에서 검색하면 50%의 확률
로 유망 기술 기업을 찾아낼 수 있다고 이야기했다.

여기에서 놓치지 말아야 할 것은 틸이 말하는 반경 범위의 중심은
실리콘밸리, 그리고 스탠퍼드 부근이라는 점이다. 틸에게 있어 이 지
역은 네트워크 효과가 제대로 작동하는 곳이다. 실리콘밸리의 주요
인물들은 대단히 좁은 지역 내에서 서로 연결되어 있고, 틸은 그 연
결고리를 투자에 활용한다. 실리콘밸리의 다른 펀드들도 대개는 반
경 100킬로미터 이내 지역에 있는 기업에 투자한다. 기업과 창업자를
항상 자신들의 시야 안에 두고, 이동하는 데 쓸데없이 시간을 낭비하
지 않기 위해서다.[3] 자신의 시야가 미치는 범위 내에서만 투자 대상을
찾는 틸에게 있어 실리콘밸리는 여전히 가장 큰 혁신력을 갖춘 지역
이다. 그가 중국 같은 나라에 투자하지 않는 이유는 현지 사정에 밝지
않기 때문이다.[4]

그에 반해 버핏의 투자 범위는 틸보다 넓다. 그는 주로 미국에 본
사를 둔 기업들에게 관심을 보이고, 특히 자신이 태어난 네브래스카주
오마하에는 앞장서서 투자한다. 하지만 '자신의 능력 범위', 즉 '자기
가 이해할 수 있는 기업과 비즈니스 모델에만 투자한다'는 점에서 버
핏과 틸의 투자 원칙은 공통점을 갖는다. 버핏이 기술 기업을 꺼리는

것도 이 때문이다. 그는 자신이 이해하지 못하는 분야의 투자 검토 서류들은 책상 위에 있는 '너무 어려움'이라고 적힌 상자에 던져 넣는다.

장기적 관점을 가져라

틸에게 있어 '세상을 0에서 1로 바꾸는 투자'는 새로운 무언가를 만들어내는 데 필요한 전제 조건이다. 사실 전통적인 벤처캐피털 업계가 망가진 이유도 여기에 있다. 많은 벤처캐피털은 지난 10년간 투자에서 이익을 내지 못했다. 대부분의 투자가는 혁신이 부족하다고 투덜거리면서도 진정한 혁신은 피해 다닌다. 이들은 재탕한 카메라 애플리케이션 혹은 SNS에 투자하곤 하지만, 이런 모방 제품들로는 높은 수익을 기대할 수 없다. 반면 틸이 설립한 파운더스 펀드는 궤도에 오르기까지 여러 해가 걸리지만 성공한다면 큰 가치를 발휘할 만한 회사에 베팅한다. 진정한 혁신에 투자해야만 성공할 수 있으나 사실 혁신에는 짧지 않은 시간이 걸린다. 그렇기에 틸 같은 벤처투자가는 투자한 기업이 역량을 충분히 발휘하기까지 몇 년의 시간을 참고 기다린다.

버핏도 대단히 장기적인 시야를 견지하며 투자하기로 유명하다. 최근 들어 버핏은 가족경영 기업들을 빈번하게 매입했는데, 전 소유주들에게 '제품과 수익률이 항상 최고 수준을 유지하지 못한다 해도 회사를 버리지 않겠다'고 약속했다.

숨겨진 문으로 들어가라

틸은 스스로 역발상가라고 말할 뿐 아니라 실제로도 그렇게 행동한다. 닷컴 버블 붕괴 직후 최악의 투자 타이밍이라 여겨졌던 2004년 당시 일반 소비자를 대상으로 하는 B2C 인터넷 기업인 페이스북에 투자한 것이 좋은 예다. 팰런티어를 창업할 때에도 그는 사실상 자기 자금만으로 시작해야 했다. 다른 벤처캐피털은 B2B 시장을 겨냥하는 데다 정부 기관과 거래하려 하는 인터넷 기업이 전도유망하다고는 생각하지 않아 투자를 꺼려했기 때문이다.

하지만 현재 페이스북의 기업가치는 수천억 달러로 세계 10위권 내에, 팰런티어의 기업가치는 200억 달러에 달하며 실리콘밸리의 비상장 기업 중 3위 안에 든다. 틸은 두 차례나 벤처캐피털의 상식을 뒤집으며, 트렌드와는 반대로 투자하고 뛰어난 혁신을 알아채서 적절한 타이밍을 노려야만 막대한 이익을 거둘 수 있다는 점을 보여주었다. 그는 숨겨진 문, 한쪽 구석에 있어서 아무도 들어가려 하지 않는 문으로 들어가라고 말한다. 사람들이 몰려드는 문은 피하라는 뜻이다.

이런 면에서 틸의 투자 원칙은 버핏과도 통하는 데가 있다. "남들이 공황에 빠졌을 때 사고 남들이 탐욕에 사로잡혔을 때 판다."라는 것이 버핏의 단순한 투자 원칙이다.[5] 보기에 간단한 공식이긴 하지만 많은 투자가들은 이와 반대로 고점일 때 사고, 공포에 질려 바닥에서 판다. 버핏은 2008년의 리먼 브라더스 사태 때처럼 시장이 붕괴했을 때에야말로 적극적으로 행동하는 인물이다.

유행어를 피하라

스타트업과 벤처캐피털 세계에서는 '파괴적' '가치 제안' '패러다임 전환' 같은 유행어가 판을 친다. 틸은 이런 유행어를 포커 게임의 '텔 tell'에 비유해 설명한다. 텔이란 가진 패에 따라 바뀌는 사람의 표정이나 몸짓, 버릇 등을 의미하며, 텔을 보면 상대가 어떤 패를 가졌는지 추정할 수 있다. 그런데 노련한 선수는 오히려 이런 텔을 역이용해서 허풍을 떨기도 한다. 그러니 유행어를 남발하며 사람을 현혹하는 무리가 있다면 경계해라. 그런 사람들이 말하는 것과 유사한 종목들에 발을 담근 이들은 이미 수두룩하다고 생각해도 좋다.

틸은 무엇이 미래의 트렌드가 될지 묻는 질문을 싫어한다. 그는 자신은 예언자가 아니며 애초에 트렌드라는 것은 과대평가된 것이고, 유행어를 남발하는 사람을 만나면 재빨리 자리를 뜨는 편이 낫다고 말한다.[6] 현명한 투자가는 자신만의 나침반을 가지고 있으며 모든 사람이 인정하는 주류와는 거리를 둔다는 것이다.

버핏 역시 어느 한 시기에 유행하는 종목들에 현혹되지 않는다. 비즈니스 모델을 이해할 수 있으면서도 시장에서 저평가된 기업에 투자한다는 그의 투자 자세에는 결코 흔들림이 없다. 닷컴 버블이 정점에 달했던 2000년, 애널리스트와 미디어는 버핏의 '가치투자'를 시대착오적이라 단정했고 미국의 투자 전문 주간지 〈배런즈Barron's〉는 '워런, 대체 왜 그래?What's Wrong, Warren?'라는 제목의 기사까지 실었지만[7] 버핏은 끄떡도 하지 않았다.

자기 발로 일어서라

틸은 페이팔을 이베이에 매각한 후 5,500만 달러를 거머쥐었다. 글자 그대로 하룻밤 사이에 벼락부자가 되었지만 사실 실리콘밸리에서 이런 이야기는 흔하디흔한 것이었다. 그러나 틸에게 그 돈은 단순히 '부자'가 아닌 '더 큰 자유'를 의미했기에, 그는 자신이 운영하는 회사와 페이스북이나 팰런티어 같은 스타트업에 투자하여 더 큰 성장을 이루었다. 투자가 자신의 적성에 잘 맞는다는 사실을 깨달은 그는 필요한 재력을 손에 넣은 뒤 자기에게 가장 자신 있는 일임과 동시에 가장 큰 가치를 창출할 수 있는 일, 즉 투자에 다시금 전념했다.

틸에 반해 버핏이 경제적으로 자립하기까지의 여정은 험난했다. 버핏은 14세 때 신문 배달을 시작했고, 그가 배달했던 신문 부수를 전부 합하면 무려 50만 부에 이른다. 절약이 몸에 밴 그는 단돈 1센트라도 생기면 주식에 투자했고, 뉴욕에서 대학을 졸업한 후엔 스승으로 섬기는 벤저민 그레이엄Benjamin Graham의 투자 회사에서 일했다. 20대 중반에 고향 오마하로 돌아간 버핏은 이미 언제든 은퇴해도 될 만큼 재력을 쌓은 상태였다. 경제적 자립은 버핏이 60년 이상 성공 신화를 이어온 밑바탕이다.

단단한 우정을 쌓아라

틸의 가장 큰 재산은 오랜 세월에 걸쳐 단단히 다져온 우정이다. 페이팔에서든 팰런티어에서든, 또 자신이 운영하는 투자 회사에서든 그는 스탠퍼드 시절을 함께했던 친구들과 일했다.

우정은 냉혹한 비즈니스 세계와 어울리지 않으며 기업 지배 구조를 개선해야 한다는 목소리가 점점 더 커지는 상황에서 '파벌'을 만드는 것처럼 보여질 수 있어 부정적으로 받아들여지기 쉽다. 하지만 틸의 경우는 경제적 자립과 그의 비즈니스 모델 덕에 이런 방식이 허용되는 면이 있다. 마음 잘 맞는 파트너가 곁에 있을 때 그는 힘을 발휘한다.

버핏에게도 비즈니스와 우정은 떼려야 뗄 수 없는 관계다. 버핏이 모교인 컬럼비아 대학 졸업장이 아닌 데일 카네기Dale Carnegie 코스의 수료증을 자기 사무실 벽에 걸어둔 것은 우연이 아니다. 버핏은 카네기의 《인간관계론How to Win Friends and Influence People》을 생활에서 실천하고 있다. 버핏의 오른팔로 알려진 찰리 멍거가 없었다면 그는 지금만큼의 성공을 거두지 못했을 것이다. 또한 버핏은 버크셔 해서웨이의 사외이사인 빌 게이츠와도 25년 동안 우정을 쌓았는데, 이는 그가 자산 대부분을 게이츠 재단에 기부한 배경이 되었다.

0에서 1을 만드는 것이 '진보'다

스탠퍼드에서 맡았던 스타트업 관련 강의에서 틸은 기술의 진보에 관해 이야기했다. 17세기 말 증기기관이 발명된 이래 1960년대 말까지 이루어졌던 기술의 진보는 눈부실 정도였다. 1960년대 말은 미국 중산층의 수입 증가를 바탕으로 '앞으로는 기술이 획기적으로 발달해서 미래를 바꿔놓을 것'이라는 낙관주의가 정점에 달한 시기였다. 하지만 1973년부터 중산층의 평균 연수입은 정체일로를 걸어왔다. 다람쥐처럼 쉴 새 없이 쳇바퀴를 굴려도 현상 유지가 고작인 수준이다.

틸의 생각에 따르면 임금 인상폭이 적은 이유는 기술의 정체와 직접 관련되어 있다.[8] 미국노동통계국에 따르면 평균 이상의 소득 증가는 교육 및 기술의 진보와 직접적인 연관성을 보인다. 미국 동해안과 서해안에서는 금융이나 기술업계의 강세가 눈에 띄고 남부의 텍사스는 셰일가스 산업이 호조세를 보이는 곳이라는 것이 그 예다(과거 공업 중심지였던 미 동부는 현재 아이비리그 대학들이 있는 교육 중심지이자 월가로 대표되는 금융 중심지이고, 실리콘밸리가 있는 미 서부는 세계적인 IT 기업의 중심지, 텍사스는 석유 등의 자원이 풍부하여 관련 산업이 발달한 지역이라 이 세 지역에서는 임금 인상이 활발히 이루어지고 있다는 의미_옮긴이).[9]

아날로그 세계의 기술은 거의 경직되어 있는 데 반해 컴퓨터 산업은 1960년대부터 맹렬한 속도로 발전한 유일한 산업 분야다. 1965년 인텔을 공동 창업한 고든 무어는 컴퓨터의 심장부인 마이크로프로세서의 성능이 24개월마다 두 배씩 증가할 것이라 예측한 바 있는데, 이는 오늘날까지도 잘 들어맞고 있다. 이 '무어의 법칙'은 컴퓨터와 소프트웨어 산업만이 성장하는 이유를 잘 설명해준다.

틸이 보기에 컴퓨터 산업은 다른 산업에 활력을 일으켜줄 선두주자다. 일론 머스크는 컴퓨터와 소프트웨어 산업을 발판 삼아 자동차나 우주개발 같은 기존 산업에 어떤 혁신을 일으켜 활기를 불어넣을수 있는지, 그리고 더 나아가 어떻게 하면 미국 내에 생산 공장을 만들 수 있는지에 관한 성공 사례를 앞장서서 만들어낸 인물이다.

많은 사람에게 진보란 '글로벌화'와 '기술' 모두를 의미하지만 틸은 이 둘을 구분한다. 그가 보기에 글로벌화는 '수평적 진보'로서 그저 단순히 '복사해서 붙이는 것'에 불과하다. 미국이나 유럽을 관찰해서 그들의 기술을 그대로 도입한 중국이 그 예다. 그러나 고도로 발전한 세상에서는 이런 수평적 진보는 아무런 기술적 변화도 초래하지 않는다.

한편 틸은 기술을 다음과 같이 설명한다.

"수직적 진보를 한마디로 표현하자면 기술입니다. 실리콘밸리는 IT 기술이 빠르게 발전한 덕분에 세계적인 기술의 메카가 되었죠. 하지만 수직적 진보에서의 기술을 반드시 컴퓨터 기술로만 한정 지을 필요는 없습니다."[10]

기술의 진보는 대부분 0에서 1로 도약하는 것이다. 대단히 어려운 도전이다 보니 보통은 단순히 기존의 기술을 개선해서 1을 N으로 만드는 데 만족하기 쉬운 것이 사실이다.

그에 반해 0에서 1로 도약한, 다시 말해 다른 이들은 전혀 생각하지 못한 혁신을 이룬 창업자나 발명가는 자신이 '정상'인지 아니면 '미쳤는지'를 두고 고민에 빠질 것이 분명하다. 페이팔과 페이스북이 좋은 결과를 거두긴 했지만, 다음에 성공하는 기업은 전자결제 서비스나 소셜네트워크 서비스 기업이 아닐지도 모른다. 기술의 진정한 진보는 아무도 알아차리지 못한 영역에서 일어난다. 그렇기에 경영대학원에서 가르치는 사례 연구는 큰 도움이 되지 못한다.[11]

틸은 한동안 닷컴 버블 이야기를 한 후 다음과 같이 말하며 강의

를 마무리했다.[12]

"자기 자신을 위해 생각해보세요. '가치 있는 일은 무엇인가'라는 질문은 무언가가 거품인지의 여부에 대해 논쟁하는 것보다 훨씬 더 생산적입니다. 가치를 묻는 질문은 고유한 질문이기 때문이죠. X는 가치 있는 회사일까? 어째서 가치 있는 회사일까? 가치 있는 회사인가의 유무는 어떻게 확인할 수 있을까? 우리는 그런 질문들을 던져야 합니다."

페이스북

틸에게 페이스북은 왜 가장 먼저 투자한 특별한 기업일까? 다음의
세 가지 질문을 생각해보면 그에 대한 답을 찾을 수 있다.

질문 1. 가치 있는 일은 무엇인가?

2004년 마크 저커버그가 자신이 운영하는 스타트업을 틸에게 소
개했을 당시, 틸은 이미 페이팔을 키운 경험이 있었으므로 입소문
을 통해 빠르게 커가는 중인 디지털 기업을 성장시키는 비결을 알
고 있었다. 게다가 친구인 리드 호프먼 덕에 '소셜네트워크'에도
정통했던 틸에게 페이스북 투자는 '고민할 필요도 없을 만큼' 뻔
한 결단이었다.[1] 틸은 저커버그가 만든 SNS가 급속히 성장해서 서
버를 증설할 자금이 필요해질 것이란 사실도 꿰뚫어 보았다. 일단
굴러가기 시작하면 그 눈덩이는 점점 더 커질 것이고 그에 따라
페이스북의 가치 역시 더더욱 높아질 게 분명했으므로 틸은 지원
자로서의 역할을 맡기로 결심했다.

질문 2. 내가 할 수 있는 일은 무엇인가?

처음에 틸은 페이스북의 사업엔 개입하지 않을 작정이었지만, 지
금은 페이스북의 최고참 이사로 재직 중이며 초창기부터 저커버

그가 의지하는 의논 상대다.

외부 고문이라는 틸의 직책은 과소평가할 수 없다. 틸은 플랫폼과 미디어 사업에 능통하며 디지털업계의 독점 메커니즘, 그리고 그것을 수익으로 연결하는 방법을 누구보다 잘 알기 때문이다. 저커버그에 따르면 틸은 늘 사용자 수 증가에 집중할 것을 권했다.[2]

세계 금융위기가 일어나기 1년 전인 2007년, 틸은 페이스북에게 아주 중요했던 투자 라운드에서 저커버그를 지원하고 나섰다.[3] 이 일을 계기로 저커버그는 틸을 매우 존경하게 되었음은 물론 페이스북 이사회 멤버인 틸이 트럼프 정권에서 고문을 맡을 때에도 그를 옹호했다.

질문 3. 아무도 하지 않는 일은 무엇인가?

2004년 틸은 SNS에 절호의 기회가 있음을 간파했다. 인터넷은 점점 더 발전해 광범위한 계층을 아우르는 미디어가 되었고, 사람들은 인터넷에 더 쉽게 접속해 친구와 소통하고 싶어 했다. 스티브 잡스가 스마트폰을 세상에 선보였을 때보다 2년 정도 이른 시기였지만, 온라인이 눈부시게 성장하고 있었으므로 페이스북이 성공할 가능성은 충분했다.

그와 동시에 틸은 당시 벤처캐피털 시장의 분위기를 역이용했다. 이 시장은 2001~2003년에 주가가 급락하고 닷컴 버블이 종말을 맞은 탓에 침체되어 있었고, 벤처캐피털 펀드 대부분은 B2C 플랫폼인 페이스북에 대한 초기 투자에 별 관심을 보이지 않았다. 그러나 틸은 50만 달러를 페이스북에 투자하고 지분 10.2%를 취득

했다.[4]

그는 2012년 5월 페이스북 기업공개 당시 1,680만 주를 1주당 38달러에 매각해 약 6억 3,800만 달러를 손에 넣었고, 2012년 8월 기존 주주의 주식매각 금지기간이 끝난 후에도 보유 주식의 일부를 3억 9,580만 달러에 처분했다. 페이스북으로 총 10억 3,380만 달러의 수익을 거두어들인 것이다. 뿐만 아니라 2017년 4월 현재까지도 그는 페이스북의 주식 500만 주를 보유 중인데, 주당 143달러(2017년 4월 20일 기준)라고 했을 때 이 500만 주의 시장가치는 7억 1,500만 달러에 달한다. 틸은 페이스북에 50만 달러를 투자해 17억 달러를 벌어들였고,[5] 8년간의 페이스북 투자를 통해 3,400배라는 투자이익률을 기록했다.

기업가치를 판단하는 틸의 3단계 접근법

앞에서도 언급했듯 틸이 정의하는 훌륭한 기업은 세 단계의 특징을 보인다. 가치를 창조하는 1단계, 오랫동안 시장에 머물며 필요한 존재로 여겨지는 2단계, 창출해낸 가치의 일부를 자본으로 전환하는 것이 3단계가 그것이다. 이와 관련하여 페이스북은 어떤지 자세히 살펴보자.

STEP 1. 평가: 미래의 기업가치

틸은 2012년 스탠퍼드 강의에서 페이스북의 평가에 대한 내용도 다뤘다. 2017년 6월 기준 페이스북의 기업가치는 4,320억 달러로 세계 5위다. IT 전문 매체인 〈테크크런치TechCrunch〉가 주최한 2010년 콘퍼런스에서 틸은 "페이스북은 세계에서 가장 저평가된 인터넷 기업입니다."라고 말하며 페이스북을 1920년대의 포드사와 비교했다.[6] 아직 기업공개를 하기 전이었던 당시 페이스북의 기업가치는 약 300억 달러였다.

페이스북은 그후 꾸준히 성장하여 사용자 수 20억 명을 돌파했다. 지금까지 저커버그의 전략은 완벽히 효과적이었다. 틸의 조언에 따라 사용자 수 확대를 처음부터 최우선순위에 두었던 이 기업은 2012년 상장 이후 독자적인 광고 서비스가 제대로 작동하자

페이스북의 기업가치 추이
(단위: 10억 달러)

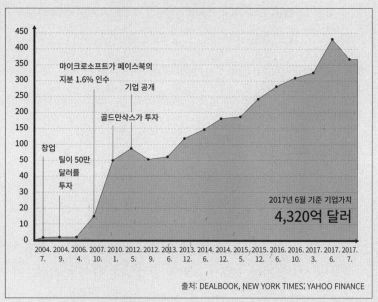

출처: DEALBOOK, NEW YORK TIMES; YAHOO FINANCE

그야말로 화폐 제조기가 되었다.

인상적인 것은 관련 수치의 변화 양상이다. 2016년 페이스북의 연매출은 약 270억 달러, 이익은 전년 대비 177% 증가한 약 100억 달러였으며 모바일 광고 수익도 호조를 보였다. 독일 시장조사 기관 스타티스타Statista는 세계 디지털 광고 시장이 2020년까지 3,350억 달러 규모로 성장할 것이라고 전망했는데, 미국 시장만 놓고 보면 향후 5년간 1,200억 달러 규모에 달할 것으로 예상된다.

디지털 광고로 큰 수익을 낸 기업은 주로 페이스북과 구글이다. 미국의 시장조사 기관 이마케터eMarketer는 2019년까지 페이스북의 시장점유율이 디스플레이 광고에서는 43.7%, 모바일 광고에서는 33.8%로 증가할 것이라 추정했다.[7]

자물쇠 효과lock-in effect(기존에 사용하던 것보다 뛰어난 제품이나 서비스가 나와도 이미 투자한 비용이나 기회비용 등으로 인해 새로운 것으로 옮겨가지 못하도록 소비자를 묶어두는 효과_옮긴이)와 더불어 메신저Messenger, 왓츠앱, 인스타그램Instagram 같은 페이스북 계열의 다른 애플리케이션은 신규 수입원 개척에 지대한 역할을 하고 있다. 페이스북의 매출 증가 요인은 다음과 같다.

1) 사용자 저변 확대

2016년 4사분기에 페이스북의 월간 실사용자 수는 전년 동기 대비 16.8% 증가한 18억 6,000만 명이었다. 특히 저커버그가 시작한 인도 같은 신흥 성장국의 오지에 무료로 인터넷을 보급하는 인터넷닷오알지Internet.org 프로젝트도 성과를 보였다. 인스타그램 등의 서비스 역시 여전히 빠르게 성장하는 추세다. 인스타그램은 2016년 12월에 일간 활동 사용자 수 4억 명에 도달했는데, 참고로 같은 해 6월에는 3억 명이었다.

2) 높은 광고료

새로운 광고 알고리즘을 도입한 페이스북은 그를 바탕으로 다양한 옵션 설정을 통해 광고 타깃을 보다 정교하게 선별하는 것이 가능해졌다. 2016년 4사분기에 페이스북의 광고 한 건당 가격은 전년 대비 평균 3%, 선전 효과는 전년 대비 49% 상승했다.

3) 인스타그램의 수익화

인스타그램의 수익화는 이제 막 시작되었지만 인스타그램을 효과적인 광고 플랫폼으로 인식하는 기업은 점차 늘어나는 추세다. 2017년 4월, 페이스북은 인스타그램에서 비즈니스 계정을 가진 기업 수는 6,500만, 광고주 수는 500만을 돌파했다고 발표했다.[8] 미국의 투자은행 메릴린치Merril Lynch의 애널리스트는 2015년에 이미 인스타그램의 기업가치를 370억 달러로 평가한 바 있다.[9]

4) 동영상

페이스북에서 저커버그가 가장 우선시하는 요소는 동영상이다. 페이스북 스토리 또는 페이스북 라이브로 사용자가 페이스북에 머무는 시간을 연장시키고 이를 광고 마케팅으로 연결하여 수익을 늘리려는 계획이다.

5) 데스크톱 광고 수입

페이스북의 매출 통계가 보여주듯 데스크톱 컴퓨터는 아직 죽지 않았다. 2016년 4사분기 데스크톱 광고 수입의 성장률은 22.5%였다. 페이스북은 애드블로커(광고 차단 소프트웨어_옮긴이)에 대한 대응책을 마련해 수익을 높이려 하고 있다.

6) 메신저, 왓츠앱, 오큘러스

이 세 플랫폼은 페이스북의 신규 사용자 확대를 견인하고 있다. 페이스북은 메신저와 왓츠앱 마케팅을 단계적으로 개시할 예정이고, 오큘러스Oculus의 경우엔 향후 몇 년간 테스트 기간을 거쳐 중기적으로 수익화할 계획이다.[10]

STEP 2. 지속성

틸은 시장에서의 지위를 장기간 공고히 유지하는 독점 기업 대부분이 '영업권franchise value'을 갖고 있다고 생각한다. 이는 버핏이나 멍거의 생각과 같지만, 차이점이 있다면 틸은 기술 분야에만 주목한다는 것이다.

20억 명이 넘는 사용자와 그들의 높은 접속 빈도를 자랑하는 페이스북은 이제 무시할 수 없는 인프라 제공 사업자이자 독점 기업이다. 그런 만큼 플랫폼의 규모와 오류 없는 서비스 제공은 저커버그 팀에게 있어 전에 없이 중요해졌다.

페이스북의 각종 애플리케이션은 사용자들이 사적 시간을 함께 보내는 제2의 가족과도 같아졌다. 페이스북이나 인스타그램 사용자들은 이들 앱을 하루 평균 50분간 사용하지만 독서나 운동, 인간관계에 할애하는 평균 시간은 각각 19분, 17분, 4분에 불과하다. 페이스북은 디지털 세상의 디즈니랜드가 되었고, 사용자의 방문 빈도와 체류 시간이 길어짐에 따라 소비 행위도 늘어났다.(버핏과 멍거는 수십 년 전 가족과 디즈니랜드에 갔다가 수많은 고객 및 그들의 높은 충성도에 감명해 디즈니Disney의 주식을 대량으로 매입하기도 했었다.)

자체 제작한 미디어 콘텐츠를 다양한 경로로 배급하여 둘도 없는 '쇼룸'을 만들어낸 디즈니처럼, 저커버그는 멀티 브랜드 전략(기업이 동일한 시장 내에서 여러 브랜드를 출시하여 시장점유율을 올리고 경쟁사들에 대한 진입장벽을 높이는 마케팅 전략_옮긴이)을 써서 페이스북, 메신저, 왓츠앱, 인스타그램 같은 자사 앱을 스마트폰 홈 화면의 좋은 위치에 배치하는 데 성공했다. 인터넷만 연결된다면 페이스북 앱의 세상에서는 청년층이나 중장년층, 개발도상국 사용자나 선진국 사용자 등 모두가 대등하다. 저커버그는 인터넷상에 이른바 복합 쇼핑몰을 건설한 것이다. 사용자는 그곳에서 오락이나 소통뿐 아니라 살아가는 데 필요한 모든 것을 발견할 수 있다.

저커버그는 대단히 긴 안목으로 생각하며, 자신이 롤모델로 삼는 빌 게이츠와 마찬가지로 기회주의적으로 행동한다. 왓츠앱과 오큘러스 리프트Oculus Rift를 수십억 달러에 인수한 것만 봐도 이 점을 확실히 알 수 있다. 과반수의 의결권을 가진 저커버그는 표결을 기다리지 않고 곧바로 시장 상황에 반응하며 기회를 잡을 수 있다.

또한 그는 경쟁사가 선보인 기능을 철저히 모방하는 방식도 게이츠에게서 배웠다. 게이츠는 "도입하고 확장해서 뿌리째 뽑아 없애라."라는 말로 이 전략을 표현했다.

스마트폰용 사진 공유 앱인 스냅챗Snapchat이 좋은 예다. 2013년 저커버그는 빠르게 성장하는 스냅챗을 30억 달러에 인수하려 했지만 스냅챗 창업자인 에반 스피겔Evan Spiegel은 이 제안을 거절했다. 그 후 페이스북은 스냅챗과 비슷한 기능을 가진 페이스북 카메라를 만들었다. 페이스북 카메라로 뉴스피드에 사진이나 동영상을 올리면 24시간 이내에 자동으로 삭제된다(스냅챗은 사진 발신자가 수신자의 확인 시간을 설정하고, 일정 시간이 지나면 자동으로 삭제되게 하는 기능이 특징임_옮긴이).

어쩌면 저커버그는 게이츠보다 큰 그림을 그리고 있는지도 모른다. 2017년 봄, 저커버그는 사내 개발자 콘퍼런스인 F8에서 향후 비전을 발표했는데, 그때 등장한 마법의 단어가 바로 'VR(가상현실)'과 'AR(증강현실)'이었다. 저커버그는 이미 그로부터 3년 전 소규모 가상현실 스타트업인 오큘러스 리프트를 20억 달러에 인수해 화제가 되었다. 당시 저커버그는 다음과 같이 말했다.

"우리 업계의 역사에 따르면 대략 10년에서 15년마다 컴퓨터, 인터넷, 모바일 같은 새로운 디지털 플랫폼이 등장한다고 합니다. 모바일은 현재의 플랫폼이지만, 완전히 새로운 경험을 가져다주는 가상현실과 조합하면 한 단계 더 도약할 수 있을 것입니다."

아날로그 세계가 디지털 세계로 녹아 들어가는 이 기술은 '차세대 혁신'이라 할 수 있다. 미국의 금융사인 씨티그룹Citi Group의 전문가는 2025년이면 세계 가상현실 시장의 규모가 5,690억 달러에 달하리라 예측했다.[11]

페이스북 플랫폼에서 텍스트가 차지하는 비율은 낮아지고 있는 데 반해 사진이나 동영상을 게시하는 비율은 높아지고 있다. 따라서 저커버그가 개발자 콘퍼런스에서 증강현실 플랫폼 도입에 주력하겠다고 선언한 것은 합당한 판단이다.

신규 상장 당시 자사의 정체성을 '카메라 회사'라고 밝힌 스냅챗을 저커버그가 라이벌로 의식하는 것만은 분명하다. 페이스북의 20억 명이라는 방대한 사용자와 인공지능 분야의 커다란 진보는 저커버그에게 《멋진 신세계Brave New World》로 들어갈 열쇠가 될지도 모른다. 1932년에 올더스 헉슬리Aldous Huxley가 발표한 이 소설은 완벽한 복지가 실현되었지만 유전자 조작으로 인류의 절반가량이 노예로 전락한 2540년의 세계를 그려냈다.

이러한 변화는 디지털 기술의 진보로 헉슬리가 생각했던 것보다 더 빠르게 찾아올 수도 있다. 그 토대는 저커버그가 2017년에 발표한 선언문일 것이다. 저커버그는 이 선언문에서 페이스북이 세계를 하나로 연결하는 중요한 '연결고리' 역할을 하게 함으로써 행복하고 평화로운 세계를 실현하겠다는 비전을 드러냈다.[12]

에브게니 모로조프Evgeny Morozov 등의 저널리스트는 저커버그의 선언에 비판적 입장을 보였다. 모로조프는 "정의와 가치를 극히 소수의 대기업이 결정하는 세계에서 살고 싶지는 않다."라며 경종

을 울렸다.[13]

"그들은 때때로 자기 자신조차 제대로 이해하지 못하는 발명을 강행합니다."

모로조프는 '거대 기술 기업의 창업자들은 자신의 발명품이 어디까지 도달할지 잘 모른다'며 그 결과 세계가 제어불능 상태에 빠질 위험성이 있다고 지적했다.

STEP 3. 가치의 누적

페이스북은 2012년 상장 당시 투자설명서에 '모바일 광고 경험이 없어서 수익이 불투명하다'고 밝혀 주가 하락을 겪었으나 이제는 모바일 광고 수입이 전체 매출의 80%를 차지한다. 이는 페이스북이 기업공개 후 사용자 수라는 매출 잠재력을 한 걸음 한 걸음 매출 증가로 바꿔나갔다는 증거다.

메신저, 인스타그램, 왓츠앱을 합치면 페이스북은 사용자 수 면에서 압도적 1위를 차지한다. 최근에는 사용자가 페이스북 애플리케이션을 사용하는 동안 광고를 노출하여 광고 수입을 늘리고 있다. 앞서 언급했듯 페이스북은 2016년 4사분기에만도 88억 1,000만 달러라는 매출 신기록을 달성했다. 또한 북미 지역에서는 사용자 1인당 연간 19달러 이상의 매출액을 올리고 있는데, 전년도의 13.50달러와 비교하면 뚜렷한 증가세에 있음을 알 수 있다.[14]

미국의 세계적 경제학자이자 문명비평가인 제러미 리프킨Jeremy Rifkin은 자본주의 사회의 종착점을 '한계비용 제로의 사회'라고 명명했다. 이는 생산량 증가에 따른 추가 비용이 한없이 제로에 가

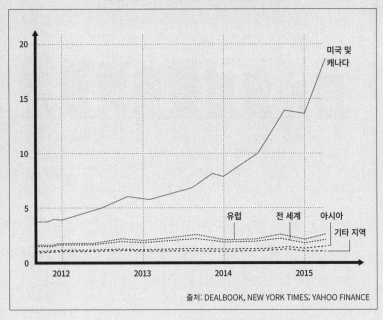

페이스북의 사용자 1인당 평균 매출

출처: DEALBOOK, NEW YORK TIMES; YAHOO FINANCE

까워지는 현상을 말하는데, 현재로서는 페이스북이 가장 좋은 예일지도 모른다. 2015년 170억 8,000만 달러였던 연매출이 2016년에는 그보다 57% 증가한 268억 9,000만 달러를 기록하는 등 페이스북의 이익 증가는 매출 증가를 뚜렷이 웃돌고 있다. 또한 같은 시기의 순이익은 2015년 36억 9,000만 달러에서 무려 177%가 증가한 102억 달러에 달했다.

페이스북이 디지털 광고 비즈니스의 새로운 승자임은 가격결정력에서도 뚜렷이 확인된다. 이들은 광고료를 높게 책정할 수 있기 때문이다. 2015년에 35%였던 영업이익률이 2016년엔 45%로 오르는 등 페이스북은 수익률이 계속 증가세에 있고, 틸의 바람대

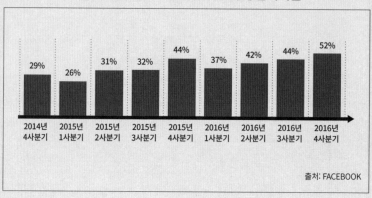

미국 회계 기준GAAP상의 페이스북 영업이익률

29% | 26% | 31% | 32% | 44% | 37% | 42% | 44% | 52%

2014년 4사분기 | 2015년 1사분기 | 2015년 2사분기 | 2015년 3사분기 | 2015년 4사분기 | 2016년 1사분기 | 2016년 2사분기 | 2016년 3사분기 | 2016년 4사분기

출처: FACEBOOK

로 거의 독점 기업이 되어 이익을 독차지하며 디지털 광고비의 성장 때문이라고는 믿기지 않을 만큼 많은 수익을 내고 있다.

독점인가? 경쟁인가?

'페이스북은 독점 기업이냐'는 질문에 틸은 2014년에 "아직 구글만큼 뚜렷한 독점 상태는 아닙니다. SNS 분야에서는 매년 새로운 경쟁자가 등장하니까요. 트위터나 스냅챗을 보세요."라고 대답했다.[15]

새로 등장하는 경쟁자를 꼼꼼히 점검하는 저커버그는 2012년 기업공개 이후 인스타그램, 왓츠앱, 오큘러스 리프트 같은 위험한 상대를 수십억 달러로 모두 사들이는 데 성공했다.

다만 스냅챗만은 뜻대로 풀리지 않았다. 스냅챗을 설립한 에반 스피겔이 상장을 우선시했기 때문이다. 저커버그는 2013년에 스냅챗 인수 대금으로 30억 달러를 제시했지만 이는 2017년 봄 스냅챗 기업공개 첫날의 시가총액인 280억 달러에 크게 못 미치는 액수였다.[16]

저커버그는 설욕전에 나섰다. 2017년 4월에 열린 F8에서 그는 스냅챗이 제공하는 각종 기능에 더해 다양한 특수 효과도 즐길 수 있는 증강현실 플랫폼 '페이스북 카메라'를 공개했다. 또한 인스타그램에도 스냅챗과 똑같은 기능인 '스토리'를 추가하여 벌써 2억 명이 넘는 사용자에게 제공하고 있다. 이는 스냅챗 사용자보다도 많은 숫자다.

어쩌면 스냅챗은 1980년대와 1990년대에 있었던 마이크로소프트의 경쟁사들과 같은 운명에 처할지도 모른다. 당시 로터스 1-2-3(스프레드시트를 기본으로 데이터베이스, 그래프 기능 등이 통합된 소프트웨어_옮긴이)와 워드퍼펙트(워드프로세서 소프트웨어_옮긴이)는 마이크로소프트의 엑셀이나 워드보다 인기가 많았던 데다 성능도 뛰어났다. 하지만 빌 게이츠가 운영하는 마이크로소프트는 오피스 패키지라는 능수능란한 끼워 팔기 전략 및 정기적인 성능 업그레이드로 모든 경쟁자를 시장에서 몰아내고 오피스 패키지를 사무용 소프트웨어 시장의 표준으로 만들어버렸다.

2000년대에 들어서면서 규제당국은 마이크로소프트를 엄격히 감시했고 마이크로소프트를 상대로 한 독점금지법 소송이 끝없이 이어졌다. 그때의 일을 생각하면 페이스북이 인수를 통해 SNS 시장에서의 지배를 강화하는 데 대해 감독 기관이 적극적으로 움직이지 않는 상황을 이해하기 어렵다. 어쩌면 그 비밀은 페이스북이 2015년에만 미국 내 로비 활동에 980만 달러를 들였다는 데 숨어 있는 것인지도 모른다.[17]

하지만 시장 지배를 강화하려는 움직임이 도리어 커다란 문제를 초래했다. 저커버그는 페이스북이 콘텐츠 제공업체라고 항상 주장해왔다. 다시 말해 사용자들이 사진이나 동영상, 글을 주고받는 장소에 지나지 않는다는 것이었는데, 최근 들어 페이스북은 점점 더 많은 사람에게 꼭 필요한 안식처가 되었다.

2016년 미국 대선 후 페이스북은 '가짜 뉴스fake news'(뉴스 형태로 가공해 유포되는 허위 정보_옮긴이)를 둘러싸고 거센 비판을 받았다. 저커버그는 가짜 뉴스가 선거에 영향을 미쳤다는 비판들을 '말도 안 되는 주장'이라며 일체 무시했지만 광고주의 압력으로 방향을 전환했다. 페이스북은 1,400만 달러의 예산을 들여 세계적 규모의 프로젝트인 '뉴스 무결성 이니셔티브News Integrity Initiative'를 출범했고, 저널리즘 연구자인 제프 자비스Jeff Jarvis 교수의 지도하에 가짜 뉴스 문제를 해결하고자 노력하고 있다. 그러나 20억 명이나 되는 사용자를 보유한 페이스북에게 이는 결코 만만치 않은 과제다.

2017년 4월, 로버트 고드윈 살해 사건(서른한 살의 스티브 스티븐스라는 남자가 일흔네 살의 행인 로버트 고드윈을 이유 없이 살해한 사건_옮긴이)은 많은 사람에게 충격을 안겨주었고 페이스북을 비판하는 목소리는 더욱 높아졌다. 범인은 고드윈을 살해하는 장면이 고스란히 담긴 동영상을 페이스북에 게시했는데, 이 영상은 2시간 동안 온라인상에 방치되었고 조회 수는 160만 회를 넘어섰다. 이후 페이스북은 인공지능 알고리즘 등을 활용해 이런 문제를 방지하는 데 전력을 다하겠다고 발표했지만 구체적인 시기는 언급하지 않았다.[18]

페이스북을 대신할 선택지를 요구하는 목소리는 거세지고 있다. 〈MIT 테크놀로지 리뷰〉는 페이스북을 1960년대 당시 저속한 프로그램을 여과 없이 내보냈던 TV와 비교했고, '정보가 풍부한 커뮤니티로 만들겠다'는 저커버그의 생각에도 부정적인 견해를 표했다. SNS는 정보를 나누는 네트워크가 아니라 사람과 사람이 관계를 맺는 네트워크이고, 따라서 페이스북의 구조는 그런 방안을 추진하는 데 오히려 걸림돌로 작용한다는 이유에서였다.[19]

페이스북의 시장지배력이 더 우세해지면 정치가와 감독 기관은 감시의 눈을 번뜩일 것이다. AT&T의 경우처럼 지금의 거대한 체제를 여러 '미니 페이스북'으로 분리하거나, 인스타그램이나 왓츠앱 같은 개별 서비스를 분리하여 독립시키는 방안도 가능할 것으로 보인다.

시장 점유와 시장 창조

2004년 창업한 이래 순조롭게 성장해온 페이스북은 온통 눈으로 뒤덮인 산에서 굴러 떨어지는 눈덩이처럼 처음에는 작았지만 점점 커져서 이제는 멈춰 세울 수 없는 상태에 이르렀다. 버핏이 공인한 전기의 제목이 《스노볼The snowball》인 이유에도 수긍이 간다.

버핏의 눈덩이는 60년 동안 끊임없이 굴러왔고, 그가 50년 넘게 이끌어온 버크셔 해서웨이의 기업가치는 그동안 4,000억 달러로 늘어났다.

저커버그가 이끄는 페이스북의 현재 기업가치 역시 버크셔 헤서웨이의 그것과 거의 비슷하다. 버핏이 60여 년에 걸쳐 일궈낸 수치를 저커버그는 5분의 1인 13년 만에 경이로운 속도로 달성했다. 이 수치야말로 저커버그의 성과를 잘 나타낸다.

부동산을 선택해야 할 때 결정적인 요인으로 작용하는 것은 입지 조건이다. 하지만 디지털 세계는 그 규칙을 완전히 뒤집어놨다. 뉴욕의 5번가나 런던의 본드 스트리트 같은 지명도 높은 주소는 더 이상 중요하지 않다. 스마트폰 홈 화면에서 어느 위치를 차지하는지가 지금은 그보다 더 중요해졌기 때문이다.

이런 전략 면에서는 저커버그를 따라올 자가 없다. 페이스북과 메신저, 인스타그램, 왓츠앱 같은 연계 애플리케이션은 이제 스마트폰 홈 화면의 자리 경쟁에서 압도적인 승리를 거두었고 남은 경쟁자는 구글 정도뿐이다. 저커버그는 메신저처럼 페이스북의 일부 기능을 독립시켜 별도의 애플리케이션을 만드는 데도 성공했다. 메신저의 경우 처음에는 반응이 좋지 않았지만 사용자 수가 차츰 순조롭게 증가하여 2017년 4월 현재 월간 이용자 수는 12억 명을 넘어섰다.[20]

다만 페이스북이 우리의 정보를 얼마나 수집하는지가 불안 요소로 남는다. 2016년 8월 〈워싱턴 포스트 The Washington Post〉는 페이스북이 수집하는 개인정보 98가지를 전부 보도했다.[21] 기사에 따르면 페이스북은 사용자의 활동을 개인정보와 상호 비교해서 소득, 보유 부동산의 가치, 신용카드 한도액, 기부 여부, 처방전 없이 살 수 있는 의약품 구입 여부 등의 정보를 모았다. 이 기사가 나간 후 데이터 수집 방식을 변경했느냐는 질문에 2017년 4월 당시 페이스북은 아무런 답변도 하지 않았다.[22]

높은 시장침투율과 20억 명이라는 사용자 수 덕분에 신규 서비스를 눈 깜짝할 사이에 확산시켰던 저커버그 팀은 그다음 수입원으로 동영상을 염두에 두고 있다. 사용자가 페이스북 커뮤니티에 직접 올린 동영상을 친구와 공유하게 게 만드는 것이 첫 번째 과제인데, 그렇게 되면 사용자들을 페이스북에 잡아두는 시간이 길어질 뿐 아니라 동영상 재생 도중에 광고도 넣을 수 있다. 저커버그는 동영상에 의욕을 보이며 최대한 빨리 유튜브를 따라잡기 위해서라면 수단과 방법을 가리지 않겠다는 태세다.

페이스북은 스냅챗뿐 아니라 동영상 생중계 애플리케이션인 페리스코프Periscope와 미어캣Meerkat의 기능도 모방해서 도입했고 자체 프로그램 제작에도 적극적이다. 이러한 전략은 MTV 간부 출신인 미나 르페브르Mina Lefevre를 영입하면서 더욱 확실해졌다. 르페브르는 페이스북의 자체 콘텐츠 제작을 총괄할 예정이다.

사용자를 보다 오래 붙잡아두고 유튜브, 스냅챗, 영화·드라마 등의 영상 콘텐츠 스트리밍 서비스를 제공하는 넷플릭스Netflix와 아마존 비디오Amazon Video를 제치려면 페이스북은 요리 혹은 고양이 동영상 이상의 것들을 제공해야만 한다. 그래서인지 2017년 3월 페이스북은 미국 프로축구MLS 22경기의 중계권도 취득했다.

〈월스트리트 저널〉에 따르면 페이스북은 페이스북에 올라온 동영상을 TV로도 볼 수 있게 해주는 셋톱박스 애플리케이션도 개발 중인 듯하다. 또 2016년 말부터는 주요 영화사와 매력적인 동영상 콘텐츠의 라이선스 계약을 협의 중에 있다.[23] 동영상 서비스 영역에서 진전이 있으면 페이스북은 매출 잠재력을 끌어낼 수 있을 뿐 아니라 유튜브를 산하에 둔 구글도 위협하게 될 것이다. 저커버그가 주력하고 있는 VR과 AR이 그 중요한 열쇠가 될 듯하다.

독점 기업으로서의 특징

독점적 기술

저커버그의 롤모델은 스티브 잡스가 아닌 빌 게이츠다. 그는 게이츠가 도스DOS와 윈도우로 이룬 쾌거를 페이스북에서 재현하려 하고 있다.

운영체제는 컴퓨터의 심장이고, 운영체제가 있었기에 하드웨어에서 멀티미디어 세계가 나올 수 있었다. 저커버그는 예전부터 페이스북은 플랫폼이자 일종의 운영체제라고 주장해왔지만 사람들은 이를 오랫동안 진지하게 받아들이지 않았다.

2016년에 열린 F8에서 저커버그는 페이스북의 10개년 계획을 발표하고 향후 10년간 집중할 세 가지 테마를 이야기했다. 동영상, 검색, 그룹, 메신저, 왓츠앱, 인스타그램 등은 페이스북의 생태계라는 토대 위에 존재하는데, 이 모든 것을 둘러싸고 있는 것이 바로 연결, 인공지능, VR·AR이라는 미래의 세 가지 큰 테마라는 게 그 내용이었다. 애플의 향후 계획은 베일에 가려져 있고 심지어 알파벳은 업계 소식통들조차 예측하지 못할 정도인 것과 비교해봤을 때 저커버그와 페이스북이 장기적인 계획을 외부에 공개하고 끝까지 밀고 나가려는 것은 상당히 바람직하다.

2017년 4월에 열린 F8에서 AR 개발 플랫폼인 '카메라 효과 플랫폼Camera Effect Platform'을 소개했다. 이것은 페이스북의 독점적 인터페이스 사슬을 완성하는 마지막 고리다. 저커버그 팀은 주변의 소프트웨어 개발자들을 모아 페이스북 생태계를 위한 새로운 앱을 개발하게 하려 하고 있다.

이와 유사하게 페이스북 개발자들은 많은 인터넷 서비스와 모바일 서비스의 인증 수단으로 자리 잡은 '오픈 그래프 API'(사용자가 페이스북을 이용하면서 생긴 정보를 무료로 이용할 수 있는 개발자 도구_옮긴이)를 강력한 개발 도구로 사용하고 있다. 동시에 페이스북이 가지고 있는 문제점을 해결하기 위해 페이스북 메신저 플랫폼을 기반으로 하는 챗봇을 개발하여 이를 사용하려 하는 개발자와 기업—특히 금융 회사—은 계속 늘어나는 추세다.

최근 저커버그는 '빌딩 8 Building 8'이라는 정체불명의 신규 조직을 만들어 세간의 주목을 받았다. 미국 국방성 산하의 연구소인 방위고등연구계획국DARPA의 전 국장이자 구글에서도 요직을 맡았던 레지나 듀건Regina Dugan이 이끄는 이 팀의 목적은 일반 소비자에게 판매할 하드웨어 제품의 개발이다. 미국의 경제 전문 온라인 매체인 〈비즈니스 인사이더Business Insider〉에 따르면 이 팀은 VR과 AR에

중점을 두고 현재 적어도 네 가지 프로젝트를 진행 중이며 새로운 드론 개발도 추진하고 있는 듯하다.[24]

페이스북은 통신 회선 분야에도 열심히 투자하고 있다. 뉴욕과 아일랜드를 잇는 대서양 해저 케이블을 통한 데이터 전송 신기술을 벨 연구소Bell Lab와 공동으로 시험하고 있는 것이다. 페이스북과 구글은 초고속 광대역 통신망 등의 인프라를 확충하여 사용자에게 동영상 스트리밍이나 VR, AR 같은 새로운 시대의 서비스를 원활히 제공하고자 노력하고 있다.[25]

또한 페이스북은 직접 개발한 소프트웨어 기술을 오픈 소스화하여 더 많은 개발자가 그 기술을 활용하게 함으로써 시장을 광범위하게 장악하려 한다. 2013년에는 페이스북 뉴스피드에 적용할 목적으로 개발해 인스타그램에서도 사용해온 자바스크립트 라이브러리 '리액트React'를 오픈 소스 프로젝트로 선보이기도 했다.

네트워크 효과

페이스북은 입소문 효과, 즉 네트워크 효과를 성공적으로 거둔 전형적인 예다. 페이스북은 가장 빠른 속도로 성장한 인터넷 기업이며, 그 점에서는 지금까지 승자의 자리를 지켜온 구글을 능가한다.

이를 절감하게 하는 사례가 독일의 SNS인 스투디비즈StudiVZ다. 쉽게 말해 페이스북의 모방본이었던 스투디비즈는 사용자가 수백만 명에 달했으며 독일 학생들 사이에서 널리 사용되었다. 저커버그는 페이스북 주식과 교환하는 방식으로 스투디비즈를 인수할 용의를 보였지만 스투디비즈의 소유자, 특히 독일의 출판 그룹인

홀츠브링크Holtzbrinck가 이를 거부했다. 그 결과 페이스북은 독일어권도 평정했고 스투디비즈 직원들은 무서운 기세로 등을 돌리며 페이스북으로 자리를 옮겼다.

페이스북의 두 자리 혹은 세 자리 수의 성장률은 20억 명 규모의 사용자가 있기에 가능한 것이었다. 하지만 저커버그는 여전히 페이스북 서비스가 제공되지 않는 지역의 잠재 수요자 발굴 계획을 세우느라 여념이 없다. 인터넷이 보급되지 않은 지역에 무선 인터넷을 제공하는 인터넷닷오알지 프로젝트, 정보통신 기술로부터 소외된 지역의 주민들에게 인터넷을 제공하는 태양광 드론 프로젝트(2018년 7월에 중단되었음_옮긴이), 새로운 성장 지역의 도시화를 나타내는 빅데이터 분석 등을 통해 세계 변방까지 페이스북 서비스를 제공함으로써 아시아, 아프리카, 남미의 40억 명을 서서히 사용자로 거둬들이겠다는 것이 저커버그의 계획이다. 그는 중국계 미국인인 아내 프리실라 챈Priscilla Chan의 영향으로 중국어를 배워 현지 대학생들과 중국어로 대화하고 중국 정부를 공식 방문하기도 했지만 아직 최고 지도자층에게까지 침투하지는 못했다.

각종 웹페이지에서 흔히 볼 수 있는 페이스북의 '좋아요' 버튼도 입소문 효과에 큰 몫을 했다. 이 도구는 페이팔이 예전에 이베이 사이트에 삽입했던 '페이팔로 결제하기' 버튼보다 강력한 입소문 효과를 발휘한다.

규모의 경제

페이스북이 보이는 규모의 경제 효과는 2016년 통계를 전년도의 것과 비교했을 때 뚜렷이 나타난다. 2016년도 매출은 전년 대비 57%, 순이익은 무려 177%나 증가했다. 그 이유는 페이스북이 한 기업의 고객 수로는 세계 최대인 20억 명의 사용자를 보유했기 때문이다. 게다가 디지털 플랫폼이라 물류나 제조에 비용을 들이지 않아도 사용자는 계속 늘어나니 그야말로 '한계비용 제로'라 할 수 있다.

마이크로소프트 역시 '규모의 경제'에 해당하는 전형적인 예다. 이 회사의 소프트웨어 라이선스는 말 그대로 화폐 제조기가 되어, 라이선스를 판매할 때마다 발생하는 비용은 미미한 수준인 데 반해 수익성은 현저히 높다. 다만 마이크로소프트는 운영체제, 데이터베이스, 오피스로 구성된 소프트웨어의 각종 버전을 여러 해에 걸쳐 유지 보수해야 하므로 그만큼의 개발 능력을 확보해두어야만 한다.

그러나 플랫폼 제공자인 페이스북은 플랫폼을 최신 버전으로만 유지하면 되므로 여기에서도 규모의 경제 효과를 누릴 수 있다. 이 점 역시 비용 절감에 지대한 효과를 가져다주는 요소이며 숫자로도 나타난다. 2014년 4사분기와 2016년 4사분기를 비교하면 페이스북의 영업이익률은 29%에서 52%로 증가했다. 앞으로도 자사 플랫폼과 관련 서비스의 사용자를 순조롭게 늘려나가 수익화에 성공할 경우 이익률은 더욱 더 늘어날 것이다.

브랜드

현재로서는 페이스북이 세계에서 가장 유명한 브랜드라는 데 의

심의 여지가 없다. 카페인이 들어 있는 탄산음료를 주문할 때 반사적으로 '코카콜라'라고 말하는 것과 마찬가지로 사람들은 'SNS' 대신 '페이스북'이라 말한다. 이처럼 제품을 가리킬 때 제품명 대신 당연하다는 듯 언급되는 브랜드는 카리스마를 갖게 된다.

앞서 말했듯 페이스북은 전 세계 브랜드 가치 순위에서 5위를 차지했고, 브랜드 가치는 526억 달러로 585억 달러인 코카콜라를 맹추격하고 있다. 또 가장 빠르게 성장하는 기업 순위에서도 2년 연속 100위 안에 들었다.[26]

눈에 띄는 성장세를 보이는 인스타그램, 왓츠앱, 오큘러스 리프트가 페이스북 제국에서 앞으로 어느 정도의 지위를 차지할지도 자못 흥미롭다. 현재로서는 특히 인스타그램이 유행에 민감한 젊은이들의 마음을 강력하게 사로잡고 있어서 페이스북보다 더 눈에 띈다. 지금까지 페이스북은 다양한 고객층에게 매력적이며 폭넓은 서비스를 제공해왔고, 스냅챗 같은 경쟁 상대가 나타나면 곧바로 비슷하거나 더 나은 기능을 준비해서 사용자를 붙들어 두었다.

팰런티어

틸은 왜 팰런티어를 특별한 기업으로 삼고 우선적으로 투자했을까? 앞서 페이스북 투자 사례를 살펴볼 때 언급했던 세 가지 질문의 답을 생각해보자.

질문 1. 가치 있는 일은 무엇인가?

페이팔 시절의 경험 덕에 틸은 사이버 범죄가 증가 추세에 있음을 알고 있었다. 사실 디지털업계에서는 범죄 조직이 개입하는 경우가 현저히 늘고 있다.

여기에 9·11로 인해 국제 테러라는 더 큰 문제가 더해졌다. 자유지상주의자이자 기업가인 틸로서는 전문가가 테러 박멸 방법을 신속히 결정할 수 있도록 관련 데이터를 분석해주는 회사를 설립하는 것이 너무도 당연한 일이었다. 어떤 정치가나 벤처투자가, 기업가도 '빅데이터'라는 것에 주목하지 않았을 때부터 틸은 데이터 분석 회사가 가질 영향력을 꿰뚫어 봤다. 틸은 우선 파운더스 펀드의 자금부터 투자하겠다고 결심할 정도로 이 회사의 비전에 확신이 있었다. 틸에게 가치 있는 일은 아직 아무도 믿지 않지만 중요한 시장으로 발전할 가능성이 있는 무언가를 찾아내어 성장시키는 것이었고 팰런티어가 바로 그 '무언가'였다.

질문 2. 내가 할 수 있는 일은 무엇인가?

틸은 CEO 자리를 맡았던 페이팔 때와 달리 팰런티어에서는 처음부터 회장(감사회 회장)을 맡았다. 그는 스탠퍼드 동창인 앨릭스 카프를 중심으로 한 최초의 팀을 결성했고, 필요한 자금을 직접 출자했으며, 첫 제품 개발 이후에도 정부 기관이나 군, 대기업 같은 벅찬 고객을 상대해야 하는 젊은 스타트업을 끈기 있게 지원했다. 또 창업 이후 줄곧 전략가로서 물밑에서 회사를 지휘했고 자신의 지식과 인맥, 자유지상주의자로서의 철학을 활용하며 팰런티어를 가장 뛰어난 기술 기업으로 키우는 데 전념했다.

팰런티어 회장인 틸이 트럼프 정권의 기술 정책 고문을 맡으면서부터 언론은 두 사람의 유착 여부를 예의 주시하고 있다. 어쨌든 2016년 크리스마스에 틸이 트럼프와 IT 업계 주역들의 첫 회동 자리를 주선했을 때 그 자리에는 애플의 팀 쿡, 아마존의 제프 베조스, 알파벳의 래리 페이지, 페이스북의 셰릴 샌드버그 같은 쟁쟁한 인사들 사이에 작은 비상장기업 팰런티어의 CEO 앨릭스 카프가 섞여 있었던 것만은 분명하다.

질문 3. 아무도 하지 않는 일은 무엇인가?

틸이 팰런티어를 창업한 2003년 당시 빅데이터가 무엇인지 이해하는 사람은 극히 적었다. 디지털화가 그다지 진행되지 않았던 시기라 현재와 같이 분석을 위해 입수할 수 있는 데이터의 양과 질 모두를 상상할 수 없었던 것이다. 하지만 틸은 그런 시대적 배경이야말로 세계적인 공공 기관의 가장 중요한 문제를 해결하는 새로운 기술 기업을 설립할 절호의 기회라 판단했다.

현재 팰런티어는 21세기의 갖가지 난제를 대비해야 하는 정부, 공공 기관, 대기업의 전략적 도구를 제공하는 기업으로 자리매김 하고 있다. 정부나 공공 기관은 테러 조직의 무차별 공격의 증가에, 대기업은 디지털 비즈니스 모델을 보유한 공격적인 스타트업의 파괴적 에너지에 직면해 있기 때문이다.

틸은 파운더스 펀드 투자금을 포함한 약 4,000만 달러의 자금을 팰런티어에 투자했다.[27] 2016년 11월에 열린 투자 라운드에서 팰런티어의 기업가치는 약 200억 달러로 평가받았다.[28] 〈포브스〉는 2013년 당시 틸의 팰런티어 지분이 약 12%일 것이라 추정했는데[29] 이는 약 24억 달러에 해당한다. 인터넷 매체인 〈버즈피드〉에 따르면 파운더스 펀드는 약 40%의 현금흐름 할인율을 적용해 팰런티어의 기업가치를 약 127억 달러라고 평가했다.[30] 팰런티어 투자로 틸은 14년 동안 36~60배 정도의 수익을 올린 것이다.

기업 가치를 판단하는 틸의 3단계 접근법

페이스북 사례에서 살펴본 것처럼 여기에서도 팰런티어를 3단계 접근법에 따라 자세히 알아보도록 하자.

STEP 1. 평가: 미래의 기업가치

팰런티어는 페이스북과 달리 비상장기업이므로 기업의 지표를 조사하기가 어렵다. 게다가 비즈니스와 관련된 숫자도 일절 공개하지 않으며, 고객과도 일반적인 기준에 얽매이지 않고 탄력적으로 계약하는 것이 팰런티어의 특징이다. 가령 기대보다 큰 수익을 올린 경우에는 성공 보수 형태로 돈을 지급받기도 하기 때문에 이 회사에 대한 기업평가는 외부인에게든 내부인에게든 쉽지 않은 일이다. 앞서 언급했듯 〈버즈피드〉가 발표한 보고서에 따르면 틸이 운영하는 파운더스 펀드는 팰런티어의 기업가치를 약 127억 달러로 추정하지만, 이 수치는 2006년 11월 투자 라운드에서 언급된 200억 달러라는 숫자와 꽤 차이를 보인다.[31] 기술 기업의 기업가치 평가는 '믿느냐 믿지 않느냐의 문제'라는 말까지 있는 마당인데 팰런티어의 경우는 더더욱 베일에 가려져 있는 것이다.

2016년 10월 〈월스트리트 저널〉이 주최한 콘퍼런스에서 앨릭스 카프는 "우리가 극단적인 실수를 하지 않는 한" 2017년에는 팰런티어가 손익분기점을 넘어설 것이라고 말했다(2018년 11월 기준으로 팰런티어는 2019년에 손익분기점에 도달할 것으로 보인다-옮긴이). 지금까지 팰런티어는 최대한 수익화를 미뤄왔다. 수익성이 생기면 주식 상장이 시야에 들어와 성장보다는 수익에 집중하게 되기 때문이다. 다만 직원들이 각자 보유한 지분의 가치를 확인할 수 있도록 사모 펀드사와는 꾸준히 협력해왔다.

카프는 이 콘퍼런스에서 처음으로 상장 가능성을 암시했다. 직원들이 보유 지분을 현금화할 수 있게 하기 위해서다. 또한 그는 거래 금액이 1억 달러 이상인 고객에게만 초점을 맞춰 영업 활동을 한다고 털어놓았다. 일반적 기준에서 이야기되는 좋은 회사라

해서 반드시 팰런티어에게도 좋은 고객인 것은 아니다. 현재 팰런티어는 1억 달러 이상의 가치가 있는 계약을 20건이나 체결해놓은 상태인데, 특히 미 해군의 특수부대인 네이비실Navy Seal과 맺은 계약은 전체 계약 기간으로 따지면 4억 달러나 되는 규모다. 참고로 팰런티어의 해외 매출액은 2015년, 2016년 모두 두 배씩 증가했다.[32]

팰런티어는 지금까지 어떠한 회계 자료도 발표하지 않았지만 2016년 1월, 미국의 경제 전문 채널 CNBC는 이 회사의 2015년 매출이 15억 달러를 돌파했다고 보도했다. 기업가치 면에서는 2011년 이후 매년 약 100%씩 증가하는 것으로 추정된다.[33]

2017년 초 팰런티어는 독일의 화학제품 및 의약품 제조사인 머

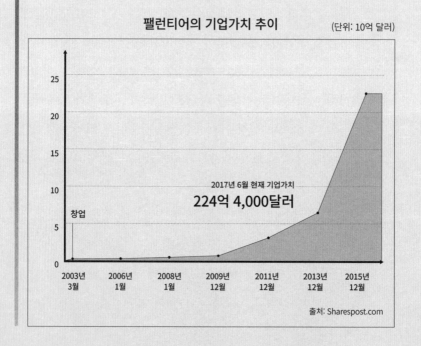

팰런티어의 기업가치 추이   (단위: 10억 달러)

2017년 6월 현재 기업가치
224억 4,000달러

창업

2003년   2006년   2008년   2009년   2011년   2013년   2015년
3월   1월   1월   12월   12월   12월   12월

출처: Sharespost.com

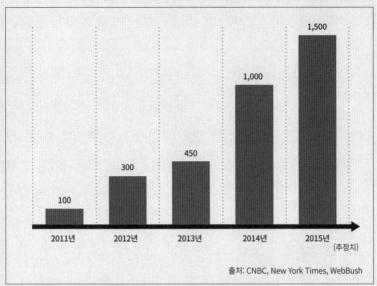

팰런티어의 매출

(단위:100만 달러)

- 2011년: 100
- 2012년: 300
- 2013년: 450
- 2014년: 1,000
- 2015년: 1,500 (추정치)

출처: CNBC, New York Times, WebBush

크Merck와 장기 협약을 체결했다. 머크는 팰런티어의 분석 소프트웨어를 활용해 암 환자 치료 방식을 개선해나갈 계획이다. 머크의 이사회 회장인 슈테판 오슈만Stefan Oschmann에 따르면 이 계약은 장기적 수익을 공유하는 방식으로 체결되었으며 흑자가 나면 이익을 배분할 예정인데, 앨릭스 카프에 따르면 계약 기간은 10년 이상 이어질 것으로 예상된다. 이 사례로도 알 수 있듯 팰런티어의 계약 체결 방식은 탄력적이고 개별적이다.

향후 팰런티어가 매출 증대를 위해 확충하려는 분야는 다음과 같다.

1) 정부 및 공공 기관

최근에는 미국뿐 아니라 영국과 덴마크도 고객 명단에 올랐다.

2) 미군

제임스 매티스James Mattis 국방장관과 허버트 맥매스터Herbert Mc-Master 백악관 국가안보보좌관은 과거에 각각 해병대 대장, 육군 중장이라는 요직에 있었으며, 군 관계자로서 팰런티어를 강력히 지지했다.

3) 산업계

팰런티어는 최근에 머크 및 에어버스 그룹Airbus Group, 브리지워터 어소시에이츠Bridgewater Associates, JP 모건, 제과기업 허시Hershey와도 계약을 체결하면서 산업계 진출에도 의욕을 보이고 있다.

4) 사이버 보안 비즈니스

시장조사 기관에 따르면 사이버 보안 시장의 규모는 2021년까지 2,020억 달러에 달할 것으로 추정된다. 범죄 근절, 불법자금 세탁, 비즈니스 데이터의 이상 검출 같은 분야의 전문 기업인 팰런티어는 이 시장에서 강점을 발휘할 수 있다.

STEP 2. 지속성

2004년에 창업한 팰런티어는 유니콘 기업 중 시장에서 가장 오래 활동한 회사다. 투자분석 회사인 피치북PitchBook에 따르면 지금까지 팰런티어에 유입된 벤처캐피털 자금은 약 25억 달러에 달하는데,[34] 아직 성장 중인 일개 소프트웨어 회사에게 있어 이는 상당한 금액이다.

팰런티어의 전 세계 직원 수는 2,000명 정도이며 대부분은 엔지니어나 컴퓨터공학 전문가다. 링크드인의 자료에 따르면 팰런티어는 스탠퍼드 대학에서 컴퓨터공학을 전공한 졸업생들에게 가장 인기 있는 민간 기업이다. 2016년 초 CNBC가 팰런티어 관련 보도에 "CIA가 출자한 스타트업, 팰로알토를 접수하다"라는 제목을 붙인 이유가 이해되는 대목이다. 여기에서 말하는 스타트업이란 팰런티어를 가리킨다. 당시 팰런티어는 팰로알토의 23개 건물(시내에 있는 사무 공간 총면적의 15%)을 차지하고 있었는데, 이는 젊고 창의적이고 야심만만한 스탠퍼드 졸업생을 언제든 확보할 수 있는 입지다.[35]

팰런티어는 정부, 공공 기관, 군, 거대 산업체와 거래함으로써 자사 소프트웨어가 이미 많은 영역에서 업무상 반드시 필요한 제품이라는 지위를 확립했다. 고객과 체결하는 계약 내용도 지속적이면서 장기적이며 최근 몇 년간 매출도 꾸준히 증가하고 있다. 정부 기관과의 사업에서는 이미 이윤을 내고 있으니 향후의 관건은 신용도 높은 대기업과의 장기 계약이 될 것이다.[36]

기업가치 평가액이 약 200억 달러에 이르는 타이밍에 상장하면 팰런티어는 재정 상태가 한층 더 탄탄해지고 글로벌 사업을 확장해서 신규 시장도 개척할 수 있을 것으로 보인다. 지금까지도 꾸준히 관련 스타트업을 인수함으로써 자사 기술을 강화해온 이 회사는 앞으로도 신규 자금을 확보해 스타트업 인수에 한층 더 적극 적으로 나설 것이다.

STEP 3. 가치의 누적

CEO이자 회사 전체에서 유일한 영업 담당자인 카프의 목표는 세 계에서 가장 크고 가장 중요한 각 업계의 기업들과 파트너 계약을 체결하는 것이다. 그가 스위스의 대형 은행인 크레디트 스위스Credit Suisse와 체결한 것 같은 합작투자joint venture(같은 사업 목적을 지닌 현지 자본과 공동으로 투자하여 함께 기업을 경영하는 것_옮긴이) 방식을 고려하고 있는 이유도 그 때문이다.[37]

2017년 1월 초 팰런티어와 머크 그룹은 파트너 계약을 체결했 고, 팰런티어 소속 프로그래머가 독일 머크사의 팀에 합류해 암 박 멸법을 연구하는 프로젝트를 진행 중이다. 또 팰런티어는 머크와 성공 보수 약정도 맺어서 수익이 발생하면 양사가 나눠 가진다.[38] 이런 관계가 성립할 수 있는 것은 머크가 팰런티어 소프트웨어의 가치를 확신하는 데 더해 자신들이 선택한 파트너를 신용하기 때 문이다.

앞서도 이야기했듯 카프는 최소 1억 달러가 넘는 계약이 성사 될 만한 고객에게만 영업에 나선다.

"우리 회사는 미혼에 비유할 수 있어요. 그러니 결혼 전에 되도 록 많은 사람들을 만나봐야죠."[39]

1억 달러 이상의 계약이 가능한 정도의 고객이 아니라면 총력 을 다한 데 대한 보상을 받을 수 없다. 그렇기에 팰런티어의 고객 명단은 흡사 세계적인 대기업 리스트 같은 느낌이 든다. 이 리스트에 이름을 올린 기업으로는 글로벌 보험사인 악사AXA, 대형 은행인 뱅크 오브 아메리카와 도이치은행, 제약 회사인 글락소 스미스클라인, 거대 유통업체인 월마트 등이 있다.[40]

독점인가? 경쟁인가?

경쟁 상대에게 있어 팰런티어는 이해하기 힘든 기업이다. 공공 기관이나 군 역시 팰런티어의 전례 없는 방식들에 당혹스러워한다. 워싱턴의 기득권층에게 카프와 팰런티어 직원들의 옷차림은 문화 충격이었고, '파괴적' 같은 단어가 속출하는 실리콘밸리 특유의 표현 역시 경악 그 자체였다. 스트라이프 정장을 갖춰 입고 형식적 절차를 수십 년 넘게 답습해온 록히드 마틴Lockheed Martin, 레이시언Raytheon, 노스롭 그루먼Northrop Grumman 같은 기존 군수업체의 문화와는 너무도 달랐기 때문이다.

실리콘밸리에서 온 아웃사이더라는 입장에서 정부와 군이 가진 풍부한 기술 예산의 혜택을 누리려는 팰런티어의 시도는 아직 그리 크게 성공을 거두지 못한 것이 사실이다. 공공 기관이나 군에게 비용을 절감할 수 있는 선택지로 자사의 데이터 분석 소프트웨어를 제안했지만 딱 잘라 거절당한 일도 한두 번이 아니다.

팰런티어는 비싼 법무법인을 고용해 많은 시간과 돈을 들여 군과 재판에서 싸운 적도 있다. 프로젝트 위탁업체 선발 과정에서 군의 조달 책임자가 팰런티어에 직원들의 근무 시간을 타임리코더 (직원들의 출퇴근을 자동으로 기록하는 기계_옮긴이)로 관리하라고 요구한 것이다. 그러나 팰런티어는 직원들이 언제 얼마나 일하든 각자의 재량에 맡기기를 고수했고, 바로 이 점에서 군의 기준을 충족하지 못한다는 이유로 공급업체에서 제외되었다.

이처럼 팰런티어와 군은 문화적 차이로 충돌하고 있다. 군의 한 책임자는 〈포춘〉과 가진 인터뷰에서, 팰런티어 직원들이 "우리에게는 우리만의 사업 모델이 있고 그것을 위해서라면 목숨 걸고 싸우겠다."라고 선포했음을 전했다.

하지만 그런 식의 대응은 '따라야만 하는 규칙'이 있는 군대의 근본정신과 어울리지 않는다. 〈포춘〉은 열세 페이지에 걸친 팰런티어 특집 기사를 편성하여, 터무니없이 비싼 프로젝트를 수차례나 실패한 미국 조달청 공무원들의 실태를 폭로했다. 트럼프 및 팰런티어에 긍정적인 수많은 장군들이 지지하고 있는 팰런티어가 거대 군수업체들이 쌓아올린 철옹성을 파고들 수 있을지의 여부는 아직 더 기다려봐야 알 수 있다.[41]

팰런티어의 경쟁 상대는 IBM 같은 빅데이터 분야의 기업들이지만 소프트웨어 부문을 보유한 레이시언, 록히드 마틴, 노스롭 그루먼 같은 거대 군수업체도 포함된다. 업계 전체의 '표준 규격'을 만드는 것이 목표인 팰런티어는 다국적 석유 기업인 BP British Petroleum와도 2014년 11월에 예비 계약을 체결했다. 이로써 팰런티어는 향후 10년에 걸친 12억 달러의 매출과 성공 보수를 보장받게 되었다.[42]

시장 점유와 시장 창조

팰런티어는 2004년 창업 이래 독자적인 시장을 개척해왔다. 창업 당시 빅데이터라는 주제는 이제 막 사람들의 화제로 언급되기 시작한 정도였다. 하지만 팰런티어는 사이버 범죄 증가와 테러 위협으로 인한 수요가 있다고 판단했다.

팰런티어는 데이터 분석 분야에서 복잡하기 짝이 없는 문제를 풀어내는 해결사 같은 존재가 되었다. 25억 달러의 자금을 확보한데다 틸이 전략적으로 도와준 덕에 앨릭스 카프는 투자자의 압박에 대응할 필요 없이 기술적으로 우수한 제품 개발에만 집중할 수 있었다. '가장 중요한 업계의 대기업 간부'로 타깃을 좁혀 영업 활동을 벌이고 계약 조건은 탄력적으로 결정한다는 방침을 세웠기 때문에 팰런티어의 고객 명단에는 극소수의 알짜배기 고객만이 올라 있다.

장기 계약 및 그에 따른 개발 단계의 파트너십은 강력한 자물쇠 효과를 가져다준다. 마치 다국적 소프트웨어 기업인 SAP(다양한 업무 영역별 비즈니스 솔루션을 제공하는 세계적 규모의 기업_옮긴이)의 기업 관리용 소프트웨어를 회사에 도입했을 때와 비슷한 효과다. 틸과 카프는 업무차 팰런티어의 소프트웨어를 이용해본 사람은 곧바로 자사의 충성도 높은 고객이 된다고 확신한다.

팰런티어는 공공 기관과 군을 고객으로 확보한 후 민간 기업으로 사업을 확장할 때 가장 먼저 금융업계를 타깃으로 삼았지만 지금은 항공기 제조사인 에어버스나 다국적 석유 기업인 BP 등에 주력하고 있다.

틸은 강연이나 인터뷰에서 "1960대 말 이후 디지털 분야 외에는 이렇다 할 혁신이 일어나지 않았다"는 점을 자주 지적한다. 이것은 팰런티어의 소프트웨어 홍보를 위한 복선이기도 하다. '팰런티어의 소프트웨어는 데이터 분석을 통해 보험업계나 제약업계, 항공우주업계 고객에게 새로운 통찰력을 제공하고 경제와 혁신 모두 성공으로 이끌어준다'는 점을 부각시키기 위해서 말이다. 지난 15년간 S&P500 지수에 포함된 500개 기업 중 절반이 다른 기업으로 대체되었음을 생각해보면 팰런티어에게 있어 이는 대단히 중요한 과제다.[43]

앞으로는 팰런티어 소프트웨어에 대한 정부나 공공 기관의 수요도 늘어날 것이다. 팰런티어는 2016년 세계경제포럼에서 빅데이터를 분석해 시리아 내부의 복잡한 대치 상황을 시각적으로 보여주는 애플리케이션을 소개했다.[44] 유럽 각국의 정부 및 관련 기관은 2015년부터 2016년 겨울에 걸친 시리아 난민 문제 및 전 세계로 확산된 불법이민 문제에 대처하느라 숨 쉴 틈도 없을 지경이다. 게다가 테러와 러시아, 서아시아, 북한의 정치 상황도 계속해서 주시해야 할 문제다.

하지만 정치가 얽히면 일이 복잡해진다. 2017년 1월에는 팰런티어 본사 앞에서 시위가 벌어졌다. 시위대는 팰런티어가 이슬람교도의 미국 입국을 감시하는 소프트웨어를 개발 중이라고 주장했다. 이에 대해 카프는 〈포브스〉와 가진 인터뷰에서 '그런 의뢰를 받은 적 없고 설사 받는다 해도 수락하지 않을 것'이라는 의사를 단호히 밝혔다.[45] 그럼에도 조지 오웰George Orwell의《1984》나 올더스 헉슬리의《멋진 신세계》가 그렸던 세상이 오고 있는 듯한 불안감이 드는 것은 분명하다.

독점 기업으로서의 특징

독점적 기술

팰런티어 소프트웨어의 특징은 소스와 데이터 기억 매체가 완전히 다른 정형 데이터와 비정형 데이터를 하나로 취합해 분석할 수 있다는 유례없는 기능에 있다. 웹 2.0과 SNS가 폭발적으로 보급되면서 비정형 데이터의 양은 방대해졌는데, 이 거대한 데이터를 집약하는 알고리즘 없이는 유의미한 분석도 불가능하다.

두 번째 특징은 직감적인 조작을 가능케 하는 GUIgraphical user interface다. 팰런티어의 소프트웨어는 일반 사용자도 분석 기능을 쉽게 사용할 수 있도록 설계되어 쿼리query 혹은 프로그래밍과 관련된 컴퓨터 언어를 따로 배우지 않아도 데이터를 곧바로 분석, 평가할 수 있다.

네트워크 효과

페이스북이나 페이팔처럼 사용자가 거의 무료로 사용할 수 있어 입소문으로 성장하는 플랫폼과 달리 팰런티어는 공공 기관이나 대기업을 대상으로 한다. 이들을 고객으로 만들려면 초기의 영업과 교섭에 상당히 공을 들여야 하고 계약 성사 역시 시간과 인내를 필요로 한다.

팰런티어가 기업에 침투하는 방식은 두 가지다. 최고경영진을 만나 교섭을 진행함과 동시에 실제로 소프트웨어를 사용할 실무 부서와 접촉하는 것이 그것인데, 후자는 현장의 직원들을 아군으로 만들기 위한 방법이다. 카프에 따르면 팰런티어 소프트웨어의 성능에 감탄한 직원이 다른 부서의 동료에게 추천하면서 신규 고객들이 늘어난다고 한다.

이 작전은 군에서도 톡톡히 효과를 보았다. 팰런티어는 아프가니스탄에 파견된 소규모 특수부대에 소프트웨어를 제공했는데, 이를 사용해본 엘리트 병사들이 상사에게 더 많은 라이선스를 주문해달라고 요청한 것이다.[46]

많은 다국적 기업 고객들을 상대하기 위해 직원들이 국경을 넘나들며 일하므로 팰런티어 소프트웨어의 수요는 기업 내 부서나 미국 국내뿐 아니라 세계 규모로 확장되고 있다. 즉, 한 기업 내에서 일종의 '페이스북 효과'가 발생하는 것이다. 팰런티어는 이런 식의 네트워크 효과를 통해 한 기업 내에서 지속적으로 신규 고객을 늘리며 뿌리를 뻗어나갈 수 있다.

규모의 경제

팰런티어는 특히 공공 기관이나 군에서 표준 소프트웨어 공급자로서 강점을 발휘할 수 있다. 이는 SAP가 업무용 소프트웨어로 자리매김하며 이미 검증해 보인 사실이다. 미국 국방성이 팰런티어

제품을 표준 소프트웨어로 정하면 연간 1억 달러가 든다. 하지만 국방성의 조달 책임자가 2001년에 한 군수업체에 발주한 소프트웨어를 위해 16년 넘게 60억 달러 이상을 부담했던 것과 이를 비교하면 팰런티어가 타사보다 경쟁력 있는 회사임을 알 수 있다.

민간 경제와 대기업이 사고방식을 전환해 실리콘밸리의 파괴적 기술을 도입하는 상황에서도 여전히 군은 홀로 낡은 사고방식을 고수하고 있다. 팰런티어와 군의 공방을 다룬 기사에서 〈포춘〉은 미 해군의 구매 및 조달 담당자가 16만 3,375명인 데 반해 국방성의 경우엔 20만 7,000명에 이른다고 전했다. 과연 트럼프 정권이 국방성 예산을 절감할 수 있을지는 두고 봐야겠다. 참고로 2017년 2월 트럼프는 국방성 예산을 540억 달러 증액하는 안을 발표했는데 이는 전년 대비 10% 늘어난 수치다.[47]

팰런티어는 민간 부문에서도 업계를 주도하는 기업들과 제휴하여 다른 기업에도 판매할 수 있을 만한 표준적 솔루션을 개발해야만 하는데, 이를 위한 전제 조건들은 엄격한 고객 선별을 통해 이미 갖춰둔 상태다. 2011년 스위스의 취리히공과대학 연구팀이 '다국적 기업의 지배구조'를 분석한 연구에서는 147개 기업(대부분 거대 금융 그룹)이 전 세계 경제적 가치의 약 40%를 지배한다는 사실이 밝혀졌는데, 상위 25개 기업 중 악사, 크레디트 스위스, 도이치은행, JP 모건은 이미 팰런티어의 고객이다.[48]

2017년 2월, 카프는 블룸버그와 가진 인터뷰에서 "팰런티어는 빠른 성장세를 이어가고 있지만 경비 지출 속도는 60% 낮아졌다."라고 말했다. 뿐만 아니라 카프는 전체 직원 수도 꼼꼼히 점검

한다. 지금까지는 데이터 분석 작업을 위해 인력을 확충해야 했지만 이제 그 작업이 제품이라는 열매를 맺었으므로 앞으로는 신규 고용이 줄어들어 이익률도 증가할 것으로 보인다.[49]

브랜드

2009년 팰런티어가 9,000만 달러의 자금을 추가로 모집했다고 발표하며 '10억 달러 클럽Billion Dollar Club(시가총액 10억 달러 기업_옮긴이)'으로 향하는 길에 들어섰을 때, 뛰어난 취재력을 자랑하는 IT 전문 매체 〈테크크런치〉조차도 팰런티어에 관한 정보를 제대로 파악하지 못했음을 인정할 수밖에 없었다. 〈테크크런치〉는 팰런티어의 SNS 활동을 당시 선풍적인 인기를 끌었던 스타트업 포스퀘어Foursquare와 비교하기도 했다. 2009년에 설립된 포스퀘어는 창업 첫해에만 트위터에 208건이나 글을 올렸던 데 반해 2004년에 설립된 팰런티어가 등록한 글은 고작 한 건에 그쳤다. 팰런티어가 다른 기술 기업에 비해 SNS의 활용에 대단히 신중하다는 점을 알 수 있는 대목이다.[50]

팰런티어는 '베일에 가려진 기업'이라는 평판을 적극 활용하고 있다. 베일 뒤에 있다는 점이 오히려 기업이나 일반 대중의 반향을 불러일으키기 때문이다. 저널리스트들은 오사마 빈라덴 수색에 팰런티어가 관여했다고 추정하지만 팰런티어가 이를 공식적으로 인정한 적은 없다.

홍보부서를 두지 않는 팰런티어는 오히려 최상급 소프트웨어 개발자와 수학자를 확보하는 데 공을 들이고, 이런 인재들은 팰런티어의 도전적 과제를 해결하는 데 매력을 느끼며 모여든다. 또한 틸과 카프는 자신들이 직접 정치가나 대기업 경영진과 접촉하여 팰런티어를 홍보하는 방식이 얼마나 효과적인지 간파하고 있기 때문에 영업부 혹은 기존의 광고 수단을 필요로 하지 않는다.

지금까지 카프는 상장에 신중한 모습을 보였지만 앞으로는 투명성을 확보하고 그동안 베일에 감춰졌던 사업 내용을 공개해야 할 것이다. 틸과 카프 역시 상장이 팰런티어라는 브랜드를 널리 알리고 중기적으로는 10억 달러 클럽을 넘어 '1,000억 달러 클럽'으로 부상할 수단임을 잘 알고 있다.

"기술의 발전이 인류의 모든 문제를
해결해주지는 않습니다. 하지만 기술 발전
없이는 아무 문제도 해결할 수 없지요."

3부

무엇이 그를 움직이는가

피터 틸이 그리는 멋진 신세계

기술을 권력으로부터 해방시켜라

틸의 자유지상주의 사상

틸은 개인의 자유가 최고의 가치라고 생각한다. 더불어 그는 이 원칙이 자유와 진보를 사랑하는 사람들이 정치를 감시하는 기준이라고 여긴다.

2009년 봄 자유주의 성향의 싱크탱크인 카토 연구소Cato Institute의 온라인 저널 〈카토 언바운드Cato Unbound〉에 발표한 '자유지상주의자의 교육The Education of a Libertarian'이라는 에세이에서 틸은 자신의 정치관과 세계관을 솔직하게 드러냈다. 이 글에 따르면 그는 지금까지도 10대 시절의 신념에 충실하며 몰수나 다름없는 징세와 전체주의, 그리고 '죽음은 피할 수 없는 것이라는 이데올로기'도 거부한다.

1980년대 후반, 스탠퍼드 대학에서 철학을 공부하던 틸은 정치적 수단을 활용해 자유를 손에 넣으려 했다. 바로 학생 신문 〈스탠퍼드 리뷰〉를 창간한 것이다. 이 활동을 통해 틸은 당시 캠퍼스에 만연해 있던 전통적 관행에 도전장을 내민 셈이다. 하지만 틸은 자조 섞인 목소리로 자신들이 들인 노력에 비해 많은 것을 얻지 못했다고 이야기했다.

"토론의 대부분은 제1차 세계대전 때 서부 전선에서 벌어진 참호전처럼 느껴졌습니다. 여러 차례에 걸친 대학살이 일어날 정도로 다퉜음에도 우리는 논쟁의 핵심까지 도달하지 못했죠."

1990년대에 맨해튼의 로펌에서 변호사이자 헤지펀드 매니저로 일하기 시작했을 무렵, 틸은 '왜 그렇게 많은 사람이 대학 졸업 후 환멸을 느끼는지' 깨달았다. 많은 학생들이 우물에서 나와 지나치게 거대한 세상을 마주했기 때문이다.

"이성적인 동지들은 대부분 냉정하고 무관심한 세상과 맞서 싸우는 대신 자신의 작은 정원을 가꾸는 데 전념했습니다."

틸은 똑똑한 사람일수록 자유시장경제 정책에 대해 비관적으로 변해가는 모습을 지켜보았다. 그가 〈카토 언바운드〉에 쓴 에세이에 따르면 똑똑한 보수주의자들은 정책을 비관하며 술에 의존하는 모습을 보인 반면 똑똑한 자유지상주의자들은 거기에서 벗어날 방법을 궁리했다.

권력으로부터 자유로운 새로운 공간

낙관주의자인 틸 역시 2008년부터 2009년에 걸친 금융위기 때는 자유주의 정책의 전망이 상당히 암울하다고 생각했다. 부동산 버블이

터지면서 리먼 브라더스가 파산했고, 뒤이어 자동차 제조사 GM이나 보험사 AIG 같은 거대 민간 기업이 일시적으로 국유화된 것은 국가의 개입을 뼛속 깊은 곳에서부터 싫어하는 자유지상주의자 틸이 받아들이기 힘든 사태였다. 당시는 1929년 대공황 이래 최악의 금융위기였고 금융 시장이 나락으로 빠져든 시기였다. 틸에 따르면 버블을 일으킨 주범이 개입해 국채 규모를 확대하고 은행과 보험업계에 대한 감독 및 규제를 강화하는 것 말고는 대책이 없었다. 위기가 초래된 것은 정부가 지원하고 부담해야 하는 국채가 한도를 넘어섰기 때문이었다. 더 아이러니한 것은 정부가 이 문제를 해결하기 위해 더 많은 부채를 부담하고 더 많이 시장에 개입해야만 한다는 점이었다.

"2009년 현재 자유지상주의자인 우리로서는 이런 정부가 다양한 과목을 폭넓게 가르치는 공교육을 시도해봐야 헛수고라는 점을 인정할 수밖에 없습니다."

하지만 틸에 따르면 '추세가 아주 오랫동안 잘못된 방향으로 나아가고 있다'는 게 훨씬 더 비관적이다. 정부는 경제, 재정 정책으로 금융 시장을 조종한다. 틸은 2008년에서 2009년 겨울에 있었던 강력한 국가 개입과 지원책을 비판하면서 1920년부터 1921년에 걸친 경제위기 때를 언급했다. 그때는 미국 정부가 시장에 개입하지 않아 단기적으로는 큰 위기를 초래했지만, 결국에는 광란의 20년대Roaring Twenties(미국이 유례없는 호황을 맞았던 1920년대를 일컫는 표현_옮긴이)라 불리는 번영의 시대가 찾아왔기 때문이다.

틸은 반쯤 체념한 상태에서 이제 정치는 더 이상 미래를 위한 왕도가 아니라는 결론에 도달했다.

"우리 시대의 자유지상주의자에게 주어진 사명은 정치로부터 탈출할 방법을 찾아내는 것입니다."

그러나 이것만으로는 부족하다. 틸은 이 '탈출'이 정치를 넘어서는 것이어야 한다고 말한다. 이를 위해서는 새로운 형태의 사회적·경제적 생활을 시험해볼 곳을 개척해야 하지만 21세기의 지상에는 그런 곳이 존재하지 않는다. 그렇다면 '지상 밖'은 어떨까?

그래서 틸은 '새로운 자유 공간'을 만들 수 있는 새로운 기술에 집중하기 시작했다.[2] 틸이 중요하게 생각하는 기술 개척 영역은 다음의 세 가지다.

권력으로부터 자유로운 인터넷 공간

틸은 기업가이자 투자가로서 "인터넷에 집중했다"고 말한다. 페이팔에 있을 당시 그는 '정부의 통제와 통화 정책으로 인한 실질가치 하락'으로부터 자유로운 국제 통화를 새로이 만들려 했다. 국가가 가진 화폐 주권에 종지부를 찍기 위해서였다. 2000년대에는 페이스북에 투자함으로써 '국가나 국경으로부터 자유로운' 새 커뮤니티 공간이 만들어졌다. 새로운 가상 세계는 사회적·정치적 질서를 크게 바꿔놓을 것이라는 게 틸의 생각이었다. 2016년 미국 대선에서는 SNS를 능숙하게 다룬 후보자가 승리를 거머쥐었다. 사용자 수가 20억 명에 달하는 페이스북의 확산력은 눈부실 정도였고 틸이 말하는 사회적·정치적 질서 혁신에 커다란 영향을 미쳤다. 비록 페이팔이 독자적 통화를 도입하진 못했지만 비트코인의 보급 및 그에 따라 전자화폐를 둘러싸고 일어난 세계의 열광은 국가가 주도하는 기존의 금융 구조를 바꿀 수 있는 파괴적 혁신의 가능성을 뚜렷이 부각시켰다.

권력으로부터 자유로운 우주 공간

틸은 우주에서 '정치와 국경에서 벗어날 가능성'을 찾고 있지만 아직 진입장벽이 높은 것이 사실이다. 1960년대부터 2009년까지 있었던 로켓 기술의 발달은 매우 낮은 수준에 그쳤기 때문에 우주는 여전히 '거의 도달할 수 없을 만큼 멀리 떨어진 곳'으로 남아 있다. 틸은 "민간 우주개발에 주력해야 하지만 이 작업이 완성되기까지는 오랜 시간이 걸린다는 사실 또한 잊지 말아야 합니다."라고 말한다.

틸은 유명한 SF 작가 로버트 하인라인이 소설에서 묘사한 듯한, "우주에서의 자유주의적 미래가 21세기 후반 이전에 실현될 수는 없을 것"이라는 현실적 결론을 내린다. 틸은 그 사이 자신이 운영하는 벤처캐피털의 펀드를 통해 민간 우주개발 사업의 가장 큰 자금 제공자가 되었다.

특히 틸은 일론 머스크가 설립한 스페이스엑스에 거액을 투자했다. 창업 초기의 스페이스엑스는 누구의 관심도 받지 못했지만 이후엔 참신한 기술과 접근법으로 NASA미국 항공우주국의 아성을 무너뜨리고 있다. 2017년에 스페이스엑스는 로켓 추진체를 재사용하는 데 성공했다. 이 회사의 궁극적인 목표는 우주 비행에 드는 비용을 큰 폭으로 줄여 화성으로 이주하는 것이다.[3]

권력으로부터 자유로운 해상 인공도시

틸에게 인터넷 공간과 우주 공간이라는 양극단 사이의 선택지는 바다 위에서 사는 것이다. 해상 인공도시, 즉 시스테딩Seasteading이란 기존 국가의 영해 밖 바다 위에 있는 영구적 거주 가능 공간을 뜻한다. 2009년에 틸은 이미 해상 인공도시를 저비용으로 건설할 수 있는 기술을 확보했다.

"물론 어려움이야 있지만 실현 불가능한 정도는 아니기 때문에 저는 이 프로젝트에 거는 기대가 큽니다."

하지만 페이스북이나 스페이스엑스의 결과와 비교하면 해상 인공도시 건설과 관련된 움직임은 더디기만 하다. 틸은 2014년 블룸버그와 가진 인터뷰에서 "이것은 아주 작은 시범 프로젝트며, 실제로 실현되는 시기는 아주 먼 미래일 겁니다."라고 말했다.[4](이 프로젝트는 마땅한 건설 장소를 찾기 어려워 오랫동안 표류했지만 2017년 미국 시스테딩 연구소와 프랑스령 폴리네시아가 양해각서 체결을 맺으며 다시 급부상했음. 연구소에 따르면 2019년부터 건설이 시작되어 2050년쯤이면 수백만 명의 시민이 살 수 있는 도시가 완성될 예정임_옮긴이)

우리는 정체된 현실을 깨닫지 못한다

틸은 앞서 말한 에세이의 끝머리에서 "우리는 '정치와 기술의 사투' 속에 있다."라는 비유적 표현을 사용했다.

"미래는 지금보다 더 좋아지거나 더 나빠질 것입니다. 하지만 '앞으로 어떠한 미래가 펼쳐질 것인가'라는 질문에 대한 답은 여전히 열려 있습니다."

정치 분야와 대조적으로 기술 분야에서는 단 한 명의 개인이라도 큰 변화를 일으킬 수 있다.

"정치계와 달리 기술계에서는 개인의 선택이 다른 무엇보다 중요할 수 있습니다. 우리 세계의 운명은 세상을 자본주의로부터 보호할 '자유로운 기구'를 만들거나 전파하는 한 개인의 노력에 달려 있는 것일지도 모릅니다."

이 글이 발표된 지 10년이 지난 지금, 우리는 슬슬 마크 저커버그가 창조한 페이스북이 과연 '멋진 신세계'인지 자문해봐도 좋을 것이다. 저커버그는 우리를 모든 게 아름답고 현대적이며 다채로운 사이버 공간 속 가상세계로 이끌려 했다. 이는 분명 가상세계와 현실세계의 간극을 쾌적하게 해결하는 방법이 될 수 있다. 2017년 4월 틸은 한 인터뷰에서 이렇게 말했다.[5]

"스마트폰은 우리 현실의 환경이 얼마나 노후했는지 외면하게 만듭니다. 일례로 뉴욕의 지하철망은 깔린 지 100년이나 됐습니다. 인프라 대부분은 예전 그대로죠."

틸의 에세이에는 이런 말도 있다.

"저는 선거가 지금의 상황을 개선해줄 것이라 기대하지 않습니다."

틸에 따르면 정치는 많은 영역에서 지나치게 개입하는 모습을 보이고 있다. 소프트 드러그soft drug(대마초처럼 중독성이 약한 마약_옮긴이)를 하는 개인도 처벌받는 마당에 왜 경영 능력이 없고 '몰지각'한 금융 기관을 우리가 낸 세금으로 구제해야 하는지 모르겠다는 것이 그의 주장이다.

"정치는 사람들을 분노하게 하고 관계를 파괴하며 비전을 양극화시킵니다. 우리의 세상과 저들의 세상, 착한 사람과 나쁜 사람으로 나뉘어 대립하게 하죠. 이것이 지금까지 자유지상주의자들이 정치권에서 성과를 내지 못한 이유입니다. 그렇기에 저는 비현실적이라고 여겨지는 평화적인 프로젝트에 에너지를 집중하길 권유합니다."[6]

지금 이 부분을 읽는 사람은 틸이 방향을 크게 전환했다고 느낄 것이다. 그는 2016년 봄에 트럼프 지지를 선언하며 거액의 후원금을 기부했고, 2016년 여름에 열린 공화당 전당대회에서는 트럼프가 이끄는 새로운 미국상像과 관련하여 열변을 토했다. 이렇게 해서 틸은 승자의 편에 섰고, 그 후에는 자신의 팀과 함께 경제·학술·혁신 분야에서 트럼프 정권의 숨은 핵심 인물인 기술 정책 고문이 되었다. 앞에서 소개한 에세이를 발표했던 2009년 당시의 틸을 생각하면 믿기 힘든 변화지만, 스타트업에 관한 그의 유명 좌우명 "불가능한 일은 아무것도 없다"는 여기에도 꼭 들어맞는다. 자유지상주의자일 뿐만 아니라 역발상가인 틸에게 트럼프의 기술 정책 고문이라는 역할은 미국을 다시 한 번 '기술이야말로 미덕'이라는 가치관으로 되돌려 근대적·혁신적 국가로 만들 수 있는 '인생에 단 한 번뿐인 기회'였던 것이다.

미래에 무슨 일이 생긴 것일까?

벤처캐피털이 특출하고 독특한 프로필을 가진 최고의 창업자와 스타트업의 관심을 끌려면 단순한 투자자 역할에 그쳐선 안 된다. 웹브라우저 개발자로서 넷스케이프를 창업한 후 영향력 있는 벤처캐피털 투자자가 된 마크 안드레센은 이것을 〈월스트리트 저널〉에 실린 '소프트웨어가 세계를 집어삼키고 있다'라는 제목의 사설에서 이해하기 쉽게 증명했다.[7]

이 사설에서 안드레센은 '앞으로는 소프트웨어가 모든 업계의 구조를 송두리째 뒤바꿔놓을 것이며 기존 산업은 사회의 변두리로 쫓겨날 것'이라 말했다. 모바일 통신 분야에서 나타난 소프트웨어의 세력 판도가 그 좋은 예다. 과거 휴대전화 제조업계의 제왕이었던 노키아는 애플과 구글이 시장을 제압하면서 자취를 감추고 말았다. 비슷한 일이 언론과 상업, 물류 분야에서도 일어나 아마존이나 넷플릭스 같은 플랫폼들은 기존의 공급자들을 몰아내고 있다.

안드레센의 사설은 자신의 벤처캐피털 투자를 위한 청사진이기도 하다. 안드레센은 주로 소프트웨어로 세상을 바꾸고 기존 공급자의 존속을 위협하는 스타트업, 또는 완전히 새로운 시장을 개척하려 하는 스타트업에 투자한다.

틸이 페이팔 동료와 함께 설립한 파운더스 펀드 역시 모든 점에서 안드레센에게 뒤지지 않는다. 2011년 파운더스 펀드는 웹사이트에 '미래에 무슨 일이 생긴 걸까?'라는 제목의 선언문을 올렸다. 이 선언문의 부제인 '우리는 하늘을 나는 자동차를 원했지만 결국 얻은 건

140자뿐이었다.'는 비단 트위터만을 향한 비난이 아니었다. 틸은 한 인터뷰에서 강한 어조로 다음과 같이 말했다.[8]

"트위터는 성공한 기업입니다. 페이스북이야 두말할 필요도 없지요. 하지만 지금의 문명을 한 단계 더 발전시키는 것은 일개 기업의 힘만으론 부족합니다. 기술은 변화를 가져옵니다. 그런데 요즘은 기술이라는 말이 컴퓨터공학, 즉 인터넷, 컴퓨터, 스마트폰, 모바일 인터넷과 동의어가 되고 말았죠. 기술의 지평을 이렇게 좁혀버리면 사회를 크게 전진시키는 데 좋을 게 없습니다."

틸과 파운더스 펀드 동료들의 이러한 체제 비판에는 어떤 의미가 담겨 있을까?

파운더스 펀드의 선언문은 '파운더스 펀드는 오늘날의 다른 벤처 캐피털들과 달리 상관관계에 있는 두 가지 이익을 중시한다'는 내용으로 시작된다. 여기에서의 두 가지 이익이란 선진국을 더 성장시키는 원동력인 기술이 발전하게끔 지원하는 것, 그리고 그것을 통해 투자자들에게 큰 수익을 보장하는 것이다. 이것이야말로 진정한 의미의 '벤처캐피털 투자'라는 것이다.

과거의 벤처캐피털은 1960년대부터 1990년대까지 이 두 가지 이익을 목표로 하여 크나큰 성공을 거뒀다. 1960년대에는 업계의 선두주자인 인텔을 비롯해 신흥 분야인 반도체 산업에 집중적인 투자가 이뤄졌다. 1970년대에는 하드웨어와 소프트웨어 기업들이 투자 대상이 되었고 1980년대에는 생명공학, 모바일 통신, 네트워크 관련 기업이 뒤를 이었다. 그리고 1990년대에 등장한 것이 인터넷 기업이다.

새로이 개발된 모든 기술들은 기술 면에서든 비용 면에서든 위험 부담이 크다는 공통점이 있다. 당장 해당 기술을 개발한 기업부터가 자사 제품의 성공 가능성에 상당히 회의적이다. IBM이나 DEC^{Digital} Equipment Corporation의 경영진조차 초기에 자사 컴퓨터의 판매 전망치를 대단히 낮게 잡았었고, PC가 일반 가정에까지 보급될 것이라곤 예상하지 못했다. 반도체 기업뿐 아니라 애플처럼 비약적으로 성장한 PC 기업조차도 처음엔 벤처캐피털 투자자들이 높은 수익을 확신하는 베팅 대상이 절대 아니었다. 다만 '뛰어난 투자는 뛰어난 기술과 마찬가지로 위험을 감수해야 하는 법'이라는 불문율만큼은 존재했었다.

그런데 1990년대 후반 무렵부터 상황이 달라졌다. 파운더스 펀드의 선언문에 따르면 많은 벤처캐피털의 포트폴리오는 기술 혁신적인 기업이 아니라 단순히 점진적으로 발전하는, 혹은 겉만 번드르르한 기업들에 초점을 맞췄다. 20세기 후반 주식 시장의 거품이 한창이었을 당시 벤처캐피털들은 각 기업이 보유한 기술의 질이나 성공 가능성을 자세히 조사하지 않았기에 사실상 모든 기술주의 가치가 높아졌다. 파운더스 펀드에 따르면 바로 이것이 많은 벤처캐피털 펀드가 투자자에게 수익을 가져다주지 못하게 되면서 세력이 약해진 이유다.

그래서 파운더스 펀드는 선언문에서 '불안정한 장기 금융 시장에 좌우되지 않고 확실한 기술력을 통해 지속적 수익을 창출할 수 있는, 고유의 강점을 가진 기업에 투자해야 한다'고 주장한다. 아마존이나 페이스북 같은 기업들이 그 예에 해당한다. 아마존은 맞춤형 상품 추천이나 효율적인 물류 시스템으로 혁신을 일으켰고, 페이스북은 약 20억 명이 실시간으로 소통할 수 있는 확장성과 성능이 뛰어난 네트워크 플랫폼이라는 고유의 강점을 가지기 때문이다.

세상을 바꾸는 혁신적 기술을 찾아라

그렇다면 기술의 진정한 혁신에 대한 파운더스 펀드의 비전과 신념은 어떤 것일까?

"아직 발견되지 않은 진짜 기술이 남아 있을까요? 아니면 기술의 역사는 이제 막바지에 들어선 것일까요?"

파운더스 펀드의 선언문에서 이런 에두른 질문을 던지는 데는 이유가 있다. 예전에는 훌륭한 아이디어나 비전이 있었다. 선언문에서 그 예로 드는 것은 1950년대의 핵연료 자동차 개발과 물리학자이자 SF 작가인 아서 C. 클라크Arthur C. Clarke다. 1968년 클라크는 가까운 미래에 민간 우주개발과 인공지능 이용이 시작될 것이라 예견했는데, 그에 대한 파운더스 펀드의 야유 섞인 대답은 이렇다.

"1960년대를 살아가던 사람들이 기다렸던 미래는 지금의 우리가 손꼽아 기다리는 미래와 크게 다르지 않습니다. 우리는 커크 함장(영화 〈스타트렉〉의 등장인물_옮긴이)과 USS 엔터프라이즈호(영화 〈스타트렉〉에 등장하는 우주항해선_옮긴이) 대신 여행상품 가격비교 사이트인 '프라이스라인닷컴Priceline.com'과 카보 산 루카스(멕시코의 휴양지_옮긴이)행 저가 항공권을 손에 넣었지요."

이런 이유로 파운더스 펀드는 다음과 같은 분야에 투자한다.

- 항공, 우주개발, 운송
- 생명공학
- 애널리틱스 및 소프트웨어

- 에너지

- 인터넷

하지만 이들 분야에만 관심을 보이는 것은 아니다. 파운더스 펀드는 다음과 같이 말한다.[9]

"가장 좋은 기업은 독자적인 시장을 창출하는 기업입니다."

이는 틸의 투자 철학 그 자체다. 틸은 독점 지향적인 기술 기업을 찾고 있으니 말이다. 요컨대 벤처캐피털 회사 대부분이 위험 부담이 더 적은 투자에 집중하는 데 반해 파운더스 펀드와 틸은 혁신적 기술로 세상을 더 좋게 바꾸려는 기업과 창업가를 찾는다. 파운더스 펀드의 선언문은 기술 중심으로 투자 전략을 세운다는 점을 분명하게 밝힌 것이다. 그 점에서 이들의 전략은 월가식의 금융공학과는 완전히 다르며, 오늘날의 실리콘밸리 투자자 대부분—투자를 검토하는 제품이나 서비스를 전문적으로 평가하지 않은 채 오로지 엑셀 시트만 보고 투자를 결정하는 사람들—과도 확연한 차이를 보인다.

'독서광' 틸의 애독서

정치, 철학, 경제, 기술에 해박한 틸의 세계관은 대다수의 실리콘밸리 거물 투자가들과는 달리 기술만을 바탕으로 형성된 것이 아니다. 틸은 항상 거시적으로 판단하고, 수십 년간 다져온 원칙을 바탕으로 투자하는데, 그런 면에서 버핏이나 찰리 멍거와 비슷하다.

세 사람의 공통점은 지독한 독서광이라는 것이다. 버핏이 스승으로 따르는 벤저민 그레이엄의 《증권 분석Security Analysis》을 전폭적으로 신뢰하는 것처럼 틸은 르네 지라르에게 심취해 있다. 틸은 스탠퍼드 재학 시절에 만난 지라르에게 '마지막 박식가'라는 찬사를 보냈다.[10]

《세상이 만들어질 때부터 숨겨져온 것》은 틸이 생각하는 지라르의 최고 걸작이다. 이 책은 절대 가벼운 마음으로 즐길 만한 것이 아니지만 이는 '이해하기 힘들어서가 아니라 내용이 알차기' 때문이다.

지라르 철학의 주제는 '모방'과 '경쟁'이다. 지라르에 따르면 인간 행동의 대부분은 모방을 바탕으로 이루어진다. 모방은 피할 수 없고 우리가 무언가를 하는 까닭은 다른 사람들이 그렇게 하기 때문이다. 틸은 여기에서 '우리는 같은 것, 다시 말해 같은 학교나 같은 직업, 같은 시장을 둘러싸고 경쟁한다'[11]는 결론에 도달했다. 경쟁이 경제적 이익을 '희석'시킨다는 것이다. '경쟁이란 패자가 하는 것'이라는 틸의 도발적이면서도 유명한 어록은 바로 여기에서 탄생했다.

틸은 언젠가 소셜 뉴스 웹사이트인 레딧Reddit에서 자신의 애독서를 소개하기도 했다. 그가 특히 즐겨 읽는 것은 '오래전에 미래를 배경으로 쓴 책'들인데 그중에서도 그가 좋아하는 책은 다음의 네 권이다.[12]

• 프랜시스 베이컨Francis Bacon의 《새로운 아틀란티스The New Atlantis》[13]

베이컨은 영국의 식민지 건설에 지대한 역할을 한 철학자이자 법률가이고, 이 책은 베이컨 사후에 발표된 미완성 유토피아 소설이다.

작품 속에는 벤살렘이라는 신비로운 섬이 등장한다. 페루에서 닻을 올려 중국과 일본으로 항해하던 유럽선의 선원들은 태평양에서 폭풍우를 만나 표류하다가 이 섬을 발견했다. 벤살렘의 주민들은 성실하고 윤리관이 뛰어나며, 공공 기관의 공무원들은 서비스에 대한 대가를 요구하지 않는다. 이들에겐 어떤 종교든 믿을 수 있는 자유가 있지만 이들이 가장 중요하게 여기는 것은 국가가 조성한 학술 기관인 '살로몬의 집'이다.

베이컨이 정치가로서 고국인 영국에 바랐던 이상적인 이미지는 관대함, 공정, 존엄 그리고 찬란함이었다. 베이컨은 살로몬의 집을 통해 근대적인 연구 기관으로 오늘날 우리가 잘 알고 있는 대학을 제안했다.

• 장 자크 세르방 슈레베르Jean Louis Servan Schreiber의 《미국의 도전The American Challenge》[14](국내 미출간)

좌파 저널리스트인 세르방 슈레베르가 1967년에 발표한 이 책은 유럽이 미국의 식민지로 전락할 것이라 경고한다. 이는 2017년 유럽의 정치가들이 도널드 트럼프의 새로운 정치 스타일을 보고 절실히 깨달은 바이기도 하다. 노벨상 수상자인 경제학자 폴 크루그먼Paul Krugman은 이 책의 전자판 서문에서 '모든 세대에게 영향을 미치는 책'이라는 평을 내놨다.[15]

지금 우리는 '세르방 슈레베르가 상상했던 세상'에서 살고 있다. 틸은 이 책에 대해 다음과 같이 말한다.

"세르방 슈레베르는 미국이 번영하는 속도가 점점 더 빨라진다는 대담한 비전을 내세웠습니다. 당시엔 그것이 당연하게 여겨졌지만 그로부터 반세기가 지난 현재의 우리는 그런 미래에 도저히 도달하지 못할 것 같을 만큼 뒤처져 있습니다. 이 책은 침체 기미를 보이는 우리 사회에게 1960년대의 낙관주의적 미래상으로 되돌아가라고 호소합니다."

도널드 트럼프도 선거 운동을 하면서 '빛나던 1960년대'를 수차례 거론했다. 미국의 힘이 막강했고, 중산층 증가 및 점점 더 여유로워진 생활 덕에 미래가 장밋빛으로 보였던 그 시대를 틸은 '기술에 커다란 희망이 있었던 시대'라 보며 대단히 긍정적으로 인식한다. 1960년대에 존 F. 케네디John F. Kennedy 대통령은 달 착륙이라는 큰 비전을 제시했고 이는 실제로 이루어졌다. 당시 그 비전을 추진했던 힘은 아폴로 계획과 반도체 기술 및 컴퓨터 산업의 눈부신 발전이었다. 그 추진력이 뒷받침되지 않았다면 그렇게 복잡한 임무는 완수되지 못했을 것이다.

• 노먼 에인절Norman Angell의 《거대한 환상: 군사력과 국가 우위성의 관계에 대한 연구 The Great Illusion; A Study of the Relation of Military Power To National Advantage》[16](국내 미출간)

피비린내 나는 세계대전과 분단의 20세기를 되돌아보면 이 책이야말로 예언서임을 깨닫게 된다. 이 책은 1910년, 즉 영국과 독일이 유럽의 패권을 두고 각축전을 벌이던 시기에 발표되었다.

당시 영국과 독일 두 나라는 특히 해군의 군비 확장을 두고 서로 경쟁했다. 통치자와 정치가들은 전 세계에서의 새로운 영토 획득을 통해 자국의 늘어나는 인구에게 새로운 생활공간과 풍요로운 삶을 선사하려 했다. 전 세계에 걸쳐 광대한 식민지를 건설한 대영 제국은 독일이 거울로 삼는 롤모델이었다.

저널리스트, 작가, 노동당 당원으로도 널리 알려진 에인절은 시대정신을 거스르는, 그야말로 파괴적인 사고방식의 소유자였다. 그는 제1차 세계대전 전야였던 당시 '강한 군사국가만이 국민들에게 장밋빛 미래를 약속할 수 있다고 생각하는 통치자는 완전한 오류에 빠진 셈이고, 강대국 국민들에게 있어 새로운 영토 획득은 이익이 아닌 제로섬 게임에 불과하다'고 주장했다.

이미 당시부터 에인절은 경제 및 금융업이 국경을 넘어 복잡하게 얽혀 있으므로 강대국 중 하나가 군사적으로 개입하면 세계가 엄청난 충격을 받을 것이라 지적했다. 또한 미국은 유럽의 분쟁으로 큰 타격을 입을 것이라는 점도 경고했는데, 이는 당시 미국이 이미 유럽 여러 국가와 경제적·재정적으로 긴밀한 관계에 있었기 때문이었다.

사실 제1차 세계대전 전야의 세계 경제는 글로벌화의 물결 속에 있었다. 전기전자 기업인 지멘스Siemens, 철강 기업인 마네스만Mannesmann, 화학 기업인 바스프BASF 같은 당시의 스타트업들이 글로벌 기업으로 빠르게 성장하고 있었기 때문이다.

출간된 지 100년이 지난 지금《거대한 환상》이 갖는 가치는 더욱 크다. 에인절은 우리에게 글로벌 네트워크화 세계에서는 더 이상의 전쟁은 없어야 한다는 메시지를 전해준다. 100년 전의 통치자들이 에인절의 충고를 따랐다면 인류가 이렇게 많은 고통과 재난을 경험하는 일도 없었을지 모른다.

• 닐 스티븐슨의《다이아몬드 시대Diamond Age》[17]

정보화 시대의 진전이 초래한 미래상을 그린 SF 소설이다. 스티븐슨은 이 작품에서 국가가 더 이상 제구실을 못하는 미래를 생생하게 그려낸다.《다이아몬드 시대》에 등장하는 미래의 기업들은 '물질 변환기material Compiler'를 통해 모든 물건을 어디서든 제조할 수 있고, 국가는 징세권을 상실한다. 세계적으로 연결된 정보 네트워크를 통해 금융 거래와 상거래가 국가의 간섭 없이 자유롭게 이루어지기 때문이다.

틸은 1995년에 발표된 이 작품을 읽고서 3년 후 페이팔을 창업하는 데 필요한 힌트를 얻었는지도 모른다. 페이팔의 비전은 정부 간섭으로부터 자유로운 새 전자화폐를 만드는 것이었으니 말이다. 또한 스티븐슨이 말한 '장소의 제약을 받지 않는 재화'의 생산은 이제 현실로 다가오고 있다. 3D 프린터나 자동화, 로봇공학 같은 해법들이 제4차 산업혁명이라 불리고 기술의 전제 조건이 되면서 '맞춤형 제조'가 현실이 된 것이다. 그 결과 기업은 점점 제조 공장을 자국의 고객 가까이로 되돌리고 있다. 현재 아마존이 시범 운영 중인 드론 배송처럼, 새로운 물류와 결합한 새로운 생산 방식은 고객이 원하는 상품을 실시간으로 제조해 배달하는 구조로 이어진다. 틸이 설립한 페이팔은 비록 독자적인 통화 체계를 확립하진 못했지만 그 후 암호화폐인 비트코인은 투자 대상이 되었다.

그밖에도 스티븐슨은 오늘날 인터넷 경제에서 당연시되는 여러 중요 개념을 만들어냈다. 그중 하나가 소유권과 상관없이 자유롭게 정보를 공유하고 이용할 수 있게 하는 오픈 소스 운동의 기본 사상이다. 틸의 친구이자 테슬라와 스페이스엑스의 창업자 일론 머스크는 2014년에 이미 테슬라의 모든 특허를 오픈 소스로 공개해 센세이션을 불러일으킨 바 있다.

머스크는 블로그에 '우리의 특허는 이제 모두의 것입니다.'라는 제목의 글을 올렸다.[18] 기술 발전의 성과를 전 세계 기술 공동체가 자유로이 이용하게 하면 전기자동차 등 E-모빌리티(전기를 주 동력원으로 하는 운송 수단_옮긴이)의 발달을 더욱 촉진시킴으로써 기존의 자동차 기업에 더 큰 압력을 가할 수 있다는 것이 그의 이야기다. 머스크는 지식의 공유야말로 혁신을 더 빠르게 순환시켜 모두에게 이익을 가져다주는 방법이라고 생각한 것이다.

9장

미국의 '그림자 대통령'

트럼프 정권을 움직이는 핵심 브레인

2016년 가을, 피터 틸은 또다시 역발상으로 승리를 거뒀다. 모든 정치 평론가가 힐러리 클린턴Hillary Clinton의 우세를 확신하는 상황에서 도널드 트럼프에게 베팅한 것이다.

이것은 틸의 분석력에서 기인한 것일까? 많은 전문가와 대조적으로 유권자들은 지난 20년간 이어져온 방식이 또다시 되풀이되길 원하지 않는다는 사실을 그는 꿰뚫어 본 것일까?

기술 기업 창업가이자 투자가인 틸은 새로운 파괴적 스타트업의 등장 시점을 누구보다 잘 간파하는 인물이다. 틸에게 있어 도널드 트럼프 같은 남자는 '파괴적 변화를 이끌 사람'이며 트럼프 정권은 '낡은 비즈니스 모델을 깨뜨릴 스타트업'[1]인 것이다.

역발상 투자가인 틸은 큰 위험 부담을 두려워하지 않으며 다른 사람들이 신뢰하지 않는 스타트업과 비즈니스 모델에 과감히 투자한다.

틸의 판단에 따르면 트럼프에 대한 지지를 표명하는 것은 위험한 아웃사이더에게 거는 도박이 아니었다. '결국 미국의 과반수가 트럼프를 지지했기' 때문이다.[2]

하지만 실리콘밸리는 달랐다. 대부분의 실리콘밸리 기업들은 트럼프가 내세우는 배타적 이민 정책에 거부 반응을 보였고, 트럼프는 트럼프대로 '아이폰 제조 공장을 다시 미국으로 이전시키겠다'며 애플을 도발해 활활 타오르는 불에 기름을 끼얹었다.

승자가 될 아웃사이더

틸은 전부터 때때로 아웃사이더 대통령 경선 후보를 지지하곤 했다. 휴렛팩커드의 전 CEO 겸 회장인 칼리 피오리나Carly Fiorina, 우파 보수주의자 론 폴Ron Paul 등이 그 예다. 그리고 그는 이제 '전환점'이 왔음을 알아차렸다. 다시 말해 낡은 체제의 변화와 붕괴가 일어날 티핑 포인트(미미하게 진행되던 상황이 어느 순간 폭발하는 것)가 도래했음을 감지한 것이다. 때문에 틸에게 있어 미국 대선은 도박이 아니었다. 트럼프는 '승리할 기회가 있는 아웃사이더'였으니 말이다.[3]

역사학자 릭 펄스타인Rick Perlstein은 〈뉴욕 타임스〉에 실린 "나는 미국의 우파를 잘 안다고 생각했으나 트럼프는 내가 틀렸음을 증명했다"라는 제목의 사설에서 트럼프가 승리한 원인을 설명하려 했다.[4] 하지만 틸은 이미 그보다 몇 년 전부터 인터뷰를 할 때마다 미국은 '망가져버렸고', 이제는 과거 미국의 그림자에 지나지 않는다는 말을 수

차례나 반복한 바 있었다.

틸이 트럼프를 높이 사는 까닭은 트럼프가 선거 운동에서 그 점을
—몹시 선정적이고 단순화한 형태이기는 했지만—중점적으로 호소
했기 때문이다. 트럼프는 레이건이 내건 '미국을 다시 위대하게'라는
슬로건뿐 아니라 1992년 대선에서 빌 클린턴이 조지 H. W. 부시George
H. W. Bush를 상대로 내건 '바보야, 문제는 경제야It's the economy, stupid'라는
슬로건도 의도적으로 사용했다. 이렇게 함으로써 트럼프는 소위 러스
트 벨트('녹슨 지대'라는 뜻으로 미국 중서부에서 북동부에 걸친 사양화된 공업 지대
를 일컫는 말_옮긴이)라 불리는 민주당 텃밭에서 힐러리 클린턴에게 치명
타를 입혔다. 클린턴, 그리고 평소라면 무엇이든 환히 꿰뚫어 보는 워
싱턴의 정보통들이 잘못된 판단을 내린 것은 미국 사회가 진보 좌파
노선을 지지할 것이라 생각했기 때문이다. 그 배경에는 동성혼 합법
화 등에서 볼 수 있는 사회문화적인 변화가 있었다. 민주당은 아직까
지도 선거 결과에 따른 타격에서 벗어나지 못한 채 새로운 기본 정책
을 확립하느라 고군분투 중이다.[5]

하지만 미국인들은 기존 지배층에 질릴 대로 질린 상태였다. 예전
부터 틸은 '구체제는 이제 부패해버려 제대로 기능하지 못하며 발전
할 가망이 없음'을 수차례 지적했다. 빌 클린턴의 임기 중에는 닷컴
버블이, 조지 W. 부시 시절에는 부동산 버블이 붕괴했지만 그에 대한
책임을 진 사람은 아무도 없었다. 오히려 정반대로 2016년에는 조지
W. 부시의 동생 젭 부시Jeb Bush와 힐러리 클린턴, 즉 부시 가문과 클린
턴 가문이 선거전을 치르는 양상이 되었다. 그렇게 되면 1989년에 아
버지 부시가 대통령이 되고 나서—버락 오바마Barack Obama가 대통령이

었던 8년간을 제외하면—2021년까지 32년 동안 클린턴 가문과 부시 가문이 정권을 차지한다는 계산이 나온다.

특히 디지털화와 글로벌화로 자신들이 소외됐다고 느끼는 미국 중서부 사람들은 기존 정치에 대한 불신이 커져만 갔다. 이들은 자신들의 생활을 어렵게 만든 원인인 지배층이 문제를 해결해줄 리 없다고 생각했기 때문에 투표에도 참여하지 않았다.

틸과 트럼프가 바라본 미국 국내 상황은 많은 점에서 일치한다. 틸은 2014년 빌 크리스톨Bill Kristol(〈스탠퍼드 리뷰〉의 창간을 지원했던 어빙 크리스톨의 아들로 보수파 저널리스트)이 진행하는 TV 프로그램에 출연했을 때 이미 날카로운 지적을 한 바 있다.[6] 틸에 따르면 요즘은 여론조사의 영향력이 믿기지 않을 만큼 강력해서 정치가는 다수파의 환심을 사는데만 정신이 팔려 있다. 하지만 현재의 경향과 여론에만 집착하는 정치가는 위험을 감수하려 들지 않게 된다. 극단적인 관료주의와 은행, 보험, 에너지, 운송, 건강, 의약품 같은 중요한 산업 부문에 대한 규제 강화는 혁신의 진전에 심각한 영향을 초래한다. 1960년대부터 기술 업계가 장족의 발전을 이룰 수 있었던 것은 빌 게이츠와 래리 페이지, 세르게이 브린이 창고에서 스타트업을 창업했을 때 그 누구의 감시도 받지 않았기 때문이다. 정치가로서는 때때로 인터넷 산업과 충돌하는 구경제의 대기업을 타깃으로 삼는 편이 훨씬 더 효과적이었던 것이다.

정치가들은 정치에서의 리스크 회피, 그리고 재선 실패에 대한 불안감 탓에 새로운 차원의 대규모 프로젝트는 염두에 두지 않게 되었다. 그러나 원래 정권이란 야심 찬 프로젝트를 감행할 수 있다. 원자폭탄 발명을 위한 1940년대의 맨해튼 계획이나 1960년대 후반의 달 착륙이 그 예다.

하지만 틸에 따르면 지금의 정치는 법학자들이 지배하는 거대 관료 조직에 얽매여 있다. 수많은 법률은 더 많은 규제를 낳았고 사회를 위한 혁신 및 보다 나은 생활환경을 가로막고 있는 상태다. 트럼프는 워싱턴의 부패와 족벌정치를 뿌리 뽑겠다고 주장해서 틸을 비롯한 많은 유권자의 지지를 받았다. 기업가이자 투자가인 틸은 기존의 것을 저지 혹은 방해하기보다는 새로운 것에 시동을 거는 데 익숙하기 때문에 규제 역시 좀 더 경제적이고 '혁신 친화적'으로 디자인하는 편이 좋다는 의견이다. 정부와 공공 기관은 법률가를 줄이고 혁신에 대한 전문 지식을 갖춘 우수한 엔지니어를 많이 등용해야 한다고 그가 생각하는 이유 역시 이것이다.

만일 정치가가 '몇 년 안에 암을 박멸하겠다'고 발표한다면 제정신이 아니라는 소리를 들을지도 모른다. 그러나 틸에 따르면 진정한 혁신을 통해 사람들의 생활을 개선하고 경제성장률을 다시 3% 이상으로 올리겠다는 비전은 반드시 필요하다. 그렇게 하면 고임금 일자리가 늘어나 세금이 증가하고, 늘어난 세금은 복지로 돌릴 수 있으며, 대책이 시급한 교육과 인프라에도 투자할 수 있을 것이기 때문이다.

2017년 미국 신임 노동부 장관에 취임한 알렉산더 아코스타 Alexander Acosta도 틸과 같은 의견이다. 아코스타는 독일 경제지 〈한데스블라트Handelsblatt〉와 가진 인터뷰에서 "생산성을 높이고 관료주의의 굴레에서 경제를 해방하며 미국 교육 제도의 결점을 보완해 교육과 기업의 연계성을 강화해야 한다."라고 지적했다.[7] 그렇게 하면 취업률을 높일 수 있을 것이란 점에서였다.

'정치적 무신론자'의 정치 개입

틸이 트럼프에 대한 지지 및 자금 지원 결심을 발표하자 실리콘밸리에서는 비명이 터져 나왔다. 페이스북 이사직과 와이콤비네이터 비상근 파트너 자리에서 물러나라고 틸에게 강력히 요구하는 사람도 있었다. 틸이 정부와 군을 고객으로 둔 팰런티어의 회장이자 최대 주주라는 입장도 거센 비난을 받는 데 한몫했다. 틸의 친구였던 와이콤비네이터 대표 샘 올트먼은 철저한 트럼프 비판자였기에 틸에 대한 실망을 노골적으로 드러냈다.[8]

많은 인터넷 기업은 분기마다 수십억 달러를 쌓아두고 워싱턴의 정치가와 마찬가지로 정치적 보호막 안에서 쾌적하게 살아간다. 미국의 다른 지역이 어떤 상황인지는 알 바 없다는 듯 말이다.

틸은 정치에 관한 한 자신은 '무신론자'라고 생각한다. 스타트업을 창업할 때마다 새로운 한계에 도전해왔지만 '우리는 항상 정치 체제 안에서 움직이고, 그 체제에는 정당성이 있다'는 것이 틸의 생각이다. 그렇기에 그는 그 안에 '개입'하는 데 의미가 있다고 여긴다. 틸은 이렇게 말했다.[9]

"정치는 신이 아니고, 그 모든 것도 아닙니다."

이 메시지는 차츰 실리콘밸리의 거물들에게도 받아들여지고 있다. 애플의 CEO인 팀 쿡은 2017년 1사분기 실적을 발표한 후 미국 내 고용 창출을 위해 첨단 제조 기술을 도입하는 제조사에 10억 달러를 투자하겠다고 발표했다. 물론 애플은 현재 해외 계좌에 2,570억 달러의 현금을 보유 중이고, 2016년에는 500억 달러의 부품을 미국 내 제조업체에서 매입한 바 있다.[10] 마크 저커버그 역시 미국 30개 주를 방문하는 투어를 실시했다. 마치 대선 출마를 의식하기라도 하듯 저커버그는 생산 자동화 문제에 대한 관심을 드러내기 위해 디트로이트에 있는 포드 공장도 방문했다.[11]

글로벌화는 '복사해서 붙이기'

정치가나 전문가 대부분은 혁신과 글로벌화를 혼동하곤 하지만 틸은 다르다. 틸에게 있어 글로벌화란 '복사해서 붙이기'와 같은 의미, 즉 어떤 지역의 사업을 단순히 카피한 뒤 다른 지역에서 그대로 재현하는 것이다. 틸이 보기에 글로벌화의 시발점은 1971년 리처드 닉슨 Richard Nixon 대통령의 오른팔인 헨리 키신저 Henry Kissinger가 극비리에 중국을 방문한 일이다. 한참 뒤처져 있던 국가적 상황을 고작 40년이라는 짧은 시간 만에 만회해낸 나라는 중국밖에 없을 것이다. 하지만 도널드 트럼프는 미국의 공장 노동자가 대량으로 실직한 것은 중국 탓이 크다고 생각한다. 불티나게 팔리는 아이폰 뒷면에 '캘리포니아 애플에서 디자인하고 중국에서 조립했음 Designed by Apple in California. Assembled in China'이라고 새겨진 문구가 바로 글로벌화를 가장 쉽게 이해할 수 있는 예인데, 이를 통해 우리는 태평양을 넘은 국제적 분업과 가치사슬의 결합을 잘 알 수 있다.

2017년 빌 클린턴의 경제 정책 고문이자 노벨 경제학상 수상자인 조지프 스티글리츠Joseph Stiglitz는 미국의 경제 상황에 대해 이렇게 이야기했다.[12]

"미국인의 하위 90%의 평균 소득은 25년 전과 비슷한 수준이고 미국인의 평균 수명은 더 짧아졌습니다. 선진국치고는 놀라운 일이죠. 1년 전만 해도 이는 백인 남성에게만 해당하는 얘기였으나 지금은 모든 사람에게 들어맞습니다. 미국인의 1%는 대단히 풍족한 생활을 누리지만 나머지는 사투를 벌이고 있는 것이죠."

스티글리츠는 자신이 글로벌화를 옹호한다고 인정했지만, 인터뷰에서는 MIT의 연구 결과도 언급했다.

"MIT에서 연구한 바에 따르면, 중국으로부터의 수입량이 늘어날수록 미국의 임금은 낮아지고 실업률은 높아졌습니다."

따라서 트럼프 정권이 무역 관계의 공정성을 조사하는 것에도 나름의 근거가 있다고 볼 수 있다.

둘로 갈라진 미국에는 두 개의 권력 중심지가 있으니, 동해안의 뉴욕과 서해안의 실리콘밸리가 그것이다. 금융 및 글로벌 기업이 집중된 뉴욕은 글로벌화의 승자, 기술 기업이 집중된 실리콘밸리는 혁신의 승자이고 그 사이에 있는 주州들은 '플라이오버 스테이트flyover states'(미국 동부와 서부를 가로질러 비행할 때나 보는 지역이라는 의미로 미국 동서부 사람들이 중부를 비하하여 이르는 말_옮긴이)라 불린다. 두 중심지는 세계가 인정하는 독자적 지위를 획득했고 성공한 사람들도 수없이 배출해왔다. 한편 미국 국토의 대부분은 정도의 차이가 있긴 하나 쇠퇴일로를 걷는 중이다. 틸은 불균형한 부의 분포가 디지털화 및 글로벌화의 압력과 합쳐져 사회적 긴장을 증폭시킨다면서 수차례 경종을 울려왔다.

양극화와 사회적 긴장은 실리콘밸리에서도 확연히 느낄 수 있다. 2013년부터 2014년 봄까지는 구글의 통근 버스가 시위대의 표적이 되었다.[13] 이 거대 기술 기업의 대형 버스들은 매일 아침 샌프란시스코에서 실리콘밸리까지 직원들을 실어 나른다. 애플, 알파벳, 페이스북처럼 연봉이 높은 기업의 직원들은 도회적인 샌프란시스코에서 살고 싶어 하고 그 결과 이곳의 월세(4,000달러에 달한다는 이야기도 심심치 않게 들린다), 부동산 가격, 생활비는 계속 높아지고 있다. 많은 스타트업과 기술 기업이 거점의 일부를 샌프란시스코로 옮기는 상황도 사태를 악화시켰다. 하지만 인구가 100만 명에 가까운 샌프란시스코는 새로운 스타트업과 제품을 시험하기에 이상적인 곳이다. 우버가 샌프란시스코에서 첫 배차 서비스를 시험 제공했던 것처럼 말이다.

평소라면 낙관적인 분위기로 가득할 서해안의 베이 지역도 요즘 들어선 활기가 없다. 최근 몇 년간 체감경기는 최저 수준으로 얼어붙었다. 원인은 생활비 급등과 실리콘밸리에서 일하는 밀레니엄 세대 직원들의 불만이다. 한 조사에서 베이 지역 주민의 70% 이상은 지난 6개월간 상황이 개선되지 않았다고, 또 절반가량은 향후 3년간 경기가 더욱 침체할 것이라고 응답했다.[14]

미국인은 유럽인과 달리 이사를 꺼리지 않으므로 베이 지역에 사는 기술 기업 직원 중 40% 이상은 이사를 고려하고 있다.[15] 이렇게 되면 문제는 '두뇌 유출'이다. 와이콤비네이터의 샘 올트먼은 적당한 가격의 주택이 부족하다며 한숨을 지었다.[16]

"제2차 세계대전에서 돌아온 병사는 가정을 꾸리고 집을 살 수 있었습니다. 기술과 정책을 통해 다시 적당한 가격에 집을 살 수 있게 할 방법은 과연 없는 걸까요?"

미국은 더 이상 '첨단 기술국'이 아니다

"저는 게이라는 게 자랑스럽습니다. 저는 공화당원이라는 게 자랑스럽습니다. 그러나 무엇보다 저는 미국인이라는 것이 가장 자랑스럽습니다."[17]

트럼프가 대통령 후보로 지명된 2016년 7월의 공화당 전당대회에서 틸이 연설할 때 했던 발언이다. 틸은 청중에게 메시지가 잘 전달되도록 문장과 문장 사이에 간격을 두지 않고 단숨에 말했다. 동성애를 언급하는 것은 위험하다는 의견도 있었지만 전당대회의 전체적인 흐름에 이 발언을 교묘하게 심어 넣은 것은 성공적이었다. 청중은 틸의 메시지에 "USA!"를 연발하며 환호했다.[18]

틸의 이 연설은 높은 평가를 받았다. 불과 6분 정도의 연설에서 그는 유권자들의 가려운 곳을 긁어주었고 공화당의 부족한 점 또한 숨기려 들지 않았다.

클리블랜드가 고향 중 하나인 틸에게 이 도시는 전당대회 개최지로 안성맞춤이었다. 대회 마지막 날 밤, 틸은 청중의 갈채를 받으며 활기차게 연단으로 향했다. 그는 곧장 본론으로 들어가 자신을 새로운 회사를 만드는 건설자이자 소셜네트워크나 우주선처럼 새로운 것을 만드는 이들을 지원하는 사람이라고 소개했다.

"저는 정치인이 아닙니다. 도널드 트럼프 역시 마찬가지죠. 트럼프는 건설자입니다. 그리고 지금은 미국을 재건해야 할 때입니다."

틸은 자신이 살고 일하는 실리콘밸리라는 곳, 즉 컴퓨터와 소프트웨어 산업을 크게 발전시키고 많은 돈을 창출해온 곳에 대해 자기비판을 섞어가며 이야기했다. 하지만 문제는 실리콘밸리가 작은 도시에 불과하다는 것이다. 둘러보면 주위는 실리콘밸리처럼 풍요로운 곳들이 아니다.

"미국 전체는 저임금에 허덕이고 있습니다. 게다가 월가의 대형 은행들은 국채부터 힐러리 클린턴의 강연료에 이르기까지 모든 곳에서 또다시 거품을 키우고 있죠."

경제 상황에 관한 틸의 가차 없는 발언은 "우리 경제는 망가지고 말았습니다."라는 부분에서 절정에 달했다. 틸은 현 미국의 모습은 미국인이 꿈꿔온 그것이 아니라고 말하며 자기 가족의 이야기를 덧붙였다.

"제 부모님이 미래에 대한 꿈을 안고 미국으로 건너왔을 때, 두 분은 바로 이곳 클리블랜드에서 그것을 실현할 기회를 발견했습니다. 당시에는 어디에나 기회가 있었죠."

틸의 아버지는 공화당 전당대회가 열린 행사장 근처에 있는 케이스 웨스턴 리저브 대학에서 공학을 전공했다. 1968년의 일이다. 지금은 누구나 기술의 수도는 샌프란시스코와 실리콘밸리라고 생각하지만 당시는 미국 전체가 '첨단 기술의 도시'였다.

"까마득할 만큼 오래전이긴 하지만 우리 정부도 한때는 첨단 기술을 자랑했습니다. 우리 가족이 클리블랜드로 이사 왔을 당시엔 현재 인터넷의 기초가 된 국방 연구가 이루어지고 있었습니다. 아폴로 계획이 인간의 달 착륙을 눈앞에 둔 시점이었고, 게다가 그 주역인 닐 암스트롱Neil Armstrong은 이곳 오하이오 출신이었죠. 그때는 누구나 미래에 무한한 가능성이 있다고 여기는 시대였습니다. 하지만 지금의 우리 정부는 제대로 작동하지 못하고 있습니다."

틸은 기술 전문가이기에 초강대국 미국의 참상을 이해하기 쉽게 설명할 수 있었다.

"우리 핵 기지에서는 아직도 플로피 디스크를 사용합니다. 최신 전투기는 비가 오면 비행할 수조차 없죠. 정부에서 사용하는 소프트웨어는 성능이 떨어진다는 표현만으로는 설명하기 부족합니다. 대개는 제대로 동작조차 하지 않으니까요."

이 부분은 버락 오바마 정권이 오바마 케어를 실시했을 당시 보험 등록 신청 사이트가 다운됐던 일에 대한 야유이기도 했다. 틸은 한때 맨해튼 계획을 감행했던 국가의 참상에 대해 "실리콘밸리에서 그런 무능함은 용납되지 않습니다."라고 말하며 자신의 역량을 은근슬쩍 과시하기도 했다. 또한 미국의 외교에 대해서는 "우리는 화성에 가는 대신 중동을 침략했습니다."라고 언급했고, 힐러리 클린턴의 개인용 이메일 문제와 관련해선 '힐러리가 삭제한 이메일 내용을 자세히 읽어볼 필요도 없다'고 말했다.

"힐러리의 무능함은 누구나 다 아는 사실입니다. 힐러리는 리비아 전쟁을 추진했고, 현재 리비아는 IS이슬람국가의 훈련장이 되고 말았죠."

틸은 청중에게 '이제 어리석은 전쟁을 끝내고 미국을 재건해야 할 때'라는 도널드 트럼프의 주장이 전적으로 옳은 것이라 호소하며, 오늘날의 정치가 얼마나 편협한지에 대해서는 다음과 같이 표현했다.

"제가 어렸을 때 가장 중요한 논쟁거리는 '어떻게 하면 소련을 이길 수 있을까'였습니다. 그리고 우리는 결국 승리했죠. 그런데 지금 우리는 '누가 어떤 화장실을 써야 하는가'를 두고 필사적인 논쟁을 벌이고 있습니다(2016년 미국 노스캐롤라이나주에서 성 정체성에 따른 트랜스젠더의 공공 화장실 사용을 금지하는 법안이 시행되자 이를 둘러싼 논쟁이 미국 전역으로 번진 것을 지칭_옮긴이). 이런 것들은 우리로 하여금 '진짜 문제'에 집중하지 못하게 합니다. 누가 어느 화장실을 쓸지가 그렇게까지 중대한 문제일까요?"

틸이 보기에 '미국을 다시 위대하게'라는 트럼프의 메시지는 과거로 회귀하는 게 아니라 미래로 향하는 실마리다.

"오늘 밤 저는 친애하는 국민 여러분께, 자리에서 일어나 도널드 트럼프에게 투표하시기를 강력히 부탁드립니다."

틸은 정부가 기술 발전을 촉진시키는 지원을 게을리하고 있다고 말했다. 주목해야 할 것은 공화당이 정권을 잡았던 2001년에도 조지 W. 부시 대통령이 배아줄기세포 연구를 중단시켰다는 점이다. 또한 NASA 등에 지구온난화 관련 연구를 위한 예산 지원을 꺼린 것도 공화당 의원들이었고, 외교 면에서 봤을 때 이라크 전쟁의 책임 역시 공화당에 있다.[19]

틸은 공화당이 무의식적으로 저질러온 실패까지 서슴없이 지적하면서 초강대국의 현재 모습을 있는 그대로 전 세계 보도진 앞에서 드러냈다. 그것도 '예로부터 근거 없는 낙관주의가 팽배해서 매사를 긍정적으로 보려는 경향이 있는' 공화당의 전당대회 석상에서 말이다.[20]

트럼프에게 125만 달러를 기부한 이유

틸이 트럼프에게 125만 달러를 기부했다는 사실이 밝혀진 때는 워싱턴의 내셔널 프레스 클럽에서 기자회견을 하기 얼마 전이었다. 이로써 틸은 155만 달러를 기부한 헤지펀드 매니저 로버트 머서Robert Mercer, 200만 달러를 기부한 로스앤젤레스의 부동산 개발업자 제프리 파머Geoffrey Palmer와 함께 트럼프의 가장 유력한 지지자로 손꼽히게 되었다.[21]

틸의 기부는 엄청난 화제를 불러일으켰지만 매스컴은 다른 문제로도 틸을 비난했다. 앞에서도 언급했듯 자신의 성관계 동영상을 홈페이지에 공개한 가십 매체 〈고커 미디어〉를 고소한 전 프로 레슬러 헐크 호건에게 틸이 소송비를 지원했기 때문이다. 호건은 재판에서 승소했다. 이에 따라 〈고커 미디어〉는 원래 1억 1,500만 달러의 배상금을 지급하라는 판결을 받았고 그 뒤 호건에게 3,100만 달러의 합의금을 지급하는 절충안을 이끌어냈지만, 이 비용마저 감당하지 못해 결국은 파산 신청을 하고 말았다.[22] 〈고커 미디어〉는 그보다 몇 년 전에 틸이 게이라는 사실을 폭로하기도 했는데, 언론은 〈고커 미디어〉 파산을 통해 틸 같은 재력가는 재판까지도 마음대로 조종할 수 있음을 뼈저리게 깨달았다.

그런 배경도 있었던 터라 대선을 1주일쯤 앞둔 2016년 10월 31일, 워싱턴의 내셔널 프레스 클럽에서 틸이 가진 기자회견은 큰 주목을 받았다. 〈뉴욕 타임스〉는 틸을 기술 투자가와 기업가 중에서도 '독한 인물'이라며 신랄하게 평가했다.

기자회견에서 틸은 당시 대선의 선거전답지 않은 선거전 양상을 언급했다. 이렇게 된 데는 가장 큰 영향력을 가진 유권자들이 어려운 현실을 외면해버린 탓도 있는데, 그 이유는 현실을 인정하기에는 그들의 '자존심이 너무 세다'는 것이었다. 현실을 인정하면 '자신의 성공을 의심하는' 셈이 되어버리니 말이다. 틸은 이번 선거가 비정상적으로 보일지도 모르지만 "이 나라의 현재 상황이 훨씬 더 비정상입니다."라고 딱 잘라 말했다.[23] 그는 먼저 가장 중요한 타깃층인 베이비부머 세대를 거론했다. 은퇴를 앞둔 그들은 대부분 간신히 생활을 이어나가는 상태였다.

"55세 이상인 사람의 64%는 모아둔 돈이 연 수입보다 적습니다. 사소한 의약품을 사는 데도 다른 나라보다 열 배쯤 많은 비용을 부담해야 하는 이 나라에서 이것은 생사가 달린 문제입니다. 미국의 지나치게 비싼 의료 제도는 세계에 보조금을 지원하는 데는 도움이 될지도 모르겠으나, 미국인을 구해주지는 않습니다."

틸은 다음으로 젊은 세대를 언급했다. 미국의 학비는 원래 비싸기로 유명하지만 최근 들어서는 물가상승률보다 훨씬 빠른 기세로 치솟고 있다.

"매년 1조 3,000억 달러가 학생들의 학자금 대출 빚더미로 쌓입니다."

미국은 학생이 부채를 면제받지 못하는 유일한 나라다. 이 나라에서는 개인 파산조차 허락되지 않는다. 가계 지출은 계속 증가하고 있지만 수입은 전혀 늘지 않은 지금의 밀레니엄 세대는 부모보다 더 낮은 생활수준을 영위하는 첫 세대가 될 것이다.

"실질 달러가치로 보자면 가계의 평균 수입은 17년 전보다 줄어들었습니다. 미국인 절반가량은 만일의 사태에 맞닥뜨렸을 때 변통할 수 있는 돈이 400달러 정도밖에 없죠. 국민들이 생계를 꾸려나가느라 허덕이는 동안 정부는 몇 조 달러나 되는 세금을 멀리 떨어진 땅에서 전쟁을 하는 데 낭비하고 있습니다. 지금도 우리나라는 이라크, 시리아, 리비아, 예멘, 소말리아 등 5개국에서 전쟁 중입니다."

이어서 틸은 미국의 경제적 불평등에 관해 이야기했다.

"분명 모든 사람이 다 궁핍하게 생활하지는 않습니다."

부유층이 거주하는 워싱턴 교외 지역이나 실리콘밸리 주민들은 유유자적하게 살아가니 말이다.

"하지만 미국인 대부분은 이런 물질적 풍요와 인연이 없습니다. 그러니 사람들이 버니 샌더스Bernie Sanders(2016년 미국 대선의 민주당 경선 후보로 힐러리 클린턴과 막판까지 아슬아슬한 승부를 펼쳤음_옮긴이)나 도널드 트럼프를 지지하는 것도 그리 놀라운 일이 아니죠."

틸이 보기에 두 후보자는 모두 '완벽'하지 않은 이들이다.

"도널드 트럼프가 했던 말과 행동 모두에 제가 동의하는 것은 아닙니다. 여성을 폄하하는 트럼프의 발언을 받아들일 사람은 아무도 없을 텐데, 저 역시 그것이 매우 부적절한 발언이었다고 생각합니다."

이어 틸은 설사 유권자들이 트럼프를 선택한다 해도 그들을 '판단력이 부족하다'고 비난할 수는 없다고 이야기한다.

"우리가 트럼프를 선택한 이유는 이 나라의 지도자들이 실패했다는 결론에 이르렀기 때문입니다."

성공한 저명인사나 실리콘밸리 사람들 중에도 이 실패를 받아들이기 힘들어하는 이는 많다.

틸은 미국 사회의 편협함이 '기괴'한 형태를 띤다고 지적했다. 미국의 성소수자 잡지인 〈디 애드버케이트The Advocate〉는 한때 틸을 '게이 혁신가'라며 치켜세웠지만 최근에는 '틸은 게이가 아니다'라는 기사를 실었다. 틸의 정치적 방향성이 자신들과 다르기 때문이다.

"'다양성'이라는 말 뒤에는 기만이 숨어 있습니다. 다른 사람들과 행동을 같이하지 않는 이는 다양성이 결여된 사람으로 여겨지죠. 어떤 개인적 배경이 있든 상관없이 말입니다."

뒤이어 틸은 "이렇게 멸시당하면서도 유권자들이 여전히 트럼프를 지지하는 이유는 무엇일까요?"라는 의미심장한 질문을 했다.

"제가 생각하기에는 '큰 차원'에서 보면 트럼프의 주장이 옳기 때문입니다."

예컨대 자유무역은 미국에 유리하게 작용하지 않는다. 경제학자들은 경제 이론을 들먹이며 값싼 수입품이 모든 사람을 승자로 만든다고 설명하지만, 현실을 보면 해외무역으로 인해 수만 곳의 공장과 수백만 개의 일자리가 사라져버렸다. 미국의 심장부가 '황폐'해지고만 것이다. 미국의 막대한 무역적자는 무언가가 잘못되었음을 여실히 드러낸다.

"세계의 최선진국은 발전도상국에 자본을 수출해야 합니다. 그럼에도 미합중국은 1년에 5,000억 달러 이상을 그들로부터 수입하고 있습니다."

그로 인해 더 많은 돈이 금융 자산으로 흘러 들어갔고 미국 경제는 점점 더 은행이나 금융 부문에 치우쳐졌다는 것이다. 틸에 따르면 이에 따라 엄청난 폭리를 취한 것은 월가뿐이다.

"우리는 15년이나 전쟁을 이어왔고 4조 6,000억 달러 이상을 낭비했습니다. 200만 명이 넘는 사람, 5,000명이 넘는 미군이 목숨을 잃었는데도 우리는 승리하지 못했습니다. 부시 정권은 이라크를 민주화하는 데 500억 달러를 투입하겠다고 약속했지만 그 대신 우리는 혼란을 더 키우는 데 40배의 금액을 허비했죠."

유권자들은 '무역과 글로벌화는 모든 사람에게 이익이 된다'거나 '전쟁에서 승리할 수 있다'는 이야기를 반복해서 듣는 데 진저리가 났다. 틸이 트럼프를 높이 평가하는 까닭은 트럼프가 미국을 다시 '정상 국가'로 만들려 하기 때문이다.

"정상적인 국가에선 5,000억 달러에 달하는 무역적자가 발생하지 않습니다. 정상적인 국가는 선전 포고 없이 전쟁을 하지 않습니다. 정상적인 국가의 정부는 실제로 해야 할 일을 합니다. 이제 정부는 자신들이 해야 할 일이 무엇인지 깨닫는 것에서부터 시작해야 합니다. 국민들은 '정부가 무능하다'고 비판하는 보수 정치인들의 목소리를 듣는 데 지칠 대로 지쳤습니다. 유권자들은 정부가 항상 무능하지는 않았다는 걸 알고 있습니다. 맨해튼 계획, 주간州間 고속도로망, 아폴로 계획이 추진됐을 때 우리는 정부가 그 일을 해내지 못할 것이라 의심하지 않았습니다."

틸은 트럼프가 공화당을 레이거니즘Reaganism(레이건의 신자유주의적 보수화 정책을 지칭_옮긴이)을 넘어 새로운 방향으로 나아가게 할 것이고, 부정을 극복하고 버블처럼 불확실한 생각을 거부하며 미국의 정치를 새롭고 현실적으로 이끌 것이라 주장했다. 그리고 기자회견에서의 연설을 이렇게 매듭지었다.

"이 떠들썩한 선거철이 지나고 언젠가 우리 시대의 역사가 기록되는 시기가 찾아왔을 때 중요해질 논점은 단 하나, 새로운 정치가 너무 늦게 시작되었던 것은 아닐까의 여부일 것입니다."

기술업계 수장들과 트럼프의 만남

트럼프가 선거에서 승리하자 많은 사람이 경악했고 실리콘밸리의 거물들은 낙담에 빠졌다. 하지만 틸은 달랐다. 자신의 역발상 전략이 또한 번 결실을 본 것이었기 때문이다. 언론이나 여론조사의 예상은 정반대였지만 틸은 도널드 트럼프의 승리를 의심한 적이 없었다.

"트럼프가 승리할 확률은 지나치게 과소평가되어 있습니다. 트럼프에게 표를 던질 유권자들이 여론조사에는 반영되지 않았죠."

선거에 자연스럽게 탄력이 붙는 상황은 틸에게 브렉시트(영국의 EU 탈퇴)를 연상케 했다.[24] 틸은 "트럼프의 상대가 힐러리 클린턴이 아닌 버니 샌더스였다면 선거에서의 승리도 상당히 어려웠을 겁니다."

라고 말했다.

그리고 어느 날 갑자기 틸은 트럼프 정권에서 기술 정책 고문을 맡았다. 대통령 후보를 공식 지명하는 공화당 전당대회에서 연설하고 선거 운동을 지원했던 노고를 얼마 지나지 않아 보상받은 것이다. 트럼프의 '스타트업'은 고작 몇 달 만에 나름의 비즈니스 모델을 확립하고 파괴적 정책을 통해 세계 최대의 경제 대국이 되겠다는 비전을 내세우며 시동을 걸었다.

그런데 그 자리는 어떻게 틸에게 돌아간 것일까? 틸은 전당대회에서의 연설 및 거액의 기부를 통해 트럼프의 사위 재러드 쿠슈너Jared Kushner와 그의 아내 이방카 트럼프Ivanka Trump의 관심을 끌었다. 쿠슈너 부부는 원래 틸과 알고 지내던 사이다. 재러드의 남동생인 조슈아 쿠슈너Joshua Kushner가 오스카 헬스의 창업자였기 때문이다. 현재 기업가치 평가액이 27억 달러인 이 스타트업은 비싸고 비효율적인 미국의 건강 보험을 좀 더 저렴하고 효율적이며 사용자 친화적으로 설계할 수 있다는 가능성을 보여주었다. 틸은 지금까지 파운더스 펀드를 통해 상당한 금액을 오스카 헬스에 투자했고,. 2016년에는 4억 달러 투자 라운드에도 참여했다. 이 투자 라운드에는 피델리티Fidelity와 구글 캐피털 같은 투자사들도 함께했다.[25]

선거 기간 동안 트럼프 진영이 스타트업, 마케팅, 기술과 글로벌화 같은 주제에 관한 틸의 메시지를 선거에서의 중요 '무기'와 바이블로 삼은 영향도 컸다.

틸이 트럼프의 기술 정책 고문을 맡았다는 소식은 2016년 12월 중순, 즉 대통령 취임 전 정권 인수 기간에 이미 세간에 알려졌다. 틸은 실리콘밸리 거물들과 트럼프 사이의 간극을 메우고 건설적인 길을 다지고자 트럼프와 팀 쿡, 제프 베조스, 래리 페이지, 셰릴 샌드버그, 사티아 나델라Satya Nadella, 일론 머스크, 앨릭스 카프를 한자리에 모았고 첫 만남을 성공리에 이끌었다. 틸의 성공은 기술업계 수장들과 트럼프를 한 테이블에 앉히는 데만 그친 게 아니었다. 트럼프가 참석자들을 '훌륭한 사람들'이라 표현했고 "여러분 같은 사람은 세상 어디에도 없다."고 치켜세우며 도울 일이 있다면 무엇이든 돕겠다고 발언했기 때문이다. 대선 기간 동안 애플과 아마존을 맹렬하게 비난하며 각을 세웠던 모습과는 완전히 다른 양상이었다.[26]

'그림자 대통령'의 측근들

미국의 온라인 정치 전문 일간지 〈폴리티코Politico〉는 틸을 '그림자 대통령'이라 일컬었다. 최근 들어 틸과 가까운 직원들이 그를 그렇게 부르는 듯한데, 실제로 틸은 여러 회의에 참석하며 트럼프 정권에서 상당한 존재감을 발휘하고 있다.[27] 체스의 명수이자 스타트업을 이끈 경험이 있는 틸은 인재를 적재적소에 배치하는 데 능통하다. 그렇다면 워싱턴의 '수렁'을 깨끗이 말리고 틸이 신뢰하는 전문가를 요직에 앉혀 규제를 완화하고 혁신을 도모할 수 있을지도 모른다.

틸 캐피털의 최고책임자였던 마이클 크라시오스Michael Kratsios는 트럼프 정권의 부CTO에 취임했다. 부CTO는 백악관의 과학기술정책국과 연계하여 데이터, 혁신, 기술 같은 과제를 책임진다. 틸 캐피털에

서 일하기 전 크라시오스는 틸이 운영하는 투자사 클래리엄의 CFO최
고재무책임자였다.[28]

미스릴 캐피털의 파트너 중 한 명이었던 짐 오닐Jim O'Neill은 원래 보
건복지부 산하에 있는 정부 기관인 FDA식품의약국의 장관으로 기용된다
는 소문이 돌았다.[29] 오닐은 부시 정권 시절에 보건복지부에서 일했던
경험도 있지만 과거에 "제약 회사가 신약을 판매하기 전에 (시간을 오래
잡아먹는) 임상 시험을 진행할 필요는 없다. 소비자가 신약의 사용 여부
를 스스로 선택하면 될 일"이라고 발언한 적이 있다. 언론은 오닐 같
은 자유지상주의자를 영향력 있는 자리에 앉힌다면 틸로서는 대성공
을 거두는 것이라고 보았다. 그러나 2017년 5월, 트럼프는 좀 더 온건
한 성향의 스콧 고틀립Scott Gottlieb을 장관으로 지명했다.[30]

트레이 스티븐스Trae Stephens에 대해서도 언급해두자. 스티븐스는 현
재 파운더스 펀드에서 공공 기관을 고객으로 하는 스타트업을 전문
으로 담당하고 있다. 예전에 국방성의 정권인수위원회를 이끈 이력이
있는 그는 국방성에서 군의 조달 프로세스를 꼬치꼬치 캐물을 만큼
주눅 들지 않는 성격이다. 틸이 설립한 팰런티어는 군의 불투명한 조
달 프로세스에 문제를 제기하며 소송을 진행했고 2016년 10월, 재판
부는 팰런티어가 배제되었던 2억 600만 달러짜리 입찰에 참여할 권
리를 인정했다. 또한 앞서 봤듯 〈포춘〉조차도 2017년 4월에 13 페이
지에 이르는 특집 기사에서 기존부터 거래하던 군수업체만 우대하는
국방성의 업무 방식을 비난한 바 있다.[31]

그밖에도 틸은 케빈 해링턴Kevin Harrington과 마크 울웨이Mark Woolway를
트럼프의 정권인수위원회에 투입했다. 틸 캐피털 등에서 요직에 있었

던 해링턴은 NSC미국 국가안전보장회의 이사회에 초빙되어 상무부의 빈자리에, 2000년부터 틸과 관계를 맺어온 울웨이는 재무부에 배치되었다. 처음에 페이팔에서 일했던 울웨이는 그 후 틸이 설립한 헤지펀드 클래리엄 캐피털의 운영책임자를 맡기도 했다.

데이비드 지런터David Gelernter는 트럼프의 과학기술비서관 후보로 올라 화제가 되었는데, 이때도 틸은 뒤에서 조종을 맡았다. IT 분야의 전문가이자 예일대의 유명 교수인 지런터는 폭탄 테러범 시어도어 카진스키Theodore Kaczynski, 일명 유나바머Unabomber(1978년부터 20년 가까이 우편으로 폭탄을 보내 수십 명의 사상자를 낸 테러범. 유나바머라는 별명은 대학university과 항공사airline를 목표로 테러하는 폭파범bomber이라는 의미로 FBI가 붙인 것임_옮긴이)가 보낸 우편물 폭탄에 중상을 입은 피해자이기도 하다.

하지만 지런터가 이름을 알리게 된 것은 인터넷의 가치와 발전에 대한 그의 선견지명 때문이었다. 그는 1990년대 초반에 출간한《미러월드Mirror worlds》(국내 미출간)에서 이미 구글 검색이나 구글맵 같은 서비스를 언급했다. 또한 지런터는 반지성주의 입장에 서서 '애국심과 전통적인 가족관이 붕괴한 것은 지성에 편중된 탓'이라고 주장했다. 만일 지런터가 과학기술비서관 자리에 오른다면 전례 없는 인선이라 할 수 있다. 그는 물리학자도 생물학자도 아닌 컴퓨터 과학자이기 때문이다.[32] 기후 변화에 대해 회의적인 태도를 보이는 그는 "인간이 기후를 변화시킨다는 생각은 극단적인 가설"이라고 말했다. 자신이 보기에 기후 변화를 뒷받침하는 증거는 존재하지 않는다는 것이다.[33] 지런터는 틸과 오랫동안 가깝게 지내왔고, 틸이 매년 지식인과 사상가를 초청해 프랑스 리비에라에서 개최하는 연례 컨퍼런스에도 참석한다.

트럼프의 손을 들어준 궁극의 역발상

틸은 지금 더없이 좋은 출발점에 서 있다. 대선에서 트럼프를 택한 그의 결정은 틀린 것이 아니었다. 스타트업인 페이팔과 페이스북, 팰런티어에서 그랬듯 틸은 트럼프의 사위 재러드 쿠슈너라는 마음 맞는 파트너를 만났다. 매스컴은 틸이 중요한 자리에 오를 것이라고 대서특필했지만 틸의 전략은 조금 달랐다. 정치에도 정통한 틸은 실리콘밸리에 머무르는 편이 자신의 네트워크를 활용해 기술과 금융 분야에서 영향력을 행사할 수 있는 방법임을 꿰뚫어 본 것이다.

"역사책의 첫 페이지가 펼쳐졌습니다. 우리가 안고 있는 문제를 새로운 관점에서 생각할 가능성이 열린 것입니다."

트럼프가 선거에서 승리한 직후 틸이 했던 발언이다.[34] 틸은 공직에 오르지 않더라도 자신이 할 수 있는 범위에서 대통령을 다각도로 도울 작정이라 밝혔다. 그에게 있어 트럼프의 승리는 인터넷, 소프트웨어, 생명공학, 운송, 우주개발 분야 기업에 투자하면서 자신이 부딪혔던 여러 문제의 해결 방안을 정치적 영향력으로 강력히 지원할 수 있는 천재일우의 기회였다.

"우리 시대의 자유지상주의자에게 주어진 사명은 정치로부터 탈출할 여러 형태의 방법들을 찾아내는 것입니다. 우리는 정치와 기술 사이에서 목숨을 건 레이스를 펼치고 있는 셈입니다."

2009년에 이런 내용의 글을 썼던 틸에게는 나쁘지 않은 전개다.

기술의 발전은 1960년대 말에 있었던 달 착륙과 초고속 여객기 콩코드의 등장으로 절정에 달했다. 틸은 그 후 기술이 침체한 가장 큰 이유가 정부의 규제 강화라고 생각한다. 컴퓨터와 소프트웨어 분야만큼은 독자적인 디지털 세계 속에서 무어의 법칙과 컴퓨터 및 인터넷 산업의 성장에 도움을 받으며 큰 발전을 이루었지만, 틸에 따르면 "우리 사회를 확실히 앞으로 나아가게 하는 것"만으로는 충분하지 않다. 스마트폰에서 현실 세계로 눈을 돌리면 "뉴욕의 지하철망은 깔린 지 100년 이상 지났고, 인프라 대부분은 예전 그대로인" 것이 현실이기 때문이다.[35]

그렇다고 미국 정부에 희망이 없다는 뜻은 아니다. 지난 40년간 사회보장이나 의료보험 제도 등에 주안점을 둔 정부지만, 한때는 핵 개발이나 우주개발 계획 같은 복잡한 인류사적 프로젝트들을 성공으로 이끌었으니 말이다.

틸은 기술 분야를 중요하게 여기는 정치를 원한다. 앞에서 언급한 것처럼 그에게 있어 글로벌화란 결국 '복사해서 붙이기'에 불과하다. 중국이나 인도처럼 눈부시게 성장하는 국가들은 이 전략으로 선진국을 재빠르게 따라잡고 있다. 장족의 발전을 거둔 중국을 보면 이 점을 분명히 알 수 있다. 비록 그들은 자신들이 여전히 '세계의 공장'으로 여겨지는 것을 불만스러워하고 있지만 말이다. 중국은 '중국 제조 2025' 계획을 세우고 대체 에너지와 E-모빌리티를 도입한 4차 산업 혁명을 실현하겠다는 목표를 발표했는데, 이 목표를 이루기 위해 선진국의 첨단 기술 기업에 대한 인수와 투자도 염두에 두고 있을 가능성이 있다. 최근에는 중국의 거대 인터넷 기업인 텐센트Tencent가 테슬라 주식의 5%를 매입했고,[36] 일론 머스크는 그로부터 몇 주 뒤 중국을 방문해 왕양汪洋 부총리와 회담을 가졌다.[37] 테슬라는 중국에 공장을 설립해 중국 시장에 진출하려는 듯 하다(테슬라는 2019년 2월 기준 상하이에 자체 공장을 건설 중이며 모델3 세단을 중국에 판매할 예정임-옮긴이).

틸도 무역장벽이 국제 경제에서 더 이상 제 기능을 못한다는 사실을 잘 알고 있다. 현대의 자본주의 체제와 국제적 자본의 제휴는 이제 멈춰 세울 수 없을 정도에 이르렀다. 그만큼 기술을 최전방으로 밀어붙여 양자적 도약을 이룰 커다란 비전의 '뉴딜' 정책을 서둘러 시행하는 것 또한 중요하다. 하지만 책상머리에서는 간단해 보여도 막상 실현하기란 녹록지 않다. 〈MIT 테크놀로지 리뷰〉도 2012년에 "우리는 왜 큰 문제를 해결하지 못하는가Why We Can't Solve Big Problems?"라는 제목의 기사를 실었을 정도니 말이다.[38]

새로운 일을 시작하는 데 정부 자금이 필요하다는 점은 틸도 통감하고 있다. 신기술을 보유한 기업의 전형적 예는 테슬라와 스페이스엑스지만, 이 두 회사는 정부 지원(테슬라)과 국가 위탁(스페이스엑스)의 혜택도 받고 있다. 큰 사업은 위험을 두려워하지 않는 민간 기업의 도전 정신과 정치적 비전이 합의점을 찾아야만 실현 가능하다.

그렇다면 트럼프가 발표한 수조 달러 규모의 인프라 투자 계획은 나름 효과적인 방법인지도 모른다. 트럼프는 재원 마련 방안을 위해 기술 기업에 주목했는데, 그 계산서는 가히 천재적이다. 미국 대기업들이 현재 해외 계좌에 쌓아둔 현금은 2조 달러가 넘고 애플, 알파벳 등이 보유한 자금은 다달이 늘고 있다. 대규모 세제 개혁의 일환으로 트럼프는 기업이 해외에서 벌어들인 수익에 대한 세금 부담을 완화해 본국으로 송환하도록 촉구하고 있다. 트럼프의 계획대로 된다면 국가는 수천억 달러 규모의 세금을 거둬들일 수 있고, 기술 기업은 자금을 합법적으로 미국에 들여와 연구개발이나 기업 인수에 투자할 수 있다.

이러한 흐름은 미국의 기술과 인프라를 쇄신하는 첫걸음이 될 수도 있다. 틸은 경제가 연 3% 이상 꾸준히 성장하면 여러 방면에서 탄력이 붙어 모든 계층의 국민이 고루 혜택을 누릴 수 있다고 생각한다. 고도의 경제성장을 이룬 중국도 수억 명에 이르렀던 빈곤층이 중산층이 될 수 있음을 입증했듯이 말이다.

겉으로 보기에 현재 미국의 실업률은 거의 완전고용 시에 나타나는 수준이고, 경제는 충분히 순조롭게 성장하고 있는 듯이 보인다. 하지만 실제로는 취업 알선 대상에서 제외되는 수많은 장기 실업자가 통계에 반영되지 않은 상태다. 게다가 호황을 누리는 뉴욕과 실리콘밸리 등을 제외한 지역에서는 임금이 인상되지 않았다. 다시 말해 혁신에 대한 수요는 여전히 존재하는 것이다.

그렇다면 틸이 생각하기에는 어떤 부문이 진보적 혁신 정책의 대상일까?

진보적 혁신이 필요한 분야

뒤처진 교육 시스템

미국은 학교 교육이나 전문 교육 분야에서 상당히 뒤떨어져 있다. 스탠퍼드나 버클리처럼 세계에서 손꼽히는 명문 대학이 존재하기는 하지만 훌륭한 대학이 폭넓게 분포해 있다고는 말할 수 없고 직업 교육 시스템도 턱없이 부족하다. 이런 상황은 사회보험 가입 의무가 있는 임금의 통계를 보면 뚜렷이 알 수 있다. 1979년 당시 1만 7,400달러였던 대졸 근로자과 고졸 근로자의 임금 격차는 2012년에 3만 5,000달러로 벌어졌다.[39]

틸은 교육에 일가견이 있지만 지금까지의 교육 방식을 높게 평가하지 않는다. 대학을 중퇴하고 창업하려는 훌륭한 아이디어를 가진 청년들에게 그는 틸 장학금을 통해 1인당 10만 달러를 지급한다. 대학에서는 사회를 한 단계 끌어올릴 아이디어와 영감으로 가득한 인재가 탄생하지 않는다고 생각하는 것이다.

참고로 말하자면 여하튼 미국의 벤처캐피털은 내실 있는 교육의 필요성을 인식하고 새로운 스타트업에 과감히 투자하고 있는데, 그 예 중 하나가 온라인 교육 서비스를 제공하는 유다시티Udacity다. 유다시티에서는 애플리케이션이나 웹 프로그래밍, 인공지능, 로봇공학 등 대단히 실용적이고 질 높은 커리큘럼을 온라인으로 수강할 수 있고 학위 취득도 가능하다.

비효율적인 건강보험 제도

의료보험은 대단히 중요한 부문인 만큼 정치적 풍랑에 휘둘리는 경우가 많다. 미국 정부는 오바마 케어가 됐든 트럼프 케어가 됐든 건강보험 제도를 좀 더 효율적으로 만들 결정적인 아이디어가 필요한 실정이다.

틸은 미국 국민이 때로는 다른 나라의 열 배나 되는 약값을 부담해야만 하는 상황을 문제로 여긴다. 이런 틸에게 든든한 아군이 되어 주는 이는 워런 버핏이다. 그는 버크셔 해서웨이 주주총회에서 이런 비판을 하기도 했다.[40]

"의료비는 미국 경제의 경쟁력을 갉아먹는 기생충입니다."

틸은 의학의 발전 가능성을 굳게 믿으며 본인도 120세까지 살고 싶어 한다. 알츠하이머나 암 등의 난치병 퇴치는 틸의 현안 목록 중에서도 상위를 차지한다. 그 외에 그가 염두에 두는 것은 사용자의 영양 상태를 피드백해서 최적화하도록 도와주는 새로운 모바일 기기, 그리고 신체의 각 부위를 젊어지게 하는 약이나 기술이다. 고령화 사회에서 대단히 중요한 과제가 등한시되고 있다는 게 틸의 생각이다. 제약 업계의 노력도 필요하지만 클라우드 컴퓨팅이나 빅데이터 활용처럼 의료보험 제도의 디지털화로도 혁신은 가능하다.

법률적으로는 의약품의 혁신, 속도감 있는 임상 연구, 생명공학 기술 적용에 관한 법률 제정이 단계적으로 진행되어야 할 것이다. 틸은 자신이 설립한 벤처캐피털을 통해 이 분야에 거액을 투자하고 있다.

디지털 인프라가 부족한 행정 및 공공 서비스

미국의 행정 분야에도 개선할 점들이 많다고 생각하는 틸은 독일의 경제 전문지 〈빌란츠Bilanz〉와 가진 인터뷰에서 다음과 같이 말했다.[41]

"미국의 기본적인 공공 기반 시설은 재정 위기에 허덕이는 남유럽 국가들과 동일하거나 더 나쁜 수준입니다."

미국이 독일의 수준을 따라잡는다면 크나큰 진보라 할 수 있을 것이다. 그러나 독일 역시 공공 서비스의 디지털화라는 면에서는 발트 지역의 국가들보다 한참 뒤처져 있다. 미국이 공공 기관의 디지털 인프라에 집중 투자한다면 행정 효율이 상당히 좋아지겠지만, 여기에도 큰 장벽이 있다. 틸 자신 역시 팰런티어에서 경험했듯 공공 기관과 군은 실리콘밸리식 혁신에 심각한 편견을 갖고 있다는 것이 바로 그것이다. 그들은 이미 시장에 출시돼 검증된 상품을 구매할 수 있는데도 굳이 많은 경비와 자원을 들여 처음부터 제품을 개발하려 하는데, 공공 기관이 하는 이런 식의 발상은 전환되어야 할 필요가 있다. 오바마 정권 때부터 이미 개선 방안이 도입된 바 있지만 이 문제는 여전히 해결되지 않은 상태로 있다.

에너지 자원에 대한 연구

원자력 신봉자인 틸은 이 분야를 연구하는 데 많은 예산이 투입되어야 한다고 생각한다. 앞으로 지금보다 열 배는 더 개선할 수 있다는 게 그의 지론이다.

일론 머스크가 이끄는 테슬라는 태양광 패널 제조사인 솔라시티 Solarcity를 인수해 21세기형 새로운 에너지 회사—분산형 전력 모델(주택 소유주와 기업들이 태양광 패널을 지붕에 설치하여 자체적으로 전력 공급 장비를 보유하며 남는 에너지는 송전망에 돌려주는 방식_옮긴이)—을 건설하려 하고 있다. 머스크는 태양광 패널을 내장한 지붕 타일을 선보인 바 있고, 재생 에너지 분야에서 상당한 야심을 보이는 버핏은 태양광과 풍력 발전소에 대규모 투자를 감행했다. 이런 투자는 세제 혜택을 받을 수 있는 데다 장기적인 수익도 안겨다주기 때문이다. 셰일가스 추출에 수압 파쇄 기술을 도입하면서 밝혀졌듯 미국은 자국의 에너지 자원을 효율적으로 채취, 수송하는 방법을 적용함으로써 국내 생산 부문에서 큰 부가 가치와 고용을 창출한 바 있다.

이 부문을 개혁 또는 '파괴'하려면 장기적 안목을 바탕으로 한 입법과 정책, 막대한 자금에 더해 기술 기업의 연대도 필요하다. 미국의 5대 기술 기업인 애플, 알파벳, 아마존, 페이스북, 마이크로소프트는 세계에서 가장 비싼 기업이기도 하다. 이들 기업은 혁신을 통해 전세계 수십억 명의 고객과 수많은 투자자에게 확신을 안겨주었다. 기술 기업들로선 정부가 '기술 중심의 뉴딜 정책'을 제안하며 손을 내민다면 마다할 이유가 없다. 이런 움직임은 2016년 12월에 틸이 마련한 기술 기업 수장들과 트럼프의 회담으로 첫걸음을 뗐지만 이제는 경제적 비전에 바탕을 둔 그다음 걸음을 한시바삐 내디뎌야 한다. 미사여구만으로는 투자자를 설득할 수 없고 다음 선거의 표밭을 다질 수도 없기 때문이다.

혁신과 경제성장, 고용 창출의 균형을 생각할 때 틸은 '기술 발전이 고용 기회를 빼앗아간다'고 주장하는 경제학자들과 거리를 둔다. 무조건적인 기본 소득을 옹호하는 사람, 인공지능에게 인간이 일자리를 빼앗길지 모른다는 우려는 실리콘밸리에도 존재한다. 그러나 이런 일은 적어도 현재와 가까운 미래엔 일어나지 않을 것이라는 것이 틸의 생각한다.

"인간은 일자리와 자원을 두고 경쟁하지만 컴퓨터는 우리와 경쟁하지 않습니다."

틸은《제로 투 원》에서 이렇게 서술했다.[42] 틸이 보기에 기술은 인간의 능력을 보완해주고, 글로벌화와 인건비 절감의 영향에서 자유롭지 못한 피고용자의 생산성과 부가가치를 더 높여준다.

"인간은 계획을 세우고 복잡한 상황에서 결정을 내립니다. 반면 컴퓨터는 데이터를 효율적으로 처리하는 데 뛰어나지만 아주 간단한 일조차 결정하지 못하죠."

틸은 자신의 경험에서 인간과 기계는 각자의 강점을 살려 협력하면서 가장 적당한 해결책을 찾아낼 수 있다고 생각한다.

독일이 좋은 예다. 자동화 밀도와 로봇 밀도가 높은데도—또는 높기 때문에—독일을 본거지로 하는 기업은 고부가가치를 달성했고 고임금국가 독일은 고용 경쟁력을 유지했다. 아니, 그 이상이다. 2017년 독일기술자협회^{VDI}는 독일 하노버산업박람회에서 카를스루에 공과대학과 프라운호퍼 연구소가 발표한 공동 연구의 결과를 발표했다. 그에 따르면 고도의 디지털화 능력을 갖춘 기업들은 현재 부품 제조 공장을 다시 독일 국내로 되돌리고 있다고 한다. 디지털화가 생산 공정의 유연성을 높여주기 때문이다. 24시간 연중무휴로 원하는 상품과 서비스를 즉시 손에 넣는 데 익숙해진 인터넷 시대의 고객은 최단 시간의 생산과 공급을 기대하는데, 이에 대한 대응은 자동화 덕에 비교적 수월해졌다.[43]

틸은 블룸버그와 가진 인터뷰에서 '21세기에는 컴퓨터가 인간의 지능을 넘어서겠느냐'는 질문에 "그것은 경제 문제가 아닌 정치나 문화 문제로 봐야 합니다."라고 답하며 그 예로 지구 밖 생명체가 지구에 내려온 상황을 들었다. 외계 생명체를 본 우리는 '그것'이 우리 일자리에 어떤 영향을 미칠지가 아니라 우리에게 우호적인지 아닌지를 신경 쓸 것이다. 이는 핵심을 찌르는 지적이며, 정치와 사회를 고정관념에서 벗어나 새로운 시야로 바라보도록 자극한다.

버핏의 오른팔인 찰리 멍거는 아흔이 넘은 고령에도 기술의 최전선에 서 있지만, 2017년에 열린 버크셔 해서웨이 주주총회에서 인공지능에 대한 질문을 받고 이렇게 대답했다.[44]

"생산성이 연 25% 높아진다면 인공지능을 걱정할 필요는 없습니다."

멍거가 우려하는 것은 오히려 생산성 향상률이 연 2%를 밑도는 경우다.

케임브리지 애널리티카

1958년, 올더스 헉슬리가 《멋진 신세계》를 회고하며 출간한 에세이 《다시 찾아가본 멋진 신세계Brave New World Revisited》에는 '프로파간다에는 두 종류가 있다'는 내용이 나온다. 사실과 논리에 근거한 합리적인 프로파간다와 격정에 사로잡혀 만들어진 비합리적인 프로파간다가 그것이다. 헉슬리에 따르면 후자는 논거를 제시하지 않고 슬로건의 형태를 띠는데, '미국을 다시 위대하게'라는 트럼프의 선거 슬로건이 이에 해당한다.

헉슬리가 이 에세이를 발표했을 당시 독자들의 뇌리에는 히틀러나 무솔리니, 스탈린의 독재 정치가 깊이 새겨져 있었다.

금세기에 있었던 영국의 브렉시트 찬반 국민투표 및 미국의 대통령 선거 결과는 충격이었다. 전문가들은 놀라움을 감추지 못했지만 영국과 미국 유권자들은 기존 체제의 붕괴를 담담하게 받아들였다. 비록 그 일이 자신의 미래에 어떤 결과를 가져다줄 것인지까지는 알지 못했지만 말이다.[45]

트럼프의 선거 운동은 그의 천재적인 세일즈 마케팅 능력, 그리고 트위터와 페이스북을 이용한 최신 선거 전술을 조합하여 전개되었다. 선거 후 〈포브스〉는 '전통적인 선거 방식은 죽었다'며 정곡을 찌르는 분석을 내놓았다.[46] TV 광고나 얼굴 사진이 담긴 포스터를 이용한 선거 운동은 이제 송금표에 펜으로 기재해서 돈을 보내는 것만큼이나 시대착오적인 방식이 된 것이다.

세간에선 트럼프가 '아날로그적 사고방식을 가졌다'거나 '책상 위에 컴퓨터도 없고 이메일 주소조차 갖고 있지 않다'며 그를 비웃었지만, 바로 그 트럼프는 디지털을 적극 활용해 유권자에게 직접 메시지를 전하며 선거에서 승리했다. 그가 승리하는 데 가장 큰 공을 세운 사람은 사위인 재러드 쿠슈너였다. 〈포브스〉는 선거 직후인 2016년 12월호 표지에 '트럼프를 승리로 이끈 남자'라는 헤드라인과 함께 쿠슈너를 등장시켰다.

트럼프와 마찬가지로 부동산 왕으로서 이름을 날리긴 했지만, 쿠슈너는 과거에도 미디어업계와 디지털업계에 전략적으로 투자해왔다. 그가 2006년에 인수한 미국 주간지 〈뉴욕 옵저버The New York Observer〉는 현재 뉴욕의 라이프스타일을 다루는 온라인 매체가 되었고, 그가 공동 창업자 중 한 명인 부동산 중개 서비스 기업 카드레Cadre는 틸과 알리바바Alibaba 회장인 마윈馬雲의 투자를 유치하기도 했다. 재러드의 남동생인 조슈아는 상당히 젊을 때부터 벤처투자가로 알려졌으며 앞서 언급했듯 현재 기업가치 평가액이 27억 달러인 보험 스타트업 오스카 헬스의 공동 창업자다.

쿠슈너는 〈포브스〉와 가진 인터뷰에서 틸과 알고 지낸 것이 디지털 선거 운동에 대단히 도움이 되었다고 인정했다.

"문제가 생기면 실리콘밸리 친구들에게 전화를 걸어 의논했고 도움이 될 만한 회사도 소개받았습니다."

트럼프가 공화당 전당대회에서 대통령 후보로 지명되자 쿠슈너는 눈부신 활약을 펼쳤다. 그는 실리콘밸리 스타트업이 하는 방식으로 샌안토니오 교외에 직원 100명을 둔 디지털 선거 사무실을 3주 만에 꾸렸고, 구글맵을 이용해 선거 운동에 도움이 되는 데이터를 모두 수집했으며 유세 장소부터 기부, 광고, 심지어 트럼프의 연설 주제까지도 데이터에 근거하여 결정했다. 또한 후원금 모금을 위해 개최한 캠페인의 효과를 디지털 마케팅 업체에 의뢰해 분석했음은 물론 머신러닝machine learning까지도 도입했다. 쿠슈너는 이런 방식으로 4개월 만에 2억 5,000만 달러 이상의 선거 자금을 모았는데, 자금의 대부분은 소액 후원금이었다.

선거 분석의 중심에는 케임브리지 애널리티카Cambridge Analytica가 있었다. 브렉시트 때 EU 탈퇴를 지지하는 단체에 고용되어 데이터를 분석한 일로 유명세를 치른 선거 컨설팅 회사이고, 그 배후에 있는 사람은 헤지펀드 억만장자인 로버트 머서다. 머서는 트럼프 정권의 전 수석 전략가인 스티브 배넌Steve Bannon이 이끄는 극우 인터넷 언론 매체 〈브라이트바트Breitbart〉를 후원하는 인물이다. 배넌은 〈월스트리트 저

널〉과 가진 인터뷰에서 강한 어조로 이렇게 말했다.[47]

"정치는 전쟁입니다."

빅데이터를 분석한 트럼프의 디지털 선거 운동은 전격전과도 같았다. 데이터 출처의 중심은 페이스북이었다. 케임브리지 애널리티카는 사람의 성격을 수량적으로 측정하는 계량심리학 기법을 이용해 페이스북 사용자들이 간단한 질문에 응답하게 함으로써 미국인 2억 3,000만 명의 프로필을 작성했다. 수집된 데이터는 1인당 3,000개에서 5,000개였다.

케임브리지 애널리티카의 CEO 알렉산더 닉스Alexander Nix는 NBC와의 인터뷰에서 가장 중요한 것은 각 데이터 포인트를 하나로 연결하는 일이라고 말했다. 유권자의 정보를 수집하는 일은 케이크를 굽는 것과 마찬가지다.[48] 밀가루나 달걀 등의 재료를 합해 케이크를 구워내듯이, 사용자들이 페이스북에 등록한 성별, 나이, 거주지는 물론 그들이 '좋아요' 버튼을 누르거나 글을 게시하고 공유하는 등 일상적인 활동을 하며 매일 남기는 디지털 발자국을 통합해 행동을 분석한다.

'다이렉트 마케팅'은 1961년에 광고 전문가 레스터 분더맨Lester Wunderman이 처음으로 만든 개념이다. 하지만 타깃을 좁혀 직접 다가가는 마케팅 방식은 페이스북이 등장하면서 새로운 차원에 접어들었다. 억 단위의 사용자들에게 현미경처럼 정밀하고 정확한 개별 메시지를 보내는 것이 가능해졌기 때문이다.

쿠슈너 팀은 페이스북의 새로운 타깃 광고 기법인 소위 '다크 포스트Dark post'를 활용했다. 이 방법을 사용하면 보여주고 싶은 타깃 사용자들의 뉴스피드에만 맞춤 광고를 삽입할 수 있다. 트럼프 진영의 디지털팀은 케임브리지 애널리티카의 도움을 받으며 타깃 광고 기능을 이용해 각 사용자의 기호에 맞는 광고를 내보냈다. 예컨대 미국산 자동차를 타는 유권자는 트럼프에게 호의적일 확률이 높으므로 그들에게 트럼프 관련 광고를 노출하는 식이었다.

반면 힐러리 클린턴 진영은 TV 광고에 공을 들이며 1억 4,000만 달러를 쏟아부었다.[49] 하지만 선거 자금이 부족하다는 쿠슈너의 약점은 강점으로 바뀌었다. 디지털 선거전을 제압한 이 실리콘밸리 기업가가 실리콘밸리의 거물들에게도 실력을 인정받았던 것이다.

"트럼프를 CEO에 비유한다면 재러드는 실질적인 COO였습니다."

틸은 쿠슈너를 이렇게 평했다. 반대 진영에 섰던 에릭 슈미트조차 쿠슈너의 능력을 인정할 수밖에 없었다. 구글의 전 CEO이자 클린턴 진영에서 기술 정책 고문을 맡았던 슈미트는 쿠슈너를 다음과 같이 평가했다.[50]

"재러드 쿠슈너는 2016년 대선에서 가장 큰 다크호스였습니다. 아무런 자원도 없는 상황에서 선거를 승리로 이끈 건 쿠슈너였어요."

윤택한 벤처캐피털의 지원을 받는 데 익숙해진 실리콘밸리에서 슈미트 같은 인물의 발언은 최고의 찬사라 해도 좋다.

그건 그렇다 치더라도 미국처럼 중요한 국가의 대선이 가짜 뉴스와 응용 프로그램에 불과한 페이스북이나 트위터로 결정되었다니, 도대체 어떻게 된 일일까? 비난의 화살은 마크 저커버그에게 쏟아졌다. 페이스북은 사용자의 이름, 학력, 직업, 수입, 여행한 곳, 취미, 활동,

친구, 그리고—브랜드, 제품, 정당, 음식, 오락, 유명인 등에 '좋아요'를 누른 이력을 통해 알아낸—선호도 같은 개인정보가 담긴 방대한 데이터를 자유롭게 손에 넣을 수 있다. 게다가 사용자가 어느 사이트를 방문했는지, 어떤 글에 '좋아요'를 눌렀는지, 무엇을 샀는지, 어디에 갔는지 등의 활동 데이터도 모두 수집하고 있다. 어쩌면 이제 페이스북은 '자유 사회의 구조적 위협'이 된 것이 아닐까?[51]

과거에 저커버그는 페이스북의 역할을 축소 해석하며 "페이스북은 사용자들이 교류할 수 있도록 디지털 인프라를 제공하는 플랫폼 사업자에 불과하다."라고 말한 적이 있다. 하지만 〈뉴욕 타임스〉는 페이스북이 무기처럼 위험해질 수 있는 광고 매체로 변해가고 있다고 지적했다.[52] 다양성과 개방성을 존중한다는 자신의 발언에 책임을 느낀다면 저커버그는 이제 페이스북이 더 이상 단순한 소셜네트워크가 아님을 인정해야 할 것이다.

미국 대선 이후 곤경에 처한 저커버그는 가짜 뉴스, 날조, 혐오 발언을 골라내기 위해 '인터넷 청소부' 3,000명을 신규 고용했다고 발표했다.[53] 불가능해 보이는 일을 감행한 것인데, 그 결과 페이스북 내에서 가장 인력이 많이 배치된 팀은 커뮤니티 매니저 그룹이 되었다. 인공지능의 진보된 기술이 악용되는 상황에 페이스북이 패배를 인정하고 항복한 셈이다. 그러나 이마저도 달갑지 않은 유해 콘텐츠로부터 페이스북을 자유롭게 하기엔 역부족이다. 인공지능 기술과 인공지능의 머신 러닝은 향후 몇 년 안에 비약적으로 발전할 텐데, 그렇다면 그 후에는 어떤 일이 벌어질까? 혹 페이스북 네트워크에 입력될 내용은 저커버그와 그의 알고리즘만이 독점적으로 결정하게 될 수도 있지 않을까?

현 미국 미디어업계의 상황 역시 심각한 상태다. 〈폴리티코〉는 "2008년 이전엔 상상도 못할 일이었지만 지금의 미국 언론은 버블 상태에 있으며 그 버블은 여전히 부풀어 오르고 있다."라고 이야기했다. 원인은 지역 신문의 쇠퇴와 뉴미디어의 대두다. 2006년에 36만 5,000명이었던 신문사 직원 수는 2008년 경제위기 및 디지털 뉴스 소비량의 증가로 2017년 현재 17만 4,000명으로 감소했다. 같은 기간 동안 온라인 매체 종사자 수가 6만 9,000명에서 20만 7,000명으로 증가한 것과 비교하면 대조적이다.

이로써 온라인 매체 종사자 수는 처음으로 인쇄 매체 종사자 수를 넘어섰다. 지금까지 지역 신문은 〈월스트리트 저널〉 〈뉴욕 타임스〉 〈워싱턴 포스트〉 〈USA 투데이USA Today〉 같은 주요 매체와 대립하며 존재감을 발휘해왔지만, 떠오르는 신흥 온라인 매체들은 대개 미국 동해안이나 서해안에 본거지를 두고 있다. 젊은 층은 인프라가 잘 갖춰져 쾌적하게 생활할 수 있는 성장 지역을 선호하기 때문이다.

언론에 대한 불신이 이런 상황과 관련 있다는 점 역시 부정할 수 없다. 온라인 매체 종사자 중 90% 남짓은 힐러리 클린턴이 승리한 지역에서 일하고 있는데, 이에 대해 〈폴리티코〉는 다음과 같이 경고하며 결론지었다.[54]

"트럼프 당선이 크나큰 실패였음은 누구나 인정하는 사실이다. 이번 일에서 아무것도 배우지 못한다면 언론은 다음 선거에서도 패배할 것이다."

교육, 우주, 수명 연장을 위한 베팅

한계를 넓히는 틸의 미래 전략

"우리는 미래에 관한 학문과 기술, 장기적인 사고를 지원합니다."[1]

틸 재단은 자신들의 박애주의적인 사명社命을 이렇게 설명한다.

자선가로서의 틸은 새로운 기술 혁신에 이바지하는 문제를 지원한다. 그는 기술을 진전시키는 혁신적 도전을 중시하는데, 이는 《제로 투 원》에 언급된 그의 철학에 부합한다. 《제로 투 원》의 독일어판 부제는 '혁신은 우리 사회를 어떻게 구하는가'다. 틸은 '다른 방법으로는 해결할 수 없는 어려운 문제에 도전하는 사람들'을 경제적으로 지원하는 것이 곧 사회에 대한 공헌이라 여긴다.[2] 여기에서도 틸은 자기 방식에 충실하다. 그는 자선가로서 펼치는 활동이 그저 부자의 변덕으로 끝나지 않고 사회 전체에 부가가치를 창출해야 한다고 생각한다. 그 배경에는 정부나 공적 기관과 상관없이 정치적·개인적·경제적 자유를 후원하여 완전히 새로운 분야의 혁신적인 연구와 기술을 촉진하겠다는 철학이 있다. 또한 자유지상주의자인 틸에게는 독재적인 제도나 인권 침해의 희생양이 된 조직과 개인을 지키는 일도 중요하다.

틸 재단: 미래를 바꾸는 도전에 주목한다

틸 재단은 다음과 같은 세 가지 부문으로 구성되어 있다.

- 틸 장학금: 학교를 그만두고 새로운 아이디어를 실현하고자 하는 청년들을 위해 2년짜리 프로그램을 제공한다.
- 브레이크아웃 연구소Breakout Labs: 초기 단계에 있는 참신한 학술 사업을 지원하고 자금을 제공한다.
- 이미타티오Imitatio: 틸이 심취한 철학자 르네 지라르의 '모방 이론' 연구와 응용을 촉진한다(이미타티오는 '모방'이라는 뜻의 라틴어 단어임_옮긴이).

틸은 인공지능과 노화 방지에 대한 연구 및 기술 분야에 특히 관심을 기울인다. 어린 시절부터 틸에게는 수명 연장 기술을 찾아내고 싶다는 꿈이 있었다. 실제로 현재 평균 수명이 길어지면서 알츠하이머나 치매로 고통 받는 사람이 늘고 있기 때문에 이는 시급히 해결해야 할 과제다.

우리는 '사람은 언젠가 반드시 죽는다'는 사실과 타협하기 위해 극단적인 낙관주의나 비관주의로 치닫는 경향이 있다. 틸은 이 난제를 해결하려면 실천적인 관점이 필요하다고 생각한다.

"더 건강한 자세는 극단적 낙관주의와 극단적 비관주의 사이의 어딘가에 있다고 생각합니다. 죽음을 외면하거나 당연한 일로 받아들이지 말고 그것과 맞서 싸워야 해요."

틸은 〈빌란츠〉와 가진 인터뷰에서 이렇게 이야기했다.[3]

틸은 공적인 자리에서 의견을 교환할 수 있도록 정기 콘퍼런스도 개최한다. '인류를 위해 혁신을 이룬 비영리단체'라는 주제하에 열린 2010년 콘퍼런스에서는 여덟 개의 비영리단체가 진행하는 완전히 새로운 기술 분야의 프로젝트를 소개했다. 2011년에도 '빨리 감기Fast Forward'라는, 자못 틸다운 주제로 콘퍼런스가 열린 바 있다.[4]

2015년 말 틸은 테슬라의 일론 머스크, 링크드인의 리드 호프먼, 와이콤비네이터의 샘 올트먼 및 제시카 리빙스턴Jessica Livingston과 공동으로 비영리 인공지능 연구 단체인 오픈AIOpenAI를 설립했다. '디지털 지능을 수익 창출이 아닌 인류 전체가 혜택을 누릴 수 있는 방향으로 발전시키는 것'을 목표로 하는[5] 이 회사에는 아마존웹서비스AWS나 인도의 IT 기업 인포시스Infosys를 포함한 후원자들이 총 10억 달러의 자금을 제공했다. 이렇게 해서 머스크와 틸은 알파벳, 애플, 페이스북, 마이크로소프트 같은 거대 기술 기업에 대항할 태세를 갖췄다. 이들 기업은 인공지능 분야의 저명한 학자와 스타트업을 대거 흡수해왔고, 그에 따라 소수의 IT 기업이 인공지능을 독점할 우려도 커져왔기 때문이다. 2014년 머스크는 CNBC와의 인터뷰에서 다음과 같이 경종을 울렸다.

"우리가 어리석은 짓을 저지르지 않도록 국가적, 국제적 차원에서의 규제 감독이 이루어져야 합니다."

오픈AI는 독자적인 연구 기관을 설립해 같은 목표를 가진 유명한 연구자와 기술 전문가를 영입했고, 연구 보고서 및 인공지능 관련 소프트웨어 모두를 공개함으로써 IT 분야의 오피니언 리더로 인정받고 있다.[6]

틸은 자유를 사랑하는 사람으로서 인도적인 테마에도 꾸준히 관심을 보여왔다. 틸이 생각하기에 전 세계에서 발생하는 거대한 위협 중 일부는 전쟁이나 반란이다. 그리고 이러한 전쟁과 반란은 점점 더 심화하는 빈부격차나 근동 지역에서 시행되는 미국의 군사 작전 때문에 발발한다. 틸은 이 점을 늘 비판해 왔다. 그는 미국 인권 단체인 인권재단Human Rights Foundation을 후원하고, 언론인 보호위원회에도 소속되어 있으며, 매년 노르웨이 오슬로에서 열리는 국제인권행사인 오슬로 자유 포럼Oslo Freedom Forum을 위한 일에도 심혈을 기울인다.

2016년 공화당 전당대회에서 그랬듯 자신이 게이라는 사실을 외부에 공개한 틸은 성소수자의 권리를 보호하는 조직도 지원한다. 또 성소수자 단체인 고프라우드GOProud의 자금 제공자이기도 하다.

틸 재단은 주로 아직 초기 단계에 있는 혁신적 아이디어에 주목해 자금을 제공하는 데 주력한다. 틸은 벤처투자가로서 이런 방식을 선호하며 중요한 혁신 분야를 더 빠르게 육성하려 한다. 지금까지 그는 '우호적 인공지능'을 연구하는 기계지능연구소MIRI, 노화 방지와 수명 연장 연구로 유명한 SENS 연구재단, 해상도시 건설을 구상하는 시스테딩 연구소에 적극 관여하며 세간의 주목을 모았다.

틸은 기술적 특이점singularity(인공지능이 인간의 지능을 뛰어넘는 시점_옮긴이) 가설을 지지한다. 특이점주의자로 가장 유명한 사람은 레이 커즈와일Ray Kurzweil이다. 커즈와일은 무어의 법칙대로 계산 성능이 비약적으로 향상하면 기술이 빠른 속도로 발전해 인간의 능력을 능가하는 인공지능이 탄생할 것이고, 이는 가까운 미래에 실현될 것이라 생각한다. 틸은 기계지능연구소 감사회의 일원이며 지금까지도 때때로 기부를 하고 있다.

틸은 2006년에 이미 수명 연장을 연구하는 므두셀라 재단Methuselah Foundation을 통해 영국의 노화 연구자인 오브리 드그레이Aubrey de Grey에게 350만 달러를 기부했다. 틸은 금세기 안에 생물학이 빠르게 발전하여 모든 사람의 건강과 평균 수명을 향상할 방법이 발견될 것이며, 드그레이가 노화 관련 연구를 가속시켜 인류를 훨씬 더 오래도록 건강하게 살 수 있게 할 것이라 확신한다. 드그레이는 SENS 연구재단의 책임자인데 틸 재단 역시 이 재단에 자금을 지원 중이다.[7] 영국 케임브리지 대학을 거점으로 하는 드그레이는 정기적으로 콘퍼런스 단상에 오르고 언론 취재에도 적극 응하며 '노화는 막을 수 있다'[8], '노화는 질병이다'[9] 같은 도발적인 발언을 반복하고 있다.

언론의 반향이 컸던 것은 틸이 캘리포니아주 서니베일에 있는 시스테딩 연구소에 자금을 지원한 일이다. 전 구글 엔지니어이자 자유지상주의자이기도 한 패트리 프리드먼Patri Friedman 등이 설립한 이 연구소의 목표는 '다양한 사회, 정치, 법률 제도를 실험하고 혁신하기 위해 영구적인 자치 공동체를 바다 위에 건설하는 것'이다.[10] 틸은 이 계획에 약 125만 달러를 투자했다.[11]

이 계획은 아인 랜드Ayn Rand의 철학적 소설 《아틀라스Atlas Shrugged》

에서 영감을 얻었다.[12] 틸은 앞서 소개한 '자유지상주의자의 교육'이라는 에세이에서 이 계획이 머지않아 실현될 것이라 언급했다.[13] 비록 가장 최근에 가진 인터뷰에서는 약간 소극적인 태도를 보이며 '이 계획은 중요도가 낮은 서브 프로젝트에 불과하고 실현되기까지는 상당한 시간이 걸릴 것'이라 했지만 말이다.[14]

틸 장학금: 재기 넘치는 청년들을 지원한다

대학 학업을 중도에 그만두고 이후 전설적인 기술 기업의 수장이 된 잡스, 게이츠, 저커버그는 대학 중퇴자들에게 있어 반짝이는 별과도 같은 존재다. 창업가 정신과 발명 정신은 대학에서 가르칠 수 없는데, 틸은 이런 낙오자 그룹의 도전을 후원하는 데도 성공했다. 알다시피 대학을 중퇴한 저커버그에게 50만 달러를 투자하여 억만장자가 되었으니 말이다.

틸은 2011년에 틸 장학금[본래 명칭은 '20 under 20'(20세 이하의 학생 20명이 실리콘밸리에서 창업할 수 있도록 경제적으로 지원한다는 의미_옮긴이)]을 만들어 창업을 꿈꾸는 18~20세 청년들에게 1인당 10만 달러씩 제공해왔다. 유일한 조건은 고등학교나 대학교를 중퇴해야 한다는 것이다. 틸은 이 조건 때문에 하버드 대학 전 총장인 로런스 서머스Lawrence Summers로부터 거센 비난을 받았다. 서머스는 틸 장학금에 대해 "최근 10년 동안의 가장 부적절한 자선 사업"이라고 평했다.[15]

하지만 재기 넘치는 젊은 프로그래머와 인터넷광들에게 이 프로젝트는 구세주나 다름없다. 관료주의가 판치는 대기업에선 좋은 아이디어를 살릴 수 없다는 점이 불만스러운 젊은이에게는 스타트업 창업이야말로 자기 아이디어를 실현할 가장 좋은 길이기 때문이다.

틸 장학금을 받기 위해 지원하는 10대 청소년은 매년 대략 500명에 달한다. 틸은 미국의 전통적인 대학 교육 제도에 비판적이다. 미국은 학비가 비싸다 보니 대학 졸업 이후에도 학생들은 한참 동안 학자금 대출을 상환해야 하고, 그렇기 때문에 위험 부담이 큰 스타트업에서 경력 쌓기를 주저하게 된다. 틸에 따르면 틸 장학금에 지원하는 이들은 '재능이 뛰어나다'고 한다.

"그들은 앞으로 몇 년, 몇 십 년 동안 기술업계를 완전히 뒤바꿔놓을 겁니다."

늘 그렇듯 틸은 틀에 박힌 사고방식이나 기존 제도에 회의적인데, 특히 교육 제도를 문제로 여긴다. 젊은이들이 여러 길을 선택할 수 있는 다양성이 필요한데 현실에선 그렇지 못하다는 이유에서다.

2013년 12월 〈월스트리트 저널〉은 틸 장학금의 첫 현황 조사를 실시했다. 그에 따르면 틸 장학금을 받은 청년 64명은 영리 기업 67개사를 설립하여 벤처캐피털과 엔젤투자자들로부터 5,540만 달러를 투자받았고, 두 권의 저서를 출간했으며, 애플리케이션 30종과 135개 일자리를 만들어냈다. 또한 6,000명의 케냐인들에게 깨끗한 물과 태양열 에너지도 공급해주었으니, 이 정도면 틸이 약속한 '지속적인 임팩트'까지는 아니더라도 순조로운 출발이라 할 만하다.[16]

틸 장학금을 받은 청년 중에서도 가장 성공한 창업자와 기업을 살펴보자. 아리 와인스타인Ari Weinstein과 콘래드 크레이머Conrad Kramer가 개발한 앱 워크플로Workflow는 2015년 애플에서 '가장 혁신적인 애플리케이션'으로 선정되었다. 2017년 봄, 애플은 이 회사의 애플리케이션 및 창업 멤버 전원을 함께 인수했다.[17]

이든 풀 고Eden Full Goh는 프린스턴 대학을 중퇴하고 비영리단체인 썬설루터SunSaluter를 창업했다. 썬설루터는 태양의 이동에 맞춰 회전함으로써 에너지 효율을 30%나 높여주는 태양광 패널을 제작한다. 이 회사는 18개국에 진출해 1만여 명에게 전기를 공급했다. 고는 썬설루터의 사장이며 팰런티어에서도 일하고 있다.

제임스 프라우드James Proud가 설립한 스타트업 헬로Hello는 기업가치가 2억 5,000만 달러에 달한다는 평가를 받았고 4,000만 달러 이상의 투자금을 모았다. 헬로는 수면 추적기를 개발해 대당 149달러에 판매하는데, 2017년에는 25만 대의 판매량이 예상된다. 틸 역시 신규투자 라운드에서 헬로에 2,000만 달러를 추가로 투자할 예정이다.

리테시 아가왈Ritesh Agarwal은 인도 최대 규모의 저가 호텔 네트워크인 오요 룸스Oyo Rooms를 설립했다. 오요 룸스에는 200여 개 도시 6,500곳 이상의 호텔이 등록되어 있다. 지금까지 1억 8,700만 달러의 투자금을 유치한 이 회사의 기업가치는 4억 달러에 이른다. 아가왈은 틸 장학금과의 만남을 "내 인생에 일어난 최고의 사건"이라고 말했다.

열네 살에 MIT에 진학해 노화 방지 연구팀에서 인공조직과 인공장기를 실험했던 로라 데밍Laura Deming은 현재 벤처캐피털 롱지비티 펀드The Longevity Fund의 파트너로서 제약 분야 전문가, 펀드 매니저들과 함께 일하고 있다. 이 펀드는 수명 연장을 목표로 매진하는 기업에 자금을 제공한다.[18]

틸은 더 많은 유능한 청년이 기회를 얻어 자신의 아이디어를 실현하길 바라고, 와이콤비네이터 같은 다른 스타트업 인큐베이터를 경쟁 상대가 아닌 동지로 여긴다. 실제로 그는 와이콤비네이터의 비상근 파트너에 취임하면서 이렇게 말했다.

"저는 사회의 혁신과 발전의 속도를 높이는 방법을 생각하는, 거대한 움직임의 일부가 되고 싶습니다."

틸은 교육에 대한 도발적이고 역발상적인 접근 방식을 통해 하버드, 스탠퍼드, MIT 같은 명문 대학의 연구 프로그램 개선에 압박을 가했다. 틸은 이들 대학과 화합하고자 앞에서 이야기했듯 모교 스탠퍼드에서 창업에 관한 연속 강의도 맡았다. 이 강의를 《제로 투 원》으로 정리한 블레이크 매스터스는 현재 틸 재단의 사장으로 재직 중이다.

〈월스트리트 저널〉 기자인 알렉산드라 울프Alexandra Wolfe는 틸 장학금 프로그램에 참여한 청년들을 2년에 걸쳐 취재하고 집필한 르포집 《피터 틸의 벤처 학교Valley of the Gods》를 출간했다. 이 책에서 울프는 실리콘밸리 주역들과 틸 장학금 지원자를 '가벼운 아스퍼거 증후군을 보이는 괴짜들'이라고 묘사한다. 이들은 사람들과 잘 어울리지 못하고 파티에서 세련되게 행동하지 못하는 외톨이인 데다 정치적으로도 조종당하기 쉬운 유형이기 때문이다.[19] 하지만 이런 특징은 장래에 급성장할 기업을 만들 인재인가의 여부를 재빨리 간파하게 해주는 최적의 평가 기준인지도 모른다. 세계적으로 명성을 떨치는 위대한 기업을 창업한 빌 게이츠와 마크 저커버그 역시 젊은 시절에는 바로 그런 유형이었으니 말이다.

브레이크아웃 연구소: '한 단계 위' 사회를 향한다

틸 장학금 제도는 대학들을 틸의 적으로 만드는 결과를 낳았다. 창업을 위해 대학을 중퇴하는 것이 장학금 지원의 조건이었으니 어찌 보면 당연한 결과다. 하지만 역발상가인 틸은 이 비판에 대해 브레이크아웃 연구소로 자기 나름의 대답을 내놓았다.

틸 재단의 일부인 브레이크아웃 연구소는 민간 기업이나 벤처투자가, 엔젤투자가가 투자를 주저할 만한 초기 단계의 야심적인 학술연구에 자금을 제공하며 '막다른 길에 다다른 패턴과 한계를 넘어서라'는 틸의 철학을 추구한다. 연구소의 선언문 중에는 이런 문구가있다.

"할 수 있는 일의 한계를 넓히자."

브레이크아웃 연구소가 원하는 인재는 '사회에 높은 가치'를 창출하는 아이디어가 있는 연구자다. 그들 대부분은 자신의 지식을 '실험실에서 우리 경제로' 내보내는 데 필요한 지원을 받지 못하는데, 브레이크아웃 연구소는 그들이 기존 학술 활동의 영역을 넘어설 수 있도록 돕는다. 연구소 홈페이지에는 '탈옥jailbreak'이라는 표현이 등장한다. 틸이 로펌에서 뛰쳐나온 일을 세계의 전설적인 감옥 중 하나인 앨커트래즈섬으로부터의 탈주에 비유했던 것이 떠오르는 대목이다.

브레이크아웃 연구소는 급진적으로 새로운 아이디어를 추구하며 사회를—어디까지나 틸 개인의 가치 기준에서—'한 단계 위'로 끌어올리는 학술 연구를 지원한다. 또한 혁신을 주제로 연 2, 3회의 쇼케이스 행사도 주최한다. 이 행사에는 연구소의 지원을 받는 모든 회사가 초청되고 그 외에 사업가, 기업 대표, 투자가, 비즈니스 파트너나 마케팅 전문가, 인사 담당자 등도 참석한다. 이 연구소가 가장 주력하는 행사는 매년 10월에 열리는 '언박싱Unboxing'인데, 이 자리에서는 연구소로부터 지원받는 기업이 투자가나 파트너 후보 앞에서 자사 기술을 발표할 기회를 갖는다.

브레이크아웃 연구소에는 상호 네트워크의 형성을 목적으로 투자가, 전략적 파트너, 업계 파트너의 정보를 축적한 데이터뱅크가 있다. 또한 지원금을 받는 기업들은 브레이크아웃 연구소 고문 변호사의 지원도 받을 수 있다.

연구 기업에 대한 후속적인 자금 조달은 벤처투자가나 전략적 기업과의 네트워크를 통해 이루어진다. 브레이크아웃 연구소 웹사이트에서는 이를 '자금적인 촉매 역할'이라고 표현한다. 이러한 자금의 제공자로는 틸이 설립한 파운더스 펀드와 미스릴 캐피털뿐 아니라 아틀라스 벤처Atlas Venture, 인덱스 벤처스Index Ventures, 코슬라 벤처스 등 20개 이상의 유명 기업이 이름을 올리고 있다. 생명공학, 암 연구 관련 분야에 꾸준히 투자하는 것으로 유명한 로슈Roche도 그중 하나다.[20]

앞으로의 세상은 어떻게 될 것인가?

"기본적으로 나는 '죽음'을 피할 수 없다는 이데올로기에
반대한다."

도널드 트럼프는 대통령 취임 연설에서 미국에 대한 조건 없는 충성
이야말로 자신들의 정치 기반이라고 말했다. 하지만 얼마 전에는 피
터 틸이 뉴질랜드 국적을 취득했다는 사실이 밝혀졌다. 틸은 또다시
역발상 카드를 꺼내 든 것일까? 틸에게 뉴질랜드는 세계가 대공황이
나 전염병에 휩싸였을 때를 대비한 피난처인 것일까?[2]

틸은 원주민인 마오리족이 '흰 구름이 길게 드리운 땅'이라 부르
는, 두 개의 섬으로 이루어진 뉴질랜드에 오래도록 심취해 있었다. '완
전한 사회 형태'를 모색하는 틸은 이 땅에서 유토피아를 본 것이다.

뉴질랜드는 모험 스포츠adventure sports(대자연의 위협이나 위험과 싸우며 전
개되는 스포츠의 총칭_옮긴이) 선수나 배낭여행객이 동경하는 나라, 아름다
운 자연 속에서 다양한 경험을 즐길 수 있는 단기 유학의 나라로 이미
명성이 자자하다. 하지만 미래를 바라보는 틸에게 있어 이곳은 해상
자치 도시와 지구 밖 생활이 실현되기 전까지 머물 중간 기착지다. 물
론 틸은 자유주의적이고 진보적인 뉴질랜드의 법률도 높이 평가하는
데, 매력적인 조세 제도가 한몫했음은 두말할 필요도 없다.

틸은 이제 '실리콘밸리 현상'의 일부가 되었다. '신세계'의 사상적

리더들은 전 세계의 순종적인 사람들에게 '혁신은 사회의 돌파구'라는 낙관주의를 퍼뜨리고 있지만 실리콘밸리의 부유한 거물들은 자신의 미래만을 걱정하는 듯하다. 틸은 자신의 '피난처'로 그림처럼 아름다운 뉴질랜드를 선택했지만 어떤 이는 호화로운 방공호를 구입해서 연료와 식료품을 쌓아두기도 한다. 전쟁 혹은 경제위기가 발생하거나 전염병이 유행할 때는 지극히 원시적인 것들이 가치를 갖는데, 페이스북이나 구글, 아마존 등의 인터넷 기업 창업자들은 그 사실을 잘 알기에 만반의 준비를 해두었다. 그들의 공통점은 이 세상을 '디스토피아'로 본다는 것이다. 가진 게 많은 사람은 잃을 것도 많은 법이다.

그나저나 몇 년 후, 몇 십 년 후 '이 세상'은 어떻게 될까? 한편으론 글로벌화이고 다른 한편으론 혁신과 기술의 진보일 것이다. "글로벌화는 더 이상 성장을 견인하는 훌륭한 동력이 아니다."라고 말한 사람이 트럼프가 처음은 아니다. 이는 숫자로도 입증된 사실이다. 세계 경제성장률은 1960년대에 6%라는 최대치를 기록한 후 2015년에 3%까지 떨어졌다. 디지털화는 경쟁력을 높이는 결과를 낳았다. 종업원 1인당 생산성이 높아지고 인건비가 낮아졌기 때문이다. 늘어나고 있는 것은 오히려 최종 소비자end user 주변의 일자리다. 앞으로 최종 소비자들은 앱을 이용해 실시간으로 상품을 손에 넣으려는 경향이 더더욱 커질 것이다. 하지만 소비자의 요구에 부응하려면 현장 실습 경험이 풍부하고 디지털 능력과 기술적 감각을 가진 질 높고 유연한 노동력이 필요하다. 틸이 정확히 분석했다시피 앞으로 교육 분야의 중요성은 대단히 높아질 텐데, 세계적으로 보더라도 교육에 대한 투자는 혁신, 가치 창출, 경제성장을 향상시킬 열쇠다.

'적은 노력으로 큰 성과를 올린다'는 틸의 신조는 대기업이나 독일 녹색당의 지속 가능성 보고서에서 인용한 듯한 말이다. 우리가 사는 세상의 인구는 계속 증가세에 있고 원재료나 에너지 같은 자원에 대한 수요는 끝이 없다. 폭스바겐Volkswagen의 배기가스 조작 사건(일명 디젤 게이트. 폭스바겐이 엔진 제어장치를 조작해 환경 기준을 거짓으로 충족한 다음 차량을 판매했는데, 실제 배기가스 방출량은 기준치의 40배에 달한다는 사실이 드러난 사건. 폭스바겐 그룹 산하의 아우디Audi에서도 같은 사건이 발생했음_옮긴이)이 보여주듯 이제 기술의 진화를 추구하는 것만으로는 부족하다. 우리는 법률상의 규제뿐 아니라 기술상의 난제라는 측면에서도 한계에 부딪혔는지 모른다.

틸은 지금은 혁신이 위기에 빠진 상태라고 생각하는데, 실제로 그 이유는 학술적으로도 증명되었다. 얼마 전 스탠퍼드 대학의 거시경제학자 니컬러스 블룸Nicholas Bloom은 '경제성장은 창조적인 아이디어와 혁신의 성과'라는 조사 결과를 발표했다. 1930년 이후 연구개발 분야의 종사자 수는 20배 이상 증가했지만 집단 생산성은 41배 감소했다. 그에 해당하는 예들 중 하나가 컴퓨터 기술이다. 앞서 언급한 무어의 법칙에 따르면 컴퓨터와 태블릿 PC, 스마트폰의 심장부에 해당하는 마이크로프로세서의 계산 성능은 2년마다 두 배로 증가한다. 이 법칙은 발표된 지 50년이 넘은 지금까지도 여전히 유효하며, 틸은 지난 50년간 IT 분야는 혁신의 오아시스였다고 말한다. 하지만 그 대가는 터무니없이 비쌌다. 스탠퍼드 대학의 연구 결과 무어의 법칙이 만들

어진 이후 반도체 칩에 투자된 연구 비용이 1971년보다 78배나 늘어 났다는 사실이 밝혀진 것이다.[3]

틸과 트럼프는 많은 연구자와 마찬가지로 경제가 매년 3% 이상 성장해야 질 좋은 일자리가 생기고 중산층의 임금도 올라 경기를 다시금 부양하는 데 도움이 된다고 생각한다. 그러나 자산가치의 증가와 자본 이익은 소득 증가보다 훨씬 더 큰 영향력을 가진다. 중앙은행의 제로 금리 정책은 소액 예금자의 예금가치를 떨어뜨리는 한편 기업이나 자산가에게는 유리한 대출 및 투자 조건을 제공한다. 그 결과가 주식 시장과 부동산 시장의 호황이고, 그로 인해 부의 집중은 더욱 심해진다.

경제성장을 강력히 추진하면서도 더 많은 국민이 노동을 통해 큰 결실을 보게 하려면 국가와 기업 사이의 새로운 혁신 협정이 필요한데, 트럼프의 기술 정책 고문인 틸은 이와 관련된 것들을 배후에서 교묘하게 조종하고 있는 것처럼 보인다. 재러드 쿠슈너는 미국 공공 기관의 시스템을 최신 기술 수준까지 현대화하려 하고 있다. 트럼프는 향후 10년간 1조 달러의 경비를 절감할 것이며 공공 서비스도 개선하겠다는 계획을 밝혔다. 쿠슈너는 민간 부문의 창의력이 이 계획을 성공으로 이끌 열쇠라고 생각한다.

실리콘밸리의 거대 기술 기업은 정부의 요청에 반색을 표하는 듯하다. 애플의 팀 쿡은 "미국은 세계에서 가장 현대적인 정부를 가져야하지만 안타깝게도 지금은 그렇지 않다."라고 말한 바 있는데,[4] 만일 미국 정부와 기술 기업의 협력이 원활히 추진된다면 혁신을 위한 새로운 형태의 민관 제휴가 탄생할지도 모른다.

미국은 앞으로도 세계를 이끄는 첨단 기술 국가로 남을 수 있을까? 틸은 지금도 실리콘밸리가 혁신의 중심이라고 확신하지만, 그저 잠자코 지켜보고만 있는 것은 아니다. 스탠퍼드 대학과 벤처캐피털, 첨단 기술 기업 사이의 네트워크 효과는 달리 유례가 없는 공생 관계를 만들어냈고, 지금까지는 혁신과 스타트업이 톱니바퀴처럼 서로 맞물려 탄생해왔다. 그러나 틸은 이 네트워크 효과에는 위험이 도사리고 있다고 생각한다. '제어 불능'에 빠지는 경우가 있기 때문이다(한편 틸은 실리콘밸리가 지나치게 반보수주의적이라는 이유로 이곳을 떠나 거주지뿐 아니라 틸 캐피털, 틸 재단의 본거지를 LA로 옮겼다_옮긴이).[5]

중국 같은 나라들은 더 이상 '세계의 공장' 역할에 만족하지 않는다. 시진핑習近平 국가주석은 2021년까지 중국의 GDP국내총생산를 2010년의 두 배로 늘리고 2049년까지 자국을 '선진국만큼 발전한 풍요롭고 강력한 국가'로 만들겠다는 야심 찬 국가 목표 두 가지를 발표했다.[6]

첨단 기술과 혁신이 열쇠라는 것은 중국도 인식하고 있다. 중국은 2025년까지 인공지능, 전기자동차, 자동화 및 로봇 기술 같은 핵심 기술 분야에서 주도적 위치에 서려는 계획이다. 중국 기업이 서방의 주요 첨단 기술 기업을 인수합병M&A한다면 기술 개발 기간이 단축되어 중국은 기술 면에서도 미국을 위협하는 존재가 될 것이다.

앞으로 우리 삶은 어떻게 달라질까? 스마트폰과 컴퓨터의 계산 성능이 크게 발전하면서 인공지능은 더욱 가까이 우리 곁으로 다가왔다. 거대 인터넷 기업의 핵심 자원은 데이터다. 아마도 앞으로의 우리 삶은 지금처럼 자유롭지는 않을 것이다. 개인의 취향에서 건강 상태,

경제 상황, 나아가 행동 패턴이나 소비 패턴까지도 24시간 파악되고 데이터화될 테니 말이다. 또한 지폐는 없어지고 지금은 거리 어디에서나 흔히 볼 수 있는 은행 역시 자취를 감출 것이다. 고령화 사회를 마주한 우리는 머지않은 미래에 우리의 직장과 가정생활을 훨씬 편리하게 만들어줄 휴머노이드 로봇 집사를 고용하게 될지도 모른다.

5대 기술 독점 기업인 애플, 알파벳, 아마존, 페이스북, 마이크로소프트는 현재 기세를 떨치며 풍부한 현금흐름을 보인다. 지난 5년간 페이스북의 현금흐름은 3억 7,700만 달러에서 1,160억 달러, 즉 300배로 늘어났고 아마존은 15년간 1억 3,500만 달러에서 97억 달러(71배)로, 구글은 같은 기간에 1,800만 달러에서 258억 달러(1,400배)로 증가했다.[7]

이 수치들은 21세기에 어떤 산업이 가치를 창조하는지를 보여준다. 틸이 말했듯 디지털 경제에서 독점적 위치를 차지하며 네트워크효과로 차원이 다른 속도로 성장하는 분야가 바로 그것이다. 이런 기업들은 그렇게 불린 자금으로 자신들의 목적에 맞는 기업을 인수함으로써 시장에서의 위치를 더욱 공고히 할 수 있다. 구글의 유튜브 인수, 페이스북의 인스타그램과 왓츠앱 인수, 아마존의 고급 슈퍼마켓 체인 홀푸드Whole Foods 인수가 그 예다.

우리를 기다리는 세상은 과연 어떤 곳일까? 오웰이 그린 완전 감시 사회일까, 헉슬리가 그린 안정과 평화와 자유의 세계일까? 아니면 그 둘 사이의 어딘가에 있는 것일까?

인공지능은 어떤 역할을 할까? 인간은 일자리를 빼앗길까? 틸은 페이팔과 팰런티어에서 이런 생각과는 다른 경험을 했다. 컴퓨터와 알고리즘은 제각기 고유의 강점이 있지만 이는 인간 역시 마찬가지다. 둘의 협력, 다시 말해 인간과 기계의 협업은 뛰어난 결과를 낳는다. 틸이 일론 머스크와 함께 진행하는 오픈AI라는 프로젝트는 '인공지능에 대한 연구는 투명하게 공개되고 누구나 그것에 접근할 수 있어야 한다'고 주장한다. 인공지능 기술을 어느 한 회사가 독점하지 않게 하기 위해서다. 이것은 핵심 기술에 반드시 필요한 대책임에도 5대 기술 기업은 이미 인공지능 분야의 주요 기업과 스타트업 대부분을 흡수해버리고 말았다.

알고리즘에도 규제가 필요할까? 가짜 뉴스나 SNS 악용을 둘러싼 논의는 이제 막 시작되었고, 사람들을 보호하면서도 기업의 자유와 혁신에 제동을 걸지 않는 새로운 법도 만들어져야 할 필요가 있다.

우주개발은 오랫동안 NASA 같은 국가 기관의 독무대였지만 근래에는 억만장자들이 잇달아 야심 찬 프로젝트를 진행하며 지구 밖에서 생활할 가능성을 모색 중이다. 일론 머스크가 설립한 스페이스엑스에 투자한 틸은 가장 중요한 지원자 중 한 사람이다. 아마존을 설립한 제프 베조스 역시 우주로켓 개발 기업인 블루 오리진Blue Origin을 창업했다. 2017년 4월 베조스는 우주개발 계획에 개인 자산을 매년 10억 달러씩 투자하겠다고 발표했는데, 이는 아마존의 높은 주가 덕분에 가능한 일이다.

그런데 틸과 머스크, 베조스가 목표로 하는 화성 이주는 얼마나 현실성 있는 사안일까? 최근 머스크는 화성 이주 계획의 시작을 예정보다 2년 늦은 2020년으로 연기했다. 우주탐사선이 인류를 착륙시키는 데 필요한 과학 지식을 모으는 데 예상보다 좀 더 많은 시간이 걸리는 듯하다. 스페이스엑스는 2024년에 자사의 유인 우주선을 화성으로 출발시킬 예정이다.

가구 회사인 이케아IKEA도 화성 이주 사업에 주력하고 있다. 이케아의 디자인 팀은 미국 유타주 사막 지대에 있는 화성탐사연구기지MDRS에서 화성 생활을 모의실험하며 화성용 가구 디자인을 연구했다. 이케아의 주목적은 '화성의 가혹한 생존 조건에 적합한 가구를 연구하면서 얻은 영감을 지구에서 사용할 공간 절약형 가구를 개발하는 데 활용하는 것'인데,[8] 상당히 현실적인 동기로 보인다.

우주개발을 위한 혁신 경쟁은 지구에서의 생활을 개선하는 데도 도움이 된다. 위성 기술은 인간을 달에 착륙시키려는 1960년대의 우주개발 경쟁이 낳은 중요한 성과다. 이 기술이 없었다면 지금과 같은 세계 규모의 원거리 통신이나 TV 중계, 항공기나 선박의 항행, 농업에 꼭 필요한 기상 관측도 불가능했을 것이다.

'하늘을 나는 자동차'라는 틸의 비전도 실현이 가까워졌다. 틸이 태어난 독일에서는 릴리움Lilium이라는 스타트업이 하늘을 날고 드론처럼 수직으로 이착륙할 수 있는 전동택시의 상용화를 목표로 하고 있다. 2015년에 설립된 릴리움은 2017년 봄 무인 시험 비행에도 성공했다. 예를 들어 뉴욕에 있는 케네디 국제공항에서 맨해튼까지는 보통 55분이 걸리지만 하늘을 나는 택시를 이용하면 소요 시간이 5분 정도로 단축될 수 있다. 또한 이 구간을 현재 지상의 택시로 이동하면 56~73달러의 요금을 내야 하는 데 반해, 하늘을 타는 택시의 경우 사업 초기의 요금은 36달러지만 장기적으로는 6달러까지 큰 폭으로 낮출 수 있다는 것이 릴리움의 예상이다. 참고로 두바이는 2017년 여름부터 시험적으로 중국제 드론택시를 도입했고, 2030년 이후에는 자율주행 교통수단의 비율을 25%까지 끌어올릴 계획이다.

수명 연장과 불사不死라는 테마의 전망은 어떨까? 앞서 살펴봤듯 틸은 죽음이라는 것에 '기본적으로 반대한다'고 밝혔으며 이 분야에 아낌없이 투자하고 있다. 알파벳은 수명 연장 프로젝트를 진행 중이고, 마크 저커버그와 그의 아내 프리실라 챈 역시 세상의 모든 질병을 퇴치하기 위해 30억 달러를 투입하겠다고 발표했다.[9]

앞으로 어떤 혁신이 우리 삶을 계속해서 좋은 방향으로 바꿔줄지는 미래가 보여줄 것이다. 틸은 2016년에 독일 연방재무부 정무차관인 옌스 슈판Jens Spahn과 대담하면서 다음과 같이 말했다.[10]

"기술의 발전이 인류의 모든 문제를 해결해주지는 않습니다. 하지만 기술 발전 없이는 아무 문제도 해결할 수 없지요."

전략가 피터 틸의 '그다음 한 수'는 무엇일지, 당분간 눈을 뗄 수 없을 듯하다.

미주

들어가며

1   Packer, George: No Death, No Taxes: The libertarian futurism of a Silicon Valley billionaire., The New Yorker, 2011/11/28, https://www.newyorker.com/magazine/2011/11/28/no-death-no-taxes

2   Milken InstITute, Copy of In Tech We Trust? A Debate wITh Peter Thiel and Marc Andreessen, https://www.youtube.com/watch?v=VtZbWnIALeE

제1장

1   Goist, Robin: Billionaire businessman Peter Thiel of PayPal gives historic pro-gay speech at RNC (video), cleveland.com, 2016/7/21, http://www.cleveland.com/rnc-2016/index.ssf/2016/07/peter_thiel_speaks_last_night.html

2   United States Census Bureau, Annual Estimates of the Resident Population for Incorporated Places: 2010/4/1~2015/7/1, https://factfinder.census.gov/faces/tableservices/jsf/pages/productview.xhtml?src=bkmk

3   Packer, George: The Unwinding: An Inner History of the New America, Farar, Straus and Giroux, 2013 [한국어판: 《미국 , 파티는 끝났다》(조지 패커, 글항아리, 2015)]

4   Chang, Emily: Venture Capitalist Peter Thiel: Studio 1.0 (12/18), Bloomberg TV, 2014/12/18, https://www.bloomberg.com/news/videos/2014-12-19/venture-capitalist-peterthiel-studio-10-1218

5   앞의 기사

6   Packer, George: The Unwinding: An Inner History of the New America, Farar, Straus and Giroux, 2013 [한국어판: 《미국 , 파티는 끝났다》(조지 패커, 글항아리, 2015)]

7   앞의 책

8   앞의 책

9   Ferriss, Tim: Tools der Titanen. Die Taktiken, Routinen und Gewohnheiten der Weltklasse-Performer, Ikonen und Milliardäre, Finanzbuch Verlag, München 2017 [한국어판: 《타이탄의 도구들》(팀 페리스, 토네이도, 2017)]

10   Brown, Mick: Peter Thiel: the billionaire tech entrepreneur on a mission to cheat death, The Telegraph, 2014/9/19, http://www.telegraph.co.uk/technology/11098971/Peter-Thiel-the-billionaire-tech-entrepreneur-on-a-mission-to-cheat-death.html

11   Packer, George: The Unwinding: An Inner History of the New America [한국어판: 《미국, 파티는 끝났다》(조지 패커, 글항아리, 2015)]

12   Dowd, Maureen: Confirm or Deny: Peter Thiel, The New York Times, 2017/1/11, https://www.nytimes.com/2017/01/11/fashion/peter-thiel-confirm-or-deny.html

13   Dionne, E. J.: Political Memo; G.O.P. Makes Reagan Lure Of Young a Long-Term Asset, The New York Times, 1988/10/31, http://www.nytimes.com/1988/10/31/us/political-memo-gop-makes-reagan-lure-of-young-a-long-term-asset.html

14   Parloff, Roger: Peter Thiel's Contrarian Strategy, Fortune, 2014/9/4, http://fortune.com/2014/09/04/peter-thiels-contrarian-strategy/

15   Packer, George: The Unwinding: An Inner History of the New America [한국어판: 《미국 , 파티는 끝났다》(조지 패커, 글항아리, 2015)]

16   http://startupclass.samaltman.com/courses/lec05/

17   Packer, George: The Unwinding: An Inner History of the New America [한국어판: 《미국 , 파티는 끝났다》(조지 패커, 글항아리, 2015)]

18   Nisen, Max: 9 Famous Execs who majored in Philosophy, Business Insider, 2014/1/19, http://www.businessinsider.com/successful-philosophy-majors-2014-1

19   Mac, Ryan: Reid Hoffman and Peter Thiel share the Secrets of breaking into Tech's most exclusive Network, Forbes, 2012/5/2, http://www.forbes.com/sites/ryanmac/2012/05/02/reid-hoffman-and-peter-thiel-share-the-secrets-

of-breaking-into-techs-most-exclusive-network

20 앞의 기사

21 Mac, Ryan: Reid Hoffman and Peter Thiel share the Secrets of breaking into Tech's most exclusive Network, Forbes, 2012/5/2, http://www.forbes.com/sites/ryanmac/2012/05/02/reid-hoffman-and-peter-thiel-share-the-secrets-of-breaking-into-techs-most-exclusive-network

22 Parloff, Roger: Peter Thiel's Contrarian Strategy, Fortune, 2014/9/4, http://fortune.com/2014/09/04/peter-thiels-contrarian-strategy/

23 Wallace, Lisa and Atallah, Alex: A Brief and Non-Exhaustive History of the Stanford Review, The Stanford Review, 2012/2/9, https://stanfordreview.org/a-brief-and-non-exhaustive-history-of-the-stanford-review-b238185ef3d2#.aj940cyzd

24 Packer, George: The Unwinding: An Inner History of the New America [한국어판: 《미국, 파티는 끝났다》(조지 패커, 글항아리, 2015)]

25 Huwa, Kyle: The Intellectual Force behind Web 2.0, The Stanford Review, 2010/11/7, https://stanfordreview.org/the-intellectual-force-behind-web-2-0-22bc6b9ec0af#.29fs188ki

26 Wallace, Lisa and Atallah, Alex: A Brief and Non-Exhaustive History of the Stanford Review

27 Burr, Thomas: Peter Thiel speaks at The National Press Club, 2016/10/31, http://www.press.org/events/peter-thiel

28 Wallace, Lisa and Atallah, Alex: A Brief and Non-Exhaustive History of the Stanford Review

29 Packer, George: The Unwinding: An Inner History of the New America [한국어판: 《미국, 파티는 끝났다》(조지 패커, 글항아리, 2015)]

30 Ferriss, Tim: Tools der Titanen. Die Taktiken, Routinen und Gewohnheiten der Weltklasse-Performer, Ikonen und Milliardäre [한국어판: 《타이탄의 도구들》(팀 페리스, 토네이도, 2017)]

2장

1   Mark A. Lemley: On Innovation, Entrepreneurialism, and Law: A Conversation with Peter Thiel and Mark A. Lemley, 2011/5/31, Stanford Lawyer, Spring 2011, https://law.stanford.edu/stanford-lawyer/articles/q-a-legal-matters-with-peter-thiel-92-ba-89-bs-89-and-mark-a-lemley-ba-88/

2   Rubino, Kathryn: PayPal Co-Founder Understands how bad Biglaw is, Above The Law, 2016년 5월 24일, https://abovethelaw.com/2016/05/paypal-co-founder-understands-how-bad-biglaw-really-is/

3   Packer, George: The Unwinding: An Inner History of the New America [한국어판: 《미국 , 파티는 끝났다》(조지 패커, 글항아리, 2015)]

4   Rubino, Kathryn: PayPal Co-Founder Understands how bad Biglaw is, Above The Law, 2016년 5월 24일, https://abovethelaw.com/2016/05/paypal-co-founder-understands-how-bad-biglaw-really-is/

5   Chung, Renwei: How Justice Scalia broke PayPal Founder Peter Thiel's Heart long ago, Above The Law , 2016/2/19, https://abovethelaw.com/2016/02/justice-scalia-might-have-broken-your-heart-on-valentines-day-but-he-broke-paypal-founder-peter-thiels-heart-long-ago/

6   Rubino, Kathryn: PayPal Co-Founder Understands how bad Biglaw is, Above The Law, 2016년 5월 24일, https://abovethelaw.com/2016/05/paypal-co-founder-understands-how-bad-biglaw-really-is/

7   Lemley, Mark A.: On Innovation, Entrepreneurialism, and Law: A Conversation with Peter Thiel and Mark A. Lemley, 2011/5/31, Stanford Lawyer, Spring 2011, https://law.stanford.edu/stanford-lawyer/articles/q-a-legal-matters-with-peter-thiel-92-ba-89-bs-89-and-mark-a-lemley-ba-88/

8   Packer, George: The Unwinding: An Inner History of the New America [한국어판: 《미국 , 파티는 끝났다》(조지 패커, 글항아리, 2015)]

9   Reid, Robert H.: Architects of the Web, 1.000 Days that Built the Future of Business, John Wiley & Sons, New York 1997 [한국어판: 《인터넷을 움직이는 사람들》(로버트 리드, 김영사, 1998)]

10 앞의 책

11 Parloff, Roger: Peter Thiel's Contrarian Strategy, Fortune, 2014/9/4, http://fortune.com/2014/09/04/peter-thiels-contrarian-strategy/

12 Jackson, Eric M.: The PayPal Wars, Battles with eBay, the Media, the Mafia, and the Rest of Planet Earth, WND Books, 2012

13 앞의 책

14 Paypalobjects, https://www.paypalobjects.com/webstatic/en_US/mktg/pages/stories/pdf/paypal_infogrpahic_-_key_milestones.pdf

15 Jackson, Eric M.: The PayPal Wars

16 Jackson, Eric M.: The PayPal Wars

17 Paypalobjects, https://www.paypalobjects.com/webstatic/en_US/mktg/pages/stories/pdf/paypal_infogrpahic_-_key_milestones.pdf

18 Jackson, Eric M.: The PayPal Wars

19 Napoli, Lisa: Compaq Buys Zip2 to Enhance Altavista, The New York Times, 1999/2/17, http://www.nytimes.com/1999/02/17/business/compaq-buys-zip2-to-enhance-altavista.html

20 Chafkin, Max: Entrepreneur of the Year, 2007: Elon Musk, 2007/12/1, Inc

21 Spear, Todd: The Business Proposals that Built a Billionaire: Elon Musk Edition, Quoteroller, 2013/10/22, http://blog.quoteroller.com/2013/10/22/business-proposals-built-billionaire-elon-musk/

22 Packer, George: The Unwinding: An Inner History of the New America [한국어판:《미국, 파티는 끝났다》(조지 패커, 글항아리, 2015)]

23 Jackson, Eric M: The PayPal Wars

24 앞의 책

25 앞의 책

26 앞의 책

27 앞의 책

28 O'Brien, Jeffrey M.: Meet the PayPal Mafia. An inside look at the hyperintelligent, superconnected pack of serial entrepreneurs who left the payment service and are turning Silicon Valley upside down, Fortune, 2007/11/26, http://fortune.com/2007/11/13/paypal-mafia/

29 Forrest, Conner: How the 'PayPal Mafia' redefined success in Silicon Valley,

TechRepublic, 2014/7/1, http://www.techrepublic.com/article/how-the-paypal-mafia-redefined-success-in-silicon-valley/

30 앞의 기사

31 앞의 기사

32 Yahoo Finance: Tesla, 27.02.17, https://finance.yahoo.com/quote/TSLA?ltr=1

33 Tweedie, Steven: Microsoft buys LinkedIn for $26,2 billion, Business Insider, 2016/6/13, http://www.businessinsider.de/microsoft-buys-linkedin-2016-6

34 Crunchbase, https://www.crunchbase.com/organization/palantir#/entity

35 Winkler, Rolfe: SpaceX's valuation rockets to 12 billion with Google Investment, The Wall Street Journal, 2015/1/21, http://blogs.wsj.com/digits/2015/01/21/spacexs-valuation-rockets-to-12-billion-with-google-investment/

36 Yahoo Finance: Yelp, 27.02.17, https://finance.yahoo.com/quote/YELP/?p=YELP

37 Forest, Conner: How the 'PayPal Mafia' redefined success in Silicon Valley, TechRepublic, 2014/7/1, http://www.techrepublic.com/article/how-the-paypal-mafia-redefined-success-in-silicon-valley/

38 앞의 기사

39 Chang, Emily: LinkedIn's Reid Hoffman Why I Call Elon Musk, Bloomberg News, 2014/6/30, http://www.bloomberg.com/video/linkedin-s-reid-hoffman-why-i-call-elonmusk-RF3S2H~OQn6Er-muRcKBcqg.html

40 Chang, Emily: Venture Capitalist Peter Thiel: Studio 1.0 (12/18), Bloomberg TV, 2014/12/18, https://www.bloomberg.com/news/videos/2014-12-19/venture-capitalist-peterthiel-studio-10-1218

3장

1 Horowitz, Ben: The Hard Thing About Hard Things - Building a Business when there are no easy Answers, Harper Collins, New York 2014 [한국어판: 《하드씽: 경영의 난제, 어떻게 풀 것인가》(벤 호로위츠, 36.5, 2014)]

2   Thiel, Peter with Masters, Blake: Zero to One, Notes on Startups, or How to Build the Future, Currency, 2014 [한국어판: 《제로 투 원》(피터 틸, 블레이크 매스터스, 한국경제신문사, 2014)]

3   Jackson, Eric M.: The PayPal Wars

4   앞의 책

5   Thiel, Peter with Masters, Blake: Zero to One [한국어판: 《제로 투 원》(피터 틸, 블레이크 매스터스, 한국경제신문사, 2014)]

6   Forrest, Conner: How the 'PayPal Mafia' redefined success in Silicon Valley, TechRepublic, 2014/7/1, https://www.techrepublic.com/article/how-the-paypal-mafia-redefined-success-in-silicon-valley/

7   Chang, Emily: Venture Capitalist Peter Thiel

8   Jackson, Eric M.: The PayPal Wars

9   앞의 책

10   앞의 책

11   Parloff, Roger: Peter Thiel's Contrarian Strategy, Fortune, 2014/9/4, http://fortune.com/2014/09/04/peter-thiels-contrarian-strategy/

12   Chang, Emily: Venture Capitalist Peter Thiel

13   Thiel, Peter with Masters, Blake: Zero to One [한국어판: 《제로 투 원》(피터 틸, 블레이크 매스터스, 한국경제신문사, 2014)]

14   앞의 책

15   Bechtolsheim, Andreas: The Process of Innovation, Stanford University, 2012/7/12, http://engineering.stanford.edu/alumni-profile/andy-bechtolsheim-engineering-hero-talks-innovation-success-engineering

16   Thiel, Peter with Masters, Blake: Zero to One [한국어판: 《제로 투 원》(피터 틸, 블레이크 매스터스, 한국경제신문사, 2014)]

17   Forrest, Connor: How the 'PayPal Mafia' redefined success in Silicon Valley

18   앞의 기사

19   Caron, Paul: Peter Thiel's Advice to Graduates: "My Ambition to be a Lawyer was less a Plan for the future than an alibi for the present", 2016/5/22, http://taxprof.typepad.com/taxprof_blog/2016/05/peter-thiels-advice-to-graduates-my-ambition-to-be-a-lawyer-was-less-a-plan-for-the-

future-than-an-a.html

20 앞의 기사

21 Jackson, Eric M.: The PayPal Wars

22 Thiel, Peter with Masters, Blake: Zero to One [한국어판: 《제로 투 원》(피터 틸, 블레이크 매스터스, 한국경제신문사, 2014)]

23 Forrest, Connor: How the 'PayPal Mafia' redefined success in Silicon Valley

24 앞의 기사

25 Thiel, Peter with Masters, Blake: Zero to One [한국어판: 《제로 투 원》(피터 틸, 블레이크 매스터스, 한국경제신문사, 2014)]

26 앞의 책

27 Forrest, Connor: How the 'PayPal Mafia' redefined success in Silicon Valley

28 Jackson, Eric M.: The PayPal Wars

29 Graham, Paul: Hackers & Painters. Big Ideas from the Computer Age, O'Reilly Media Inc., Sebastopol 2010 [한국어판: 《해커와 화가》(폴 그레이엄, 한빛미디어, 2014)]

30 Thiel, Peter with Masters, Blake: Zero to One [한국어판: 《제로 투 원》(피터 틸, 블레이크 매스터스, 한국경제신문사, 2014)]

31 앞의 책

32 앞의 책

33 Jackson, Eric M.: The PayPal Wars

34 Forrest, Connor: How the 'PayPal Mafia' redefined success in Silicon Valley

35 Thiel, Peter with Masters, Blake: Zero to One [한국어판: 《제로 투 원》(피터 틸, 블레이크 매스터스, 한국경제신문사, 2014)]

36 Gobry, Pascal-Emmanuel: Palantir Apologizes For Its Plan To Crush Wikileaks(나-https://www.businessinsider.com/palantir-wikileaks-apology-2011-2)

37 Greenberg, Andy and Mac, Ryan: How A 'Deviant' Philosopher Built Palantir, A CIA-Funded Data-Mining Juggernaut. Forbes, August 14, 2013

38 Greenberg, Andy and Mac, Ryan: How A 'Deviant' Philosopher Built Palantir, A CIA-Funded Data-Mining Juggernaut. Forbes, 2013/8/14, http://www.forbes.com/sites/andygreenberg/2013/08/14/agent-of-intelligence-how-a-

deviant-philosopher-built-palantir-a-cia-funded-data-mining-juggernaut/

39 앞의 기사

40 Rose, Charlie: Alex Karp, C.E.O. of the data-mining company Palantir, reflects on his career and what led him to create software that is used by the CIA, FBI, and others, 2009/8/11, charlierose.com

41 Greenberg, Andy and Mac, Ryan: How A 'Deviant' Philosopher Built Palantir, A CIA-Funded Data-Mining Juggernaut

42 앞의 기사

43 Vance, Ashlee and Stone, Brad: Palantir, the War on Terror's Secret Weapon, Bloomberg Businessweek, November 22, 2011. http://www.businessweek.com/magazine/palantir-the-vanguard-of-cyberterror-security-11222011.html

44 앞의 기사

45 Rusli, Evelin: Palantir: The Next Billion-Dollar Company raises $90 Million, TechCrunch, 2010/6/25, https://techcrunch.com/2010/06/25/palantir-the-next-billion-dollar-company-raises-90-million/

46 Desmond, Nate: How PALANTIR built a $15 Billion Growth Engine, 2015/6/22, https://buckfiftymba.com/palantirs-growth-engine/

47 Quittner, Jeremy: The Startup That's Spawning a New Generation of Startups, Inc, 2014/8/22, https://www.inc.com/jeremy-quittner/palantir-and-the-spinoff-effect.html

48 Sankar, Shyam: How did Palantir gain its initial traction, 2010/4/18, https://www.quora.com/How-did-Palantir-gain-its-initial-traction

49 Mac, Ryan: National Security Darling: Why Condoleezza Rice, David Petraeus and George Tenet Back Palantir. Forbes, 2013/8/19, https://www.forbes.com/sites/ryanmac/2013/08/19/national-security-darling-why-condoleezza-rice-david-petraeus-and-george-tenet-back-palantir/

50 Vance, Ashlee and Stone, Brad: Palantir, the War on Terror's Secret Weapon

51 앞의 기사

52 Greenberg, Andy and Mac, Ryan: How A 'Deviant' Philosopher Built Palantir

53 Thiel, Peter with Masters, Blake: Zero to One [한국어판: 《제로 투 원》(피터 틸, 블레이크 매스터스, 한국경제신문사, 2014)]

54 Vance, Ashlee and Stone, Brad: Palantir, the War on Terror's Secret Weapon

55 Greenberg, Andy and Mac, Ryan: How A 'Deviant' Philosopher Built Palantir

56 Quittner, Jeremy: The Startup That's Spawning a New Generation of Startups, Inc, 2014/8/22, http://www.inc.com/jeremy-quittner/palantir-and-the-spinoff-effect.html

57 Desmond, Nate: How Palantir built a $15 Billion Growth Engine, 2015/6/22, https://buckfiftymba.com/palantirs-growth-engine/

58 Vance, Ashlee and Stone, Brad: Palantir, the War on Terror's Secret Weapon

59 Alden, William: Inside Palantir, Silicon Valley's Most Secretive Company, BuzzFeed, 2016/5/6, https://www.buzzfeed.com/williamalden/inside-palantir-silicon-valleys-most-secretive-company

60 Newcomer, Eric: Palantir Mulls IPO and Expects to Be Profitable Next Year, 2016/10/26, https://www.bloomberg.com/news/articles/2016-10-26/palantir-mulls-ipo-and-expects-to-be-profitable-next-year

61 A pretty complete history of Palantir, 2015/8/11, http://www.socialcalculations.com/2015/08/a-pretty-complete-history-of-palantir.html

62 앞의 기사

63 Gobry, Pascal-Emmanuel: Palantir Apologizes For Its Plan To Crush Wikileaks, Business Insider, 2011/2/11, http://www.businessinsider.com/palantir-wikileaks-apology-2011-2

64 Greenberg, Andy and Mac, Ryan: How A 'Deviant' Philosopher Built Palantir, A CIA-Funded Data-Mining Juggernaut. Forbes, 2013/8/14

65 Ernst, Douglas: Peter Thiel's data startup Palantir sued by Obama admin. for racial discrimination, The Washington Times, 2016/9/27, http://www.washingtontimes.com/news/2016/sep/27/peter-thiels-data-startup-palantir-sued-by-obama-a/

66 Alden, William: Inside Palantir, Silicon Valley's Most Secretive Company

67 Hoefflinger, Mike: Becoming Facebook: The 10 Challenges That Defined the Company That's Disrupting the World, Amacom, 2017 [한국어판: 《비커밍 페이스북》(마이크 회플링거, 부키, 2018)]

68 Feloni, Richard, This sci-fi novel changed the life of billionaire LinkedIn

founder Reid Hoffman, Business Insider, 2015/10/6, http://www.businessinsider.com/linkedin-reid-hoffman-novel-changed-his-life-2015-10

69   Chang, Emily: Venture Capitalist Peter Thiel: Studio 1.0 (12/18), Bloomberg TV, 2014/12/18, https://www.bloomberg.com/news/videos/2014-12-19/venture-capitalist-peterthiel-studio-10-1218

70   http://whoownsfacebook.com/#Thiel

71   Kirkpatrick, David, The Facebook Effect, Simon & Schuster, 2010 [한국어판: 《페이스북 이펙트》(데이비드 커크패트릭, 에이콘출판, 2010)]

72   Drange, Matt, Mark Zuckerberg Decides to keep Peter Thiel on Facebook's Board, Forbes, 2016/6/20, https://www.forbes.com/sites/mattdrange/2016/06/20/zuckerberg-thiel-board/

73   Heath, Alex, Mark Zuckerberg: it would be 'crazy' to kick Trump advisor Peter Thiel off Facebook's board, Business Insider, 2017/3/13, http://www.businessinsider.de/markzuckerberg-defends-facebook-board-member-peter-thiels-ties-to-trump-2017-3

4장

1   Chang, Emily: Venture Capitalist Peter Thiel

2   Lemley, Mark A.: On Innovation, Entrepreneurialism, and Law: A Conversation with Peter Thiel and Mark A. Lemley, 2011/5/31, The Stanford Lawyer, Spring 2011, https://law.stanford.edu/stanford-lawyer/articles/q-a-legal-matters-with-peter-thiel-92-ba-89-bs-89-and-mark-a-lemley-ba-88/

3   Parloff, Roger: Peter Thiel's Contrarian Strategy, Fortune, 2014/9/4, http://fortune.com/2014/09/04/peter-thiels-contrarian-strategy/

4   Thiel, Peter: Peter Thiel, technology entrepreneur and investor, 2014/9/11, https://www.reddit.com/r/IamA/comments/2g4g95/peter_thiel_technology_entrepreneur_and_investor/

5   Thiel, Peter: A Note from Peter Thiel, http://zerotoonebook.com/about/

6   Balzer, Arno: Captain Future. Der deutschstämmige Investor Peter Thiel

ist eine Ausnahmeerscheinung der internationalen Finanzwelt und eine Schlüsselfigur des Silicon Valley, Bilanz, April 2017

7   Thiel, Peter with Masters, Blake: Zero to One [한국어판: 《제로 투 원》(피터 틸, 블레이크 매스터스, 한국경제신문사, 2014)]

8   앞의 책

9   Thompson, Derek: Peter Thiel's Zero to One Might Be the Best Business Book I've Read, The Atlantic, 2014/9/25, https://www.theatlantic.com/business/archive/2014/09/peter-thiel-zero-to-one-review/380738/

10 Chang, Emily: Venture Capitalist Peter Thiel: Studio 1.0 (12/18), Bloomberg TV, 2014/12/18, https://www.bloomberg.com/news/videos/2014-12-19/venture-capitalist-peterthiel-studio-10-1218

11 Thompson, Derek: Peter Thiel's Zero to One Might Be the Best Business Book I've Read

12 Thiel, Peter: The Saturday Essay, Competition Is for Losers, The Wall Street Journal, 2014/9/12, https://www.wsj.com/articles/peter-thiel-competition-is-for-losers-1410535536

13 Parloff, Roger: Peter Thiel disagrees with you, Fortune, 2014/9/4, http://fortune.com/2014/09/04/peter-thiels-contrarian-strategy/

14 WIRED UK, Peter Thiel: Successful Businesses are Based on Secrets, Wired, 2014/9/30, https://www.youtube.com/watch?v=yODORwGmHqo

15 Oliver, Baron: Das Geheimis des Erfolgs (II): Investieren wie Warren Buffett, 2013/5/18, https://www.godmode-trader.de/artikel/das-geheimis-des-erfolgs-ii-investieren-wie-warren-buffett,3092291

16 Thiel, Peter: Peter Thiel, technology entrepreneur and investor, 2014/9/11, https://www.reddit.com/r/IamA/comments/2g4g95/peter_thiel_technology_entrepreneur_and_investor/

17 Gibney, Bruce: What happened to the future, 2011, http://foundersfund.com/the-future/#

18 Patterson, Scott; Blackmon, Douglas A.: Buffett Bets Big on Railroad, The Wall Street Journal, 2009/11/4, https://www.wsj.com/articles/SB10001424052748703740004574513191915147218

19 Constine, Josh: Facebook's Risk Factors: Mobile, Gov, Slowed Growth, Google+, TechCrunch, 2012/2/1, https://techcrunch.com/2012/02/01/facebooks-risk-factors-mobile-gov-slowed-growth-google/

20 Thiel, Peter with Masters, Blake: Zero to One [한국어판: 《제로 투 원》(피터 틸, 블레이크 매스터스, 한국경제신문사, 2014)]

21 앞의 책

22 앞의 책

23 WIRED UK, Peter Thiel: Successful Businesses are Based on Secrets, Wired, 2014/9/30, https://www.youtube.com/watch?v=yODORwGmHqo

24 Carmichael, Evan: Peter Thiel Interview - Peter Thiel's Top 10 Rules For Success, 2015/9/24, https://www.youtube.com/watch?v=NjpEZBTCML8

25 앞의 기사

26 Thiel, Peter with Masters, Blake: Zero to One [한국어판: 《제로 투 원》(피터 틸, 블레이크 매스터스, 한국경제신문사, 2014)]

5장

1 Thiel, Peter with Masters, Blake: Zero to One [한국어판: 《제로 투 원》(피터 틸, 블레이크 매스터스, 한국경제신문사, 2014)]

2 Masters, Blake: Peter Thiel's CS183: Startup - Class 1 Notes Essay

3 앞의 기사

4 Thiel, Peter with Masters, Blake: Zero to One [한국어판: 《제로 투 원》(피터 틸, 블레이크 매스터스, 한국경제신문사, 2014)]

5 Zoglauer, Cornelia; Hergert, Stefani; Rosenberger, Juraj: Handelsblatt Grafik des Tages: Die teuersten Unternehmen der Welt, 2017/3/30

6 Deagon, Brian: Apple, Microsoft, Alphabet Lead Field As Kings Of Cash, 2016/11/3, http://www.investors.com/news/technology/apple-microsoft-alphabet-lead-field-askings-of-cash/

7 CS183 - 2015, 2014/10/7, https://www.youtube.com/watch?v=5_0dVHMpJlo

8 Olson, Parmy: Apple Grabs More Than 100% Of Smartphone Profits, Forbes,

2016/11/4, https://www.forbes.com/sites/parmyolson/2016/11/04/apple-grabs-more-than-100-ofsmartphone-profits

9   Netmarketshare, Desktop Search Engine Market Share, Mobile/Tablet Search Engine Market Share, 2017/3/, https://www.netmarketshare.com/search-engine-market-share.aspx

10   Thiel, Peter: CS 183B, Autumn Quarter 2014 - 2015, 2014/10/7, https://www.youtube.com/watch?v=5_0dVHMpJlo

11   Masters, Blake: Peter Thiel's CS183: Startup - Class 1 Notes Essay

12   Holm, Erik: Munger on Buffett's Apple Investment: 'Either You've Gone Crazy, or You're Learning', The Wall Street Journal, 2017/5/6, http://www.wsj.com/livecoverage/berkshire-hathaway-2017-annual-meeting-analysis

6장

1   LinkedIn: https://de.linkedin.com/company/thiel-capital-llc

2   Hatmaker, Taylor: Apply Now: Peter Thiel is hiring a personal assistant, TechCrunch, 2017/2/3, https://techcrunch.com/2017/02/03/apply-now-peter-thiel-is-hiring-a-personal-assistant/

3   Packer, George: No Death, No Taxes, The libertarian futurism of a Silicon Valley billionaire, The New Yorker, 2011/11/28, http://www.newyorker.com/magazine/2011/11/28/no-death-no-taxes

4   Thiel, Peter: www.clarium.com

5   Buffett, Warren: Berkshire Hathaway Inc. Shareholder Letters 2016, 2017/2/27

6   Packer, George: No Death, No Taxes

7   Loizos, Connie: Inside Mysterious Mithril Capital, 2014/4/21, https://www.strictlyvc.com/2014/04/22/inside-mysterious-mithril-capital/

8   Cyran, Robert: Cisco Pays Fantastical Price for Software Firm, The New York Times, 2017/1/25, https://www.nytimes.com/2017/01/25/business/dealbook/cisco-appdynamics.html

9   McBride, Sarah: Peter Thiel's Mithril Capital Raises $850 Million VC Fund, Bloomberg, 2017/1/20, https://www.bloomberg.com/news/articles/2017-01-20/peter-thiel-s-mithril-capital-raises-850-million-vc-fund

10   Primack, Dan: AbbVie Buying Cancer Drug Startup Stemcentrx for $10.2 Billion, Fortune, 2016/4/28, http://fortune.com/2016/04/28/abbvie-stemcentx/

11   Lacy, Sarah: We back truck when we have conviction. How Brian Singerman made Founders Fund's biggest return ever, 2016/5/19, https://pando.com/2016/05/19/we-back-truck-when-we-have-conviction-how-brian-singerman-made-founders-funds-biggest-return-ever/

12   Martin, Scott, Peter Thiel's Founers Fund Bags $1.3 Billion, The Wall Street Journal, 2016/3/25, https://blogs.wsj.com/venturecapital/2016/03/25/peter-thiels-founders-fund-bags-1-3b/

13   Founders Fund: http://foundersfund.com/portfolio/

14   www.valar.com/portfolio

15   https://www.crunchbase.com/organization/valar-ventures#/entity

16   Sawers, Paul: 2016/12/14, Stash raises $25 million for a an app that can turn anyone into an investor, https://venturebeat.com/2016/12/14/mobile-investing-app-stash-raises-25-million/

17   Altman, Sam: Welcome Peter, 2015/3/10, https://blog.ycombinator.com/welcome-peter/

18   Timmons, Heather: Y Combinator has no problem with partner Peter Thiel funding Donald Trump, Quartz, 2016/10/17, https://qz.com/810778/y-combinator-has-no-problem-with-partner-peter-thiel-funding-donald-trump-sam-altman-says/

19   Zarya, Valentina: The ACLU Is Joining Startup Accelerator Y Combinator, Fortune, 2017/1/31, http://fortune.com/2017/01/31/aclu-peter-thiel-y-combinator/

20   Kokolitcheva, Kia: What Y Combinator chief thinks of Trump, AI and startups, 2017/4/14, https://www.axios.com/heres-what-y-combinators-president-thinks-of-trump-ai-and-startups-2360316966.html

7장

1 Reilly, Bryne Richard: Peter Thiel: Players, Companies, Life, The Unauthorized Microbiography of Technology's Greatest Entrepreneur, 2016

2 Thiel, Peter with Masters, Blake: Zero to One [한국어판:《제로 투 원》(피터 틸, 블레이크 매스터스, 한국경제신문사, 2014)]

3 Lemley, Mark A.: On Innovation, Entrepreneurialism, and Law: A Conversation with Peter Thiel and Mark A. Lemley, 2011/5/31, The Stanford Lawyer, Spring 2011, https://law.stanford.edu/stanford-lawyer/articles/q-a-legal-matters-with-peter-thiel-92-ba-89-bs-89-and-mark-a-lemley-ba-88/

4 Baumann, Hasko: Film "Into the night with Garry Kasparow and Peter Thiel", 2013/7/3, https://www.youtube.com/watch?v=9rOvEPYNEsc

5 Gibney, Bruce: What happened to the future, 2011, http://foundersfund.com/the-future/#

6 Reilly, Bryne Richard: Peter Thiel: Players, Companies, Life

7 Bary, Andrew: What's Wrong, Warren? Berkshire's down for the year, but don't count it out. Barrons, 1999/12/27, http://www.barrons.com/articles/SB945992010127068546

8 Masters, Blake: Peter Thiel's CS183: Startup - Class 1 Notes Essay, 2012/4/3, http://blakemasters.com/peter-thiels-cs183-startup

9 Groskopf, Christopher; Kopf, Daniel: "Mapped: Where American income has grown the most over the past 25 years", Quartz, 2017/3/30, https://qz.com/922658/the-geographyof-american-wage-growth-over-the-last-25-years/

10 Thiel, Peter with Masters, Blake: Zero to One [한국어판:《제로 투 원》(피터 틸, 블레이크 매스터스, 한국경제신문사, 2014)]

11 Masters, Blake: Peter Thiel's CS183: Startup - Class 1 Notes Essay

12 앞의 기사

Case Study

1   Chang, Emily: Venture Capitalist Peter Thiel: Studio 1.0 (12/18), Bloomberg TV, 2014/12/18, https://www.bloomberg.com/news/videos/2014-12-19/venture-capitalist-peterthiel-studio-10-1218

2   Caulfield, Brian; Perlroth, Nicole: "Life After Facebook", Forbes, 2011/2/14, https://www.forbes.com/forbes/2011/0214/features-peter-thiel-social-media-life-after-facebook.html

3   Kirkpatrick, David: The Facebook Effect [한국어판: 《페이스북 이펙트》(데이비드 커크패트릭, 에이콘출판, 2010)]

4   Caulfield, Brian; Perlroth, Nicole: "Life After Facebook"

5   Boorstin, Julia: Investor Peter Thiel'sells Facebook Shares, CNBC, 2012/8/20, http://www.cnbc.com/id/48730344

6   Geron, Tomio; Peter Thiel: Why Facebook Is Like Ford Motors In The 1920s, The Wall Street Journal, 2010/9/28, https://blogs.wsj.com/venturecapital/2010/09/27/peter-thiel-why-facebook-is-like-ford-motors-in-the-1920s/

7   Hussain, Bader Al: Facebook: Higher Growth In Digital Ad Spending Compels For High Valuations, 2017/3/16, http://seekingalpha.com/article/4056008-facebook-highergrowth-digital-ad-spending-compels-high-valuations

8   Facbook.com: Facebook Business, Helping small businesses succeed in a mobile world 2017/4/10, https://www.facebook.com/business/news/helping-small-businesses-succeed-in-a-mobile-world

9   Kosoff, Maya: Here's how two analysts think Instagram could be worth up to $37 billion, Business Insider, 2015/3/16, http://www.businessinsider.com/instagram-valuation-2015-3

10 Grid Market Research: 2017/2/8, http://seekingalpha.com/article/4044015-facebook-still-plenty-revenue-drivers

11 Sommerfeldt, Nando; Zsch☐pitz, Holger: 2025 Virtuelle Welten ver☐ndern den Alltag, Marktmacher, 2017/1/

12   Sherr Ian, The Zuckerberg Manifesto: Facebook will save the world. CNET, 2017/2/16 , https://www.cnet.com/news/zuckerberg-new-mission-facebook-ai-news-feed-controls-trump/

13   Weddeling, Britta: Zuckerberg hat schlaue Babysitter, 2017/3/9, Handelsblatt, Unternehmen & Märkte

14   Griswold, Alison: Facebook's business is proving remarkably impervious to Facebook's controversies, Quartz, 2017/2/1, https://qz.com/900707/facebook-fb-earnings-showits-business-is-proving-remarkably-impervious-to-its-controversies/

15   Chang, Emily: Venture Capitalist Peter Thiel: Studio 1.0 (12/18), Bloomberg TV, 2014/12/18, https://www.bloomberg.com/news/videos/2014-12-19/venture-capitalist-peterthiel-studio-10-1218

16   Helmore, Edward: Snapchat shares soar 44% to value loss-making company at $28bn, The Guardian, 2017/3/3, https://www.theguardian.com/technology/2017/mar/02/snapchat-ipo-valuation-evan-spiegel-bobby-murphy-snap-inc

17   Steger, Johannes; Weddeling, Britta: Zuckerberg der Vertrauensmakler, 2017/3/9, Handelsblatt, Unternehmen & Märkte

18   Condliffe, Jamie: Facebook's Violence Problem, Engineering an Astronaut, and Christianity vs. Transhumanism - The Download, MIT Technology Review, 2017/4/18, https://www.technologyreview.com/s/604208/facebooks-violence-problem-engineering-an-astronaut-and-christianity-vs-transhumanismthe/

19   Bergstein, Brian: We Need More Alternatives to Facebook, MIT Technology Review, 2017/4/10, https://www.technologyreview.com/s/604082/we-need-more-alternativesto-facebook/

20   Stangel, Luke: Why it's important that Facebook Messenger now has 1.2 billion users, 2017/4/13, https://www.bizjournals.com/sanjose/news/2017/04/13/why-it-s-important-that-facebook-messenger-now-has.html

21   Dewey, Caitlin: 98 personal data points that Facebook uses to target ads to

you, The Washington Post, 2016/8/19, https://www.washingtonpost.com/news/the-intersect/wp/2016/08/19/98-personal-data-points-that-facebook-uses-to-target-ads-to-you/

https://www.washingtonpost.com/news/the-intersect/wp/2016/08/19/98-personal-data-points-that-facebook-uses-to-target-ads-to-you/?utm_term=.7411fee01c14

22 Bergstein, Brian: We Need More Alternatives to Facebook, MIT Technology Review, 2017/4/10, https://www.technologyreview.com/s/604082/we-need-more-alternativesto-facebook/

23 Horwitz, Josh: Facebook has poached an executive from MTV to help it compete with Netflix and YouTube, Quartz, 2017/2/9, https://qz.com/906239/facebook-fb-hiresmtv-executive-mina-lefevre-to-help-it-develop-tv-shows/

24 Heath, Alex: Facebook is about to take the wraps off its secretive and ambitious consumer hardware group, Business Insider, 2017/4/17, http://www.businessinsider.de/facebooks-building-8-working-on-camera-augmented-reality-mind-reading-projects-2017-3

25 Metz, Cade: Facebook's Epic Data Blast Is Good For Everyone – Especially Facebook, Wired, 2017/3/21, https://www.wired.com/2017/03/facebooks-epic-data-blast-good-everyone-especially-facebook/

26 Badenhausen, Kurt: Apple, Google Top The World's Most Valuable Brands Of 2016, Forbes, 2016/5/11, https://www.forbes.com/sites/kurtbadenhausen/2016/05/11/theworlds-most-valuable-brands/

27 Mac, Ryan: CIA-Funded Data-Miner Palantir Not Yet Profitable But Looking For $8 Billion Valuation, Forbes, 2013/8/16, https://www.forbes.com/sites/ryanmac/2013/08/16/cia-funded-data-miner-palantir-not-yet-profitable-but-looking-for-8-billion-valuation/

28 Dunn, Jeff: Secretive $20 billion startup Palantir has raised another $20 million from a single backer, Business Insider, 2016/11/24, https://www.businessinsider.com/palantir-20-million-funding-sec-filing-peter-thiel-2016-11

29   Mac, Ryan: CIA-Funded Data-Miner Palantir Not Yet Profitable But Looking
     For $8 Billion Valuation

30   Alden, William: Confidential Document Shows How Peter Thiel Really
     Feels About Palantir, BuzzFeed, 2016/7/21, https://www.buzzfeed.com/
     williamalden/leak-shows-how-peterthiel-really-feels-about-palantir

31   Dunn, Jeff: Secretive $20 billion startup Palantir has raised another $20
     million from a single backer. Alden, William: Confidential Document Shows
     How Peter Thiel Really Feels About Palantir

32   Kuchler, Hannah: Palantir considers IPO and predicts profit in 2017,
     Financial Times, 2016/10/26, https://www.ft.com/content/a494f762-9b9d-
     11e6-8f9b-70e3cabccfae

33   Levy, Ari; Lipton, Josh: The CIA-backed start-up That's taking over Palo
     Alto, CNBC, 2016/1/12, https://www.cnbc.com/2016/01/12/the-cia-backed-
     start-up-thats-taking-over-palo-alto.html

34   Alden, William: Confidential Document Shows How Peter Thiel Really Feels
     About Palantir

35   Levy, Ari; Lipton, Josh: The CIA-backed start-up that's taking over Palo Alto
     390 Kuchler, Hannah: Palantir considers IPO and predicts profit in 2017

36   Kuchler, Hannah: Palantir considers IPO and predicts profit in 2017

37   Voegeli, Jeffrey: Credit Suisse, CIA-Funded Palantir to Target Rogue
     Bankers, Bloomberg, 2016/3/22, https://www.bloomberg.com/news/
     articles/2016-03-22/credit-suisse-cia-funded-palantir-build-joint-
     compliance-firm

38   Chapman, Lizette: Germany's Merck Taps Palantir for Big Data Health
     Initiative, Bloomberg, 2017/1/12, https://www.bloomberg.com/news/
     articles/2017-01-12/merck-kgaa-taps-palantir-for-big-data-health-initiative

39   Kuchler, Hannah: Palantir considers IPO and predicts profit in 2017

40   Alden, William: Confidential Document Shows How Peter Thiel Really Feels
     About Palantir

41   Brill, Steven: Donald Trump, Palantir, and the crazy battle to clean up a
     multibillion-dollar military procurement swamp, Fortune, 2017/3/27, http://

fortune.com/palantir-pentagon-trump/

42 Alden, William: Confidential Document Shows How Peter Thiel Really Feels About Palantir

43 CB Insights: 2/Corporations know it is critical. 52% of the S&P 500 have disappeared in the last 15 years. Innovation is obviously important, CB Insights, 2016/12/13, https://twitter.com/cbinsights/status/808861430908850176

44 Levy-Ram, Michal: Palantir Connects the Dots With Big Data, Fortune, 2016/3/9, http://fortune.com/palantir-big-data-analysis/

45 Buhr, Sarah: Tech employees protest in front of Palantir HQ over fears it will build Trump's Muslim Registry, TechCrunch, 2017/1/18, https://techcrunch.com/2017/01/18/tech-employees-protest-in-front-of-palantir-hq-over-fears-it-will-build-trumps-muslim-registry/

46 Brill, Steven: Donald Trump, Palantir, and the crazy battle to clean up a multi-billion-dollar military procurement swamp

47 앞의 기사

48 Vitali, Stefania; Glattfelder, James B.; Battiston, Stefano: The Network of Global Corporate Control, 2011/10/26, www.nccr-finrisk.uzh.ch/media/pdf/journal.pone.0025995.pdf

49 Chapman, Lizette; Turner, Giles: Peter Thiel's Palantir Spreads Its Tentacles Throughout Europe, Bloomberg, 2017/2/24, https://www.bloomberg.com/news/articles/2017-02-24/peter-thiel-s-palantir-spreads-its-tentacles-throughout-europe

50 Rusli, Evelyn, Palantir: The Next Billion-Dollar Company Raises $90 Million, TechCrunch, 2010/6/25, https://techcrunch.com/2010/06/25/palantir-the-next-billion-dollar-company-raises-90-million/

8장

1 Thiel, Peter: The Education of a Libertarian, Cato Unbound, 2009/4/13,

https://www.cato-unbound.org/2009/04/13/peter-thiel/education-libertarian

2   앞의 기사

3   앞의 기사

4   Chang, Emily: Venture Capitalist Peter Thiel: Studio 1.0 (12/18), Bloomberg TV, 2014/12/18, https://www.bloomberg.com/news/videos/2014-12-19/venture-capitalist-peterthiel-studio-10-1218

5   Balzer, Arno: Captain Future, Der deutschstämmige Investor Peter Thiel ist eine Ausnahmeerscheinung der internationalen Finanzwelt und eine Schlüsselfigur des Silicon Valley, Bilanz, 2017년 4월호

6   Thiel, Peter: The Education of a Libertarian

7   Andreessen, Marc: Why Software is Eating the World, The Wall Street Journal, 2011/8/20, https://www.wsj.com/articles/SB10001424053111903480904576512250915629460

8   Balzer, Arno: Captain Future

9   Gibney, Bruce: What happened to the future, 2011, http://foundersfund.com/the-future/#

10   Lance, Daniel: Peter Thiel, A Conversation with Daniel Lance, 2009/6/, https://www.youtube.com/watch?v=esk7W9Jowtc

11   Feloni, Richard: Peter Thiel explains an esoteric philosophy book shaped his worldview, Business Insider, 2014/11/10, http://www.businessinsider.de/peter-thiel-on-rene-girards-influence-2014-11

12   Thiel, Peter: Peter Thiel, technology entrepreneur and investor, 2014/9/11, https://www.reddit.com/r/IamA/comments/2g4g95/peter_thiel_technology_entrepreneur_and_investor/

13   Bacon, Francis: The New Atlantis, San Bernadino [한국어판:《새로운 아틀란티스》(프랜시스 베이컨, 에코리브르, 2002)]

14   Servan-Schreiber, Jean-Jacques: The American Challenge, Versilio, Kindle Edition, 2014

15   앞의 책

16   Angell, Norman: The Great Illusion - A Study of the Relation of Military

Power To National Advantage, William Heinemann, London, 1912

17 Stephenson, Neal: The Diamond Age Or, A Young Lady's Illustrated Primer, Bantam Dell, 1995 [한국어판: 《다이아몬드 시대》(닐 스티븐슨, 시공사, 2003)]

18 Musk, Elon: All Our Patent Are Belong To You, 2014/6/12, https://www.tesla.com/blog/all-our-patent-are-belong-you

9장

1 Balzer, Arno: Captain Future, Der deutschstämmige Investor Peter Thiel ist eine Ausnahmeerscheinung der internationalen Finanzwelt und eine Schlüsselfigur des Silicon Valley, Bilanz, 2017/4/

2 앞의 기사

3 앞의 기사

4 Perlstein, Rick: I Thought I Understood the American Right. Trump Proved Me Wrong, The New York Times, 2017/4/11, https://www.nytimes.com/2017/04/11/magazine/i-thought-i-understood-the-american-right-trump-proved-me-wrong.html

5 Martin, Jonathan: Pulling Democrats Back 'It's the Economy, Stupid', The New York Times, 2016/11/14, https://www.nytimes.com/2016/11/15/us/politics/democrats-economy.html

6 Kristol, Bill: Conversations with Bill Kristol, Peter Thiel Transcript, 2014/7/29, http://conversationswithbillkristol.org/transcript/peter-thiel-transcript

7 Riecke, Torsten: "Die US-Wirtschaft bleibt auf Kurs", Alexander Acosta im Handelsblatt, Interview, 2017/5/19, 20, 21

8 Kokalitcheva, Kia: What Y Combinator chief thinks of Trump, AI and startups, 2017/4/14, https://www.axios.com/heres-what-y-combinators-president-thinks-of-trumpai-and-startups-2360316966.html

9 Balzer, Arno: Captain Future

10 Nellis, Stephen: Apple to create $1 billion U.S. advanced manufacturing fund, 2017/5/3, http://www.reuters.com/article/us-apple-fund-idUSKBN17Z2PI?

11 Lichfield, Gideon: Quartz Weekend edition – Politicians and factories, Rocket Racoon, chewy "Q", 2017/5/6, hi@qz.com

12 Jacquemart, Charlotte: Joseph Stiglitz im Interview, "Nichts, was Herr Trump macht, ist normal!", Neue Zürcher Zeitung, 2017/1/15, https://www.nzz.ch/nzzas/nzz-am sonntag/joseph-stiglitz-interview-nichts-was-trumpmacht-ist-normal-ld.139822

13 Gumbel, Andrew: San Francisco's guerrilla protest at Google buses swells into revolt, The Guardian, 2014/1/25, https://www.theguardian.com/world/2014/jan/25/google-bus-protest-swells-to-revolt-san-francisco

14 McDermid, Riley: Confidence in Bay Area economy sinks to lowest level in years, as cost of living pinches and millenials rebel, The Business Journals, 2017/4/1, http://www.bizjournals.com/sanjose/news/2017/04/01/confidence-in-bay-area-economy-sinks-to-lowest.html

15 Green, Alisha: Nearly 40 percent of tech workers in the Bay Area are looking to move elsewhere, The Business Journals, 2017/4/4, http://www.bizjournals.com/sanjose/news/2017/04/04/techworkers-bay-area.html

16 Kokalitcheva, Kia: What Y Combinator chief thinks of Trump, AI and startups

17 Drabold, Will: Read Peter Thiel's Speech at the Republican National Convention, Time, 2016/7/22, http://time.com/4417679/republican-convention-peter-thiel-transcript/

18 Elliott, Peter: How Donald Trump Courted Gay Voters at the Convention, Time, 2016/7/22, http://time.com/4418475/republican-convention-peter-thiel-lgbt-gay-rights/

19 Rosoff, Matt: Peter Thiel gave a remarkably critical speech of the Republican Party right in front of its face, Business Insider, 2016/7/23, http://www.businessinsider.de/peter-thiel-slams-republicans-in-convention-speech-2016-7

20 Balzer, Arno: Captain Future

21 Streitfeld, David: Peter Thiel to Donate $1.25 Million in Support of Donald Trump, The New York Times, 2016/10/15, http://www.nytimes.

com/2016/10/16/technology/peter-thiel-donald-j-trump.html

22 Mac, Ryan: Gawker Files For Bankruptcy To Delay Paying Hulk Hogan, Agrees to A Sale, Forbes, 2016/6/10, https://www.forbes.com/sites/ryanmac/2016/06/10/gawker-media-bankruptcy-hulk-hogan-peter-thiel/

23 Burr, Thomas: Peter Thiel'speaks at The National Press Club, 2016/10/31, http://www.press.org/events/peter-thiel

24 Streitfeld, David: Peter Thiel's Bet on Donald Trump Pays Off, The New York Times, 2016/11/9, http://www.nytimes.com/2016/11/10/technology/peter-thiel-bet-donald-trumpwins-big.html

25 Bertoni, Steven: Oscar Health Gets $400 Million and a $2,7 Billion Valuation from Fidelity, Forbes, 2016/2/22, https://www.forbes.com/sites/stevenbertoni/2016/02/22/oscar-health-gets-400-million-and-a-2-7-billion-valuation-from-fidelity/

26 Streitfeld, David: 'I'm Here to Help,' Trump Tells Tech Executives at Meeting, The New York Times, 2016/12/14, https://www.nytimes.com/2016/12/14/technology/trump-techsummit.html

27 Johnson, Elina: Donald Trump's 'shadow president' in Silicon Valley, Billionaire iconoclast Peter Thiel's fingerprints are all over the administration, Politico, 2017/2/26, http://www.politico.com/story/2017/02/donald-trumps-shadow-president-in-silicon-valley-235372

28 Hall, Gina: Thiel protege named deputy CTO in Trump White House, TechCrunch, 2017/3/3, https://techcrunch.com/2017/03/03/thiels-chief-of-staff-tapped-as-white-house-deputy-cto/

29 Thomas, Katie: Senate Confirms Scott Gottlieb to Head F.D.A., The New York Times, 2017/5/9, https://www.nytimes.com/2017/05/09/health/scott-gottlieb-senate-fdacommissioner.html

30 Thomas, Katie: Senate Confirms Scott Gottlieb to Head F.D.A., The New York Times, 2017/5/9, https://www.nytimes.com/2017/05/09/health/scott-gottlieb-senate-fda-commissioner.html

31 Brill, Steven: Brill, Steven: Donald Trump, Palantir, and the crazy battle to clean up a multibillion-dollar military procurement swamp, Fortune,

2017/3/27, http://fortune.com/palantir-pentagon-trump/

32 Johnson, Elina; Donald Trump's 'shadow president' in Silicon Valley, Billionaire iconoclast Peter Thiel's fingerprints are all over the administration, Politico, 2017/2/26, http://www.politico.com/story/2017/02/donald-trumps-shadow-president-in-silicon-valley-235372

33 Timmer, John: Leading candidate for Trump's science advisor calls climate change a cult, 2017/2/15, https://arstechnica.com/science/2017/02/trumps-science-advisor candidates-both-question-climate-change/

34 Streitfeld, David: 'I'm Here to Help,' Trump Tells Tech Executives at Meeting, The New York Times, 2016/12/14, https://www.nytimes.com/2016/12/14/technology/trump-tech-summit.html

35 Balzer, Arno: Captain Future

36 Hull, Dana: Tencent Emerges as Musk's China Booster With 5% Tesla Stake, Bloomberg, 2017/3/28, https://www.bloomberg.com/news/articles/2017-03-28/tencent-buys-1-8-billion-tesla-stake-ahead-of-musk-s-model-3

37 Centrowski, Scott: Tesla's Elon Musk Got a Rare Welcome on His China Visit This Week. Why This Matters, Fortune, 2017/4/27, http://fortune.com/2017/04/27/elon-musk-chinatesla/

38 Pontin, Jason: Why We Can't Solve Big Problems. Has technology failed us?, MIT Technology Review, 2012/10/24, https://www.technologyreview.com/s/429690/why-we-cant-solve-big-problems/

39 Bloom, Nicholas: Corporations in the age of inequality, Harvard Business Review, 2017/3/23, https://hbr.org/cover-story/2017/03/corporations-in-the-age-of-inequality.

40 Rogow, Geoffrey, Buffett: 'Medical Costs Are the Tapeworm of American Economic Competitiveness', The Wall Street Journal, 2017/5/6, https://blogs.wsj.com/moneybeat/2017/05/08/warrenbuffett-speaks-5-takeaways-from-berkshires-annual-meeting/

41 Balzer, Arno: Captain Future

42 Thiel, Peter with Masters, Blake: Zero to One [한국어판: 《제로 투 원》(피터 틸,

블레이크 매스터스, 한국경제신문사, 2014)]

43 Dadamo, Marco: Digitalisierung bringt die Produktion zurück nach Deutschland, 2017/4/24, https://www.vdi.de/artikel/digitalisierung-bringt-die-produktion-zurueck-nach-deutschland/

44 Rogow, Geoffrey: Buffett, 'Medical Costs Are the Tapeworm of American Economic Competitiveness', The Wall Street Journal, 2017/5/6, https://blogs.wsj.com/moneybeat/2017/05/08/warrenbuffett-speaks-5-takeaways-from-berkshires-annual-meeting/

45 Litchfield, Gideon: 21st-century propaganda: A guide to interpreting and confronting the dark arts of persuasion, Quartz, 2017/5/13, https://qz.com/978548/introducing-our-obsession-with-propaganda/

46 Bertoni, Steven, Exclusive Interview: How Jared Kushner Won Trump The White House, Forbes, 2016/11/22, http://www.forbes.com/sites/stevenbertoni/2016/11/22/exclusive-interview-how-jared-kushner-won-trump-the-white-house

47 앞의 기사

48 Funk, McKenzie: The Secret Agenda of a Facebook Quiz, The New York Times, 2016/11/19, http://www.nytimes.com/2016/11/20/opinion/the-secret-agenda-of-a-facebook-quiz.html

49 앞의 기사

50 Bertoni, Steven, Exclusive Interview: How Jared Kushner Won Trump The White House

51 TruthHawk: Is Facebook A Structural Threat To Free Society?, 2017/3/13, http://www.truthhawk.com/is-facebook-a-structural-threat-to-free-society/

52 Funk, McKenzie: The Secret Agenda of a Facebook Quiz

53 Hamann, Götz: Gesucht: Putzkräfte fürs Netz, Die Zeit, 2017/5/11

54 Shafer, Jack: The Media Bubble Is Worse Than You Think, Politico, May/June 2017, http://www.politico.com/magazine/story/2017/04/25/media-bubble-real-journalism-jobs-east-coast-215048

10장

1   Thiel Foundation: http://www.thielfoundation.org/

2   앞의 기사

3   Balzer, Arno: Captain Future

4   "Breakthrough Philantrophy video playlist", 2010/12/7, https://www.
    youtube.com/view_play_list?p=34BCFE6D55D881A1, Benzinga Staff: Fast
    Forward with the Thiel Foundation: An Event to Inspire Bold Philanthropy,
    2011/12/15, https://www.benzinga.com/pressreleases/11/12/b2210276/fast-
    forward-with-the-thiel-foundation-an-event-to-inspire-bold-philant

5   Priestly, Theo: Elon Musk And Peter Thiel Launch OpenAI, A Non-Profit
    Artificial Intelligence Research Company, Forbes, 2015/11/12, https://www.
    forbes.com/sites/theopriestley/2015/12/11/elon-musk-and-peter-thiel-
    launch-openai-a-non-profit-artificial-intelligence-research-company/

6   앞의 기사

7   PayPal Founder pledges $3,5 Million to antiaging research, 2006/9/18,
    http://www.webcitation.org/5aLaLUBuY

8   de Grey, Aubrey: Aubrey de Grey sagt, wir können das Älterwerden
    verhindern, TED Global, 2005, https://www.ted.com/talks/aubrey_de_grey_
    says_we_can_avoid_aging?language=de

9   Stirn, Alexander: Interview mit Aubrey de Grey: "Altern ist auf jeden Fall
    ungesund", Süddeutsche Zeitung, 2010/5/17, http://www.sueddeutsche.
    de/wissen/interview-mitaubrey-de-grey-altern-ist-auf-jeden-fall-
    ungesund-1.611889

10 Seasteading Institute: Introducing The Seasteading Institute, 2008/4/15,
    https://www.seasteading.org/2008/04/introducing-the-seasteading-
    institute/

11 Goodwin, Liz: Silicon Valley billionaire funding creation of artificial
    libertarian islands, 2011/8/16, https://www.yahoo.com/news/blogs/
    lookout/silicon-valley-billionaire-funding-creation-artificial-libertarian-
    islands-140840896.html

12   Daily Mail Reporter: Floating cities: PayPal billionaire plans to build a whole new libertarian colony off the coast of San Francisco, The Daily Mail, 2011/8/25, http://www.dailymail.co.uk/news/article-2024761/Atlas-Shrugged-Silicon-Valley-billionaire-reveals-plan-launch-floating-start-country-coast-San-Francisco.html

13   Thiel, Peter: The Education of a Libertarian, Cato Unbound, 2009/4/13, https://www.cato-unbound.org/2009/04/13/peter-thiel/education-libertarian

14   Chang, Emily: Venture Capitalist Peter Thiel: Studio 1.0 (12/18), Bloomberg TV, 2014/12/18, https://www.bloomberg.com/news/videos/2014-12-19/venture-capitalist-peterthiel-studio-10-1218

15   Fernstein, Gregory: Thiel Fellows Program Is "Most Misdirected Piece Of Philantrophy" says Larry Summers, TechCrunch, 2013/10/10, https://techcrunch.com/2013/10/10/thielfellows-program-is-most-misdirected-piece-of-philanthropy-says-larry-summers/

16   Kolodny, Lora: Why a Nonprofit Backs Dropping Out of School: PayPal Founder's Foundation Encourages Learning by Doing, The Wall Street Journal, 2013/12/18, https://www.wsj.com/articles/no-headline-available-1387303362

17   Panzarino, Matthew: Apple has acquired Workflow, a powerful automation tool for iPad and iPhone, TechCrunch, 2017/3/22, https://techcrunch.com/2017/03/22/apple-has-acquired-workflow-a-powerfulautomation-tool-for-ipad-and-iphone/

18   Robinson, Melia: These 9 entrepreneurs were paid $100.000 to drop out of college – here's what they're up to today, Business Insider, 2017/3/6, http://www.businessinsider.de/where-are-they-now-peter-thiel-fellowship-2017-3

19   Whigham, Nick: Inside eccentric billionaire Peter Thiel's mission to pay kids to skip out of school, 2017/2/21, http://www.news.com.au/technology/innovation/inside-eccentric-billionaire-peter-thiels-mission-to-pay-kids-to-skip-out-on-school/news-story/

20   Breakout Labs: http://www.breakoutlabs.org

나가며

1   Streitfeld, David, Williams, Jacqueline: Peter Thiel, Trump Adviser, Has a Backup Country: New Zealand, The New York Times, 2017/1/25, https://www.nytimes.com/2017/01/25/technology/peter-thiel-new-zealand-citizenship.html

2   Wong, May: Big ideas are getting harder to find, SIEPR: Stanford Institute for Economic Policy Research, 2017/5/31 http://siepr.stanford.edu/news/productivity-ideas-hard-to-find

3   Shepardson, David: Tech CEOs meet with Trump on government overhaul, Reuters, 2017/6/20, http://uk.mobile.reuters.com/article/technologyNews/idUSKBN19A16Q

4   Balzer, Arno: Captain Future

5   Allison, Graham: What Xi Jinping Wants, The Atlantic, 2017/5/31, https://www.theatlantic.com/international/archive/2017/05/what-china-wants/528561/

6   Müller, Dietegen: Günstiger als der Dax, Börsen-Zeitung, 2017/6/17

7   Feltman, Rachel: IKEA engineers are pretending to live on Mars to help them design better furniture, Popular Science, 2017/6/9, http://www.popsci.com/ikea-mars

8   Dreyfuss, Emily: Silicon Valley Would Rather Cure Death Than Make Life Worth Living, Wired, 2017/3/23, https://www.wired.com/2017/03/silicon-valley-rather-cure-deathmake-life-worth-living/

9   BMF im Dialog: BMF im Dialog mit Peter Thiel: Wie Innovation unsere Zukunft rettet, Bundesministerium für Finanzen, 2016/6/8, http://www.bundesfinanzministerium.de/Content/DE/Standardartikel/Ministerium/Veranstaltungen/BMF_im_Dialog/201606-08-Thiel.html

피터 틸

초판 1쇄 발행 2019년 3월 28일

초판 7쇄 발행 2025년 1월 7일

지은이   토마스 라폴트

옮긴이   강민경

발행인   강선영 · 조민정

디자인   이경민

펴낸곳   (주)앵글북스

주소   서울시 종로구 사직로8길 34 경희궁의 아침 3단지 오피스텔 407호

문의전화   02- 6261-2015

팩스   02- 6367-2020

메일   contact.anglebooks@gmail.com

ISBN 979 -11-87512-417 03320